CBAC

Lefel 3 Tystysgrif a Diploma Cymhwysol

TROSEDDEG

CANLLAW ASTUDIO AC ADOLYGU

Carole A. Henderson
a Laura Neasham

Cyhoeddwyd yn 2019 gan Illuminate Publishing Ltd, PO Box 1160, Cheltenham, Swydd Gaerloyw GL50 9RW

Archebion: Ewch i www.illuminatepublishing.com
neu anfonwch e-bost at sales@illuminatepublishing.com

Data Catalogio Cyhoeddiadau y Llyfrgell Brydeinig

Mae cofnod catalog ar gyfer y llyfr hwn ar gael gan y Llyfrgell Brydeinig.
ISBN 978-1-912820-30-6

Argraffwyd gan Severn Print, Caerloyw

10.19

Polisi'r cyhoeddwr yw defnyddio papurau sy'n gynhyrchion naturiol, adnewyddadwy ac ailgylchadwy o goed a dyfwyd mewn coedwigoedd cynaliadwy. Disgwylir i'r prosesau torri coed a gweithgynhyrchu gydymffurfio â rheoliadau amgylcheddol y wlad y mae'r cynnyrch yn tarddu ohoni.

Gwnaed pob ymdrech i gysylltu â deiliaid hawlfraint y deunydd a atgynhyrchwyd yn y llyfr hwn. Mae'r awduron a'r cyhoeddwyr wedi cymryd llawer o ofal i sicrhau un ai bod caniatâd ffurfiol wedi ei roi ar gyfer defnyddio'r deunydd hawlfraint a atgynhyrchwyd, neu bod deunydd hawlfraint wedi'i ddefnyddio o dan ddarpariaeth canllawiau masnachu teg yn y DU – yn benodol, ei fod wedi'i ddefnyddio'n gynnil, at ddiben beirniadaeth ac adolygu yn unig, a'i fod wedi'i gydnabod yn gywir. Os cânt eu hysbysu, bydd y cyhoeddwyr yn falch o gywiro unrhyw wallau neu hepgoriadau ar y cyfle cyntaf.

Atgynhyrchir cwestiynau arholiad CBAC drwy ganiatâd CBAC.

Mae holl gyfeiriadau'r gwefannau yn gywir ar adeg cyhoeddi.
Gosodiad y llyfr Cymraeg: Neil Sutton, Cambridge Design Consultants
Dyluniad a gosodiad gwreiddiol: Kamae Design
Dyluniad y clawr: Kamae Design
Delwedd y clawr: domnitsky / Shutterstock

Mae atebion posibl i nifer o'r Gweithgareddau a'r cwestiynau Profi eich hun, yn ogystal â rhai o'r gweithgareddau Datblygu ymhellach a'r cwestiynau enghreifftiol, i'w cael ar wefan Illuminate ar:
http://www.illuminatepublishing.com/CBAC_Troseddeg_Canllaw_Atebion

CYNNWYS

SUT Y DDEFNYDDIO'R LLYFR HWN

Mae cynnwys y *Canllaw Astudio ac Adolygu* hwn wedi'i gynllunio i gefnogi eich dysgu wrth i chi astudio ar gyfer cymhwyster Tystysgrif neu Ddiploma Cymhwysol Lefel 3 mewn Troseddeg CBAC.

Bydd y *Canllaw Astudio ac Adolygu* hwn o gymorth wrth baratoi ar gyfer arholiadau, gan ddarparu syniadau ar gyfer addysgu a dysgu. Mae wedi'i gynllunio i gael ei ddefnyddio ar y cyd â'r gwerslyfr *CBAC Lefel 3 Tystysgrif a Diploma Cymhwysol Troseddeg* (ISBN: 978-1-912820-13-9). Mae cysylltiadau drwy gydol y canllaw hwn â'r gwerslyfr, ac mae rhai o'r gweithgareddau yn canolbwyntio arnyn nhw. Mae'r llyfr hwn yn ategu'r gwerslyfr, ac yn cynnig crynodebau ac atebion i gwestiynau arholiad er mwyn cefnogi'r broses adolygu.

Mae strwythur y canllaw hwn yn dilyn patrwm y gwerslyfr yn ogystal â manylebau'r cwrs. Mae wedi'i rannu yn Unedau a Meini Prawf Asesu (MPA). Mae'n bosibl ennill y Dystysgrif mewn Troseddeg drwy lwyddo i gwblhau Unedau 1 a 2. Mae'n rhaid cwblhau Unedau 3 a 4 er mwyn cael y Diploma.

Nodweddion allweddol

Ochr yn ochr â'r wybodaeth adolygu yn y canllaw hwn, mae nodweddion allweddol a fydd yn eich helpu i feddwl a pharatoi ar gyfer yr asesiadau dan reolaeth neu'r asesiadau mewnol, a'r asesiadau allanol. Mae llawer o weithgareddau hefyd, a gallwch eu defnyddio yn y gwersi neu wrth adolygu ar eich pen eich hun.

Mae'r **Termau allweddol** yn diffinio geiriau neu dermau allweddol sy'n cael eu defnyddio o fewn testun.

Termau allweddol

Mae'r adran **Cysylltu â'r gwerslyfr** yn dangos lle gallwch chi ddod o hyd i ragor o wybodaeth, gan eich arwain at y wybodaeth berthnasol hon yn gyflym.

Mae **Datblygu ymhellach** yn cynnwys syniadau a gweithgareddau i ddatblygu eich gwybodaeth.

Datblygu ymhellach

Mae'r adran **Cyngor asesiad dan reolaeth** yn cynnwys awgrymiadau ar sut i ennill y marciau gorau yn eich asesiad dan reolaeth.

Cyngor asesiad dan reolaeth

Mae **Cwestiynau enghreifftiol** yn rhoi enghreifftiau o gwestiynau sy'n debygol o ymddangos yn arholiadau allanol Unedau 2 a 4.

Mae **Atebion enghreifftiol** yn rhoi enghreifftiau o atebion i ddangos sut mae marciau'n cael eu rhoi, a sut gallwch chi eu hennill neu eu gwella.

Mae'r adran **Cyngor** yn cynnwys awgrymiadau ar sut i ennill y marciau gorau mewn arholiad.

Mae **Cyswllt synoptig** yn dangos sut gall rhannau blaenorol y manylebau fod yn berthnasol i feysydd eraill hefyd. Mae hyn yn arbennig o bwysig, gan y bydd arholiadau Unedau 2 a 4 yn cynnwys cwestiynau sy'n seiliedig ar unedau eraill.

Mae **Cysylltu â'r briff**, ar gyfer Unedau 1 a 3, yn dangos sut mae'r dysgu'n cysylltu â'r briff. Bydd eich athro yn rhoi'r briff i chi.

Mae **Gweithgareddau** yn eich helpu i brofi eich gwybodaeth ac i atgyfnerthu pwyntiau pwysig i'w dysgu. Gall athrawon ddefnyddio rhai o'r rhain yn y gwersi.

Mae **Chwilio'r we** yn rhoi cyfle i chi ddefnyddio'r rhyngrwyd i ymchwilio i destunau a chael rhagor o wybodaeth.

Mae **Profi eich hun** yn cynnig cyfres o gwestiynau i'ch helpu chi i benderfynu a ydych yn deall testun neu beidio.

Mae **Rhestr wirio** yn ymddangos ar ddiwedd pob MPA, er mwyn i chi ddarganfod a yw eich gwybodaeth yn gyflawn neu beidio.

Mae **Atebion posibl** i nifer o'r Gweithgareddau a'r cwestiynau Profi eich hun, yn ogystal â rhai o'r gweithgareddau Datblygu ymhellach a'r cwestiynau enghreifftiol, i'w cael ar wefan Illuminate ar http://www.illuminatepublishing.com/CBAC_Troseddeg_Canllaw_Atebion.

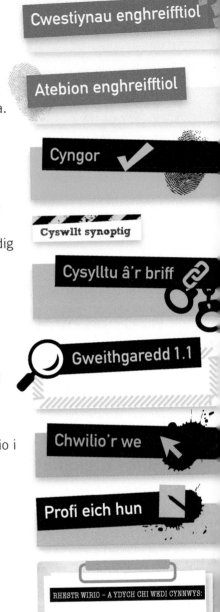

Cwestiynau enghreifftiol

Atebion enghreifftiol

Cyngor ✔

Cyswllt synoptig

Cysylltu â'r briff

Gweithgaredd 1.1

Chwilio'r we

Profi eich hun

RHESTR WIRIO – A YDYCH CHI WEDI CYNNWYS:

Arweiniad ar sgiliau

Mae adran sy'n rhoi arweiniad ar sgiliau yn ymddangos ar ddiwedd y canllaw. Mae'r un mor bwysig â'r wybodaeth er mwyn eich galluogi chi i lwyddo. Mae sgiliau fel gwerthuso, asesu a dadansoddi yn cael eu hystyried yn yr adran, gan gyfeirio at y manylebau.

UNED 1
NEWID YMWYBYDDIAETH O DROSEDD

MPA1.1 DADANSODDI MATHAU GWAHANOL O DROSEDDAU

Gweler tudalennau 14–23 yn y gwerslyfr.

Dadansoddwch bob trosedd gan roi sylw i'r canlynol: troseddau, mathau o ddioddefwyr, mathau o droseddwyr, a lefel ymwybyddiaeth y cyhoedd, a nodwch a yw'r drosedd yn un wyrdroëdig a/neu droseddol.

Cyngor asesiad dan reolaeth

Cofiwch fod y MPA hwn yn werth 4 marc yn unig, felly mae rheoli amser yn bwysig! Gwnewch yn siŵr eich bod yn cynnwys amrywiaeth o droseddau, gydag enghreifftiau o achosion neu astudiaethau achos perthnasol.

Mathau o droseddau

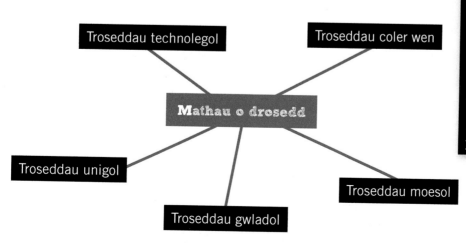

Troseddau coler wen (proffesiynol)

Mae'r tabl canlynol yn dadansoddi troseddau coler wen.

Troseddau	Mae enghreifftiau yn cynnwys: • twyll cyfrifiaduron a'r rhyngrwyd • twyll cardiau credyd • osgoi talu trethi • twyll yswiriant • twyll methdaliad
Math o ddioddefwr	Pobl sy'n buddsoddi mewn cynllun ariannol, fel gweithwyr wedi ymddeol a/neu rhai sydd â llawer o arian i'w fuddsoddi.
Math o droseddwr	Mae troseddwyr coler wen fel arfer yn gweithio mewn swyddi masnachol; maen nhw'n aml yn bobl barchus sydd â statws cymdeithasol uchel.
Lefel ymwybyddiaeth y cyhoedd	Mae lefel ymwybyddiaeth y cyhoedd yn isel, gan fod y drosedd yn aml yn cael ei chuddio drwy drafodion cymhleth. Dydy'r cyhoedd ddim yn gwybod am y drosedd, gan fod dulliau a thrafodion soffistigedig yn cael eu defnyddio gan gwmnïau corfforaethol, oherwydd bod enw da'r cwmni yn hanfodol.
Troseddol neu wyrdroëdig?	Troseddol: gweithredoedd sydd yn erbyn y gyfraith, fel twyll. Gwyrdroëdig: gweithredoedd sy'n colli ymddiriedaeth y bobl sy'n buddsoddi gydag ymgynghorwyr ariannol proffesiynol.
Achosion	• Bernie Madoff • Nick Leeson

Term allweddol

Troseddau coler wen: troseddau di-drais sy'n cael eu cyflawni fel arfer mewn sefyllfaoedd masnachol er budd ariannol. Pobl fusnes yn gwisgo siwt a thei sy'n cyflawni troseddau coler wen ar y cyfan.

Gweithgaredd 1.1

Ymchwiliwch i achosion Bernie Madoff a Nick Leeson.
Ewch ati i ddarganfod:
• beth ddigwyddodd yn yr achosion hyn
• sut cafodd y troseddau hyn eu cuddio rhag y cyhoedd

Gall y we dywyll hwyluso troseddau technolegol.

Term allweddol

Troseddau technolegol: mae'r rhain yn cael eu cyflawni gan ddefnyddio cyfrifiadur a'r rhyngrwyd neu dechnolegau electronig eraill.

Chwilio'r we

Ewch ar y we i ddod o hyd i'r gwefannau a awgrymir, er mwyn cael atebion i'r canlynol:
1. Esboniwch beth yw'r we dywyll a'r we ddofn.
2. Sut mae'n bosibl cael mynediad at y rhain?
3. Yn ôl y fideo, beth yw cysylltiad Facebook â'r we dywyll?
4. Disgrifiwch rôl yr Uned Troseddau Seiber Genedlaethol.
5. Cofnodwch fanylion bras am yr ymosodiad seiber ar TalkTalk yn 2015.

Gwefannau:
- NCA (Asiantaeth Troseddu Cenedlaethol, 2018) 'What is the Dark Web?' (https://www.youtube.com/watch?v=9nLWbeWWw3E).
- Uned Troseddau Seiber Genedlaethol (http://www.nationalcrimeagency.gov.uk/about-us/what-we-do/national-cyber-crime-unit).
- BBC News (2015, 6 Tachwedd) 'TalkTalk Hack "Affected 157,000 Customers"' (https://www.bbc.co.uk/news/business-34743185).

Troseddau technolegol

Mae'r tabl canlynol yn dadansoddi troseddau technolegol.

Troseddau	Mae enghreifftiau yn cynnwys: • twyll sy'n cael ei alluogi gan y rhyngrwyd • lawrlwytho deunyddiau anghyfreithlon • troseddau casineb ar y we a bwlio ar y we • lawrlwytho deunyddiau hawlfraint • dosbarthu cod maleisus
Math o ddioddefwr	Unrhyw un sy'n defnyddio'r rhyngrwyd. Weithiau, gall y dioddefwr fod yn fusnes penodol (gan mai bwriad y troseddwr yw cael mynediad at fanylion cwsmeriaid). Ond ar gyfer troseddau penodol fel seiberfwlio, mae'r dioddefwr yn tueddu i fod yn rhywun ifanc neu rywun agored i niwed.
Math o droseddwr	Fel arfer, bydd gan droseddwyr sgiliau technegol. Ond ar gyfer troseddau penodol fel seiberfwlio, mae'r troseddwr yn tueddu i fod yn rhywun ifanc.
Lefel ymwybyddiaeth y cyhoedd	Mae lefel ymwybyddiaeth y cyhoedd yn isel oherwydd natur gymhleth technoleg, ac yn aml nid yw'r dioddefwyr eu hunain yn gwybod unrhyw beth am y drosedd.
Troseddol neu wyrdroëdig?	Troseddol: mae rhai gweithredoedd yn droseddol – gweithredoedd fel twyll sy'n cael ei alluogi gan y rhyngrwyd. Gwyrdroëdig: mae'r rhan fwyaf o weithredoedd yn mynd yn groes i normau a gwerthoedd cymdeithas.

Troseddau unigol – troseddau casineb

Mae'r tabl canlynol yn dadansoddi troseddau casineb.

Troseddau	Mae enghreifftiau yn cynnwys: • ymosod • curo • gwir niwed corfforol (ABH: actual bodily harm) • difrod troseddol Cofiwch: mae casineb yn ffactor waethygol, sy'n debygol o arwain at ddedfryd fwy.
Math o ddioddefwr	Gall dioddefwyr fod yn unrhyw un sy'n perthyn i'r pum categori (sef hil, crefydd neu gred, cyfeiriadedd rhywiol, anabledd neu drawsrywedd).
Math o droseddwr	Unrhyw un sydd â safbwyntiau rhagfarnllyd yn erbyn rhywun sy'n perthyn i un o'r pum categori. Fel arfer, mae gan y bobl hyn safbwyntiau traddodiadol.
Lefel ymwybyddiaeth y cyhoedd	Mae ymwybyddiaeth y cyhoedd wedi tyfu'n ddiweddar oherwydd y sylw cynyddol yn y cyfryngau; ond mae rhai pobl o hyd sydd heb wybod pa weithredoedd sy'n cael eu cyfrif yn droseddau casineb.
Troseddol neu wyrdroëdig?	Troseddol: gweithredoedd sy'n droseddol o ran eu natur (ymosod, ABH, ac ati). Gwyrdroëdig: mae'r gweithredoedd yn cael eu hystyried yn wyrdroëdig, gan fod y safbwyntiau yn dangos rhagfarn ac yn seiliedig ar hunaniaeth.
Achosion	• Matthew Shepard • Adam Pearson

Term allweddol

Troseddau casineb: troseddau tuag at unigolyn oherwydd atgasedd neu ragfarn sy'n seiliedig ar anabledd, hil neu ethnigrwydd, crefydd neu gred, cyfeiriadedd rhywiol neu hunaniaeth drawsryweddol y person hwnnw.

Gweithgaredd 1.2

Ymchwiliwch i'r achosion canlynol, gan gofnodi ffeithiau'r troseddau casineb a ddigwyddodd:

• Matthew Shepard
• Adam Pearson.

Chwilio'r we

Gwyliwch y fideo YouTube canlynol ac ateb y cwestiynau isod:
• 'What is Hate Crime?' (https://www.youtube.com/watch?v=kkgVZ5CzyqA).
1. Rhowch ddiffiniad o drosedd gasineb.
2. Beth yw'r mathau o droseddau casineb?
3. Rhowch bedair enghraifft o droseddau casineb.
4. Sut gall pobl roi gwybod am droseddau casineb?

Troseddau unigol – cam-drin domestig

Mae'r tabl canlynol yn dadansoddi cam-drin domestig.

Troseddau	Mae enghreifftiau yn cynnwys: • ymosod • *ABH*/niwed corfforol difrifol • llofruddiaeth *(GBH: grievous bodily harm)* • treisio
Math o ddioddefwr	Fel arfer, mae dioddefwyr yn fenywod ac mewn perthynas agos.
Math o droseddwr	Fel arfer, mae'r troseddwyr yn ddynion sydd mewn perthynas agos.
Lefel ymwybyddiaeth y cyhoedd	Gall lefel ymwybyddiaeth y cyhoedd fod yn isel gan fod hon yn drosedd ddomestig sy'n aml yn cael ei chuddio gan y dioddefwyr. Mae cymdeithas yn ymwybodol eu bod yn digwydd, ond heb sylweddoli maint y broblem.
Troseddol neu wyrdroëdig?	Troseddol: mae'r gweithredoedd yn rhai troseddol (ymosod, llofruddiaeth, ac ati). Gwyrdroëdig: ystyrir y gweithredoedd yn wyrdroëdig, gan eu bod yn gamddefnydd o bŵer o fewn perthynas o ymddiriedaeth.
Enghreifftiau	• Casey Brittle • Tina Nash

Gweithgaredd 1.3

Ymchwiliwch i'r achosion canlynol:
• Casey Brittle • Tina Nash.

Ysgrifennwch baragraff byr, gan ddefnyddio'r rhain, i esbonio'r effaith os nad yw'r heddlu'n ymyrryd mewn cam-drin.

Term allweddol

Cam-drin domestig: digwyddiad neu batrwm o ddigwyddiadau treisgar, neu ymddygiad, i reoli, gorfodi, bygwth neu israddio, gan gynnwys trais rhywiol. Yn y rhan fwyaf o achosion mae'n cael ei gyflawni gan bartner neu gyn-bartner, ond gallai fod gan aelod o'r teulu neu ofalwr hefyd.

Datblygu ymhellach

Cam-drin domestig: ymchwiliwch i achos Alex Skeel, ac ystyriwch sut mae'r achos yn herio'r cysyniad mai menywod sy'n dioddef cam-drin domestig fel arfer.

RHESTR WIRIO – A YDYCH CHI WEDI CYNNWYS:

☐ amrywiaeth o droseddau – mae angen dwy i gael 4 marc

☐ dadansoddi clir, gan gynnwys: troseddau, dioddefwr nodweddiadol, troseddwr nodweddiadol, lefel ymwybyddiaeth y cyhoedd, a gwyrdroëdig a/neu drosedd?

Cyngor asesiad dan reolaeth

Cofiwch gyfeirio at friff yr aseiniad ar gyfer pob trosedd berthnasol.

MPA1.2 ESBONIO'R RHESYMAU PAM NA RODDIR GWYBOD AM RAI TROSEDDAU PENODOL

Gweler tudalennau 24–28 yn y gwerslyfr.

Cyngor asesiad dan reolaeth

Cofiwch, dim ond 4 marc yw gwerth y MPA hwn, felly mae rheoli amser yn bwysig. Gwnewch yn siŵr eich bod chi'n cynnwys rhesymau posibl dros beidio â rhoi gwybod am y ddwy drosedd rydych chi wedi'u dewis o'r briff. Cofiwch sicrhau bod yr ateb yn berthnasol i'r troseddau ym mriff yr aseiniad.

Gwnewch yn siŵr eich bod yn ystyried y rhesymau a'r troseddau a restrir yn y fanyleb.

 Gweithgaredd 1.4

Rhesymau dros beidio ag adrodd am droseddau

Edrychwch ar y troseddau isod. Rhowch nhw wrth y rheswm perthnasol dros beidio â rhoi gwybod yn y tabl. Efallai bydd gan rai fwy nag un rheswm.

Rhesymau personol		Rhesymau cymdeithasol a diwylliannol	
Ofn		Diffyg gwybodaeth	
Cywilydd		Cymhlethdod	
Diffyg diddordeb		Diffyg diddordeb ar ran y cyfryngau	
Heb effeithio ar yr unigolyn		Diffyg pryder cyhoeddus ar hyn o bryd	
		Troseddau sy'n rhwym wrth ddiwylliant	

Troseddau:

Ymosod cyffredin
Cam-drin domestig
Troseddau er anrhydedd
Fandaliaeth
Treisio
Troseddau rhyw

Difrod troseddol
Taflu sbwriel
Mân ddwyn
Troseddau coler wen
Crwydraeth
Hunanladdiad â chymorth

Troseddau casineb
Yfed dan oed
Lawrlwytho cerddoriaeth yn anghyfreithlon
Seiberfwlio
Puteindra

Rhesymau personol

Ofn

Mae rhai pobl yn dewis peidio â rhoi gwybod am droseddau gan eu bod yn ofni'r canlyniadau. Yn achos cam-drin domestig neu droseddau ar sail anrhydedd, yn aml bydd gan ddioddefwyr ofn y troseddwr. Mae'r ofn hwn yn eu hatal rhag rhoi gwybod i'r heddlu am y drosedd. Bydd rhai dioddefwyr hefyd yn ofni'r canlyniadau i'w teulu, neu byddan nhw'n ofni na fydd pobl yn eu credu – mae hyn yn aml yn wir mewn achosion o dreisio neu droseddau rhyw.

Cywilydd

Os yw trosedd yn ymwneud â gweithred rywiol (treisio), yn aml gall hyn atal rhywun rhag rhoi gwybod am y drosedd. Gall y bobl dan sylw deimlo embaras neu gywilydd oherwydd y gall pobl eraill gredu eu bod yn agored i niwed mewn achosion o'r fath.

Heb effeithio ar yr unigolyn

Yn aml, pan fydd troseddau yn digwydd, bydd y rhai sydd heb eu heffeithio yn teimlo nad oes rhaid iddyn nhw roi gwybod am y drosedd. Mae rhai o'r farn nad yw'r peth 'ddim byd i wneud â mi'. Mae hyn yn aml yn wir yn achos troseddau fel fandaliaeth a/neu ddifrod troseddol, os nad yw'n digwydd ar eu heiddo nhw. Yn yr un modd, dydy pobl ddim yn rhoi gwybod am droseddau moesol fel crwydraeth ac yfed o dan oed. Mae hynny gan fod pobl yn tybio nad oes dioddefwr yn yr achosion hyn, ac felly nad yw'r troseddau yn effeithio ar neb. Mae mân ddwyn a thaflu sbwriel yn enghreifftiau perthnasol hefyd.

Ofn yw un o'r rhesymau pam nad yw dioddefwyr yn rhoi gwybod am gam-drin domestig.

Rhesymau cymdeithasol a diwylliannol

Cymhlethdod

Os yw troseddau yn gymhleth iawn, gall y cyhoedd ei chael yn anodd i gydnabod troseddau o'r fath. Er enghraifft, dydy pobl ddim yn deall troseddau coler wen yn dda iawn oherwydd pa mor gymhleth yw trafodion twyllodrus, sydd hefyd yn cael eu cuddio i raddau helaeth gan gwmnïau. Mae'n anodd iawn olrhain troseddau cymhleth, ac felly mae'n anodd rhoi gwybod amdanyn nhw.

Diffyg diddordeb ar ran y cyfryngau

Yn aml, dydy'r cyfryngau ddim yn rhoi llawr o sylw i droseddau moesol neu droseddau 'lefel isel', gan nad oes gan y cyhoedd lawer o ddiddordeb ynddyn nhw. Dydy rhai troseddau ddim yn cael eu hystyried yn broblem gymdeithasol, ac felly dydyn nhw ddim yn ymddangos ar y cyfryngau yn aml. Bydd rhai pobl, wedyn, yn dewis peidio â rhoi gwybod am y troseddau hyn, oherwydd efallai nad ydyn nhw'n ymwybodol o wir faint y broblem (na pha mor aml mae'r troseddau yn digwydd). Mae hyn yn arbennig o wir yn achos yfed dan oed, puteindra, taflu sbwriel, mân ddwyn ac ymosod cyffredin.

Troseddau sy'n rhwym wrth ddiwylliant

Gall rhai troseddau sy'n rhwym wrth ddiwylliant gael eu hystyried yn dderbyniol gan rai unigolion, ar sail credoau diwylliannol a/neu draddodiad – er enghraifft, lladd er anrhydedd ac anffurfio organau cenhedlu benywod. Mae'n bosibl bod y rhai sydd heb gael eu heffeithio yn osgoi rhoi gwybod am droseddau o'r fath oherwydd diffyg gwybodaeth a dealltwriaeth am y credoau diwylliannol hyn, gan ei gwneud yn anodd cydnabod trosedd fel hyn yn y lle cyntaf. Gall pobl eraill deimlo bod amrywiaeth ddiwylliannol yn ddirgelwch, gan ddewis anwybyddu troseddau o'r fath er mwyn osgoi ymyrryd.

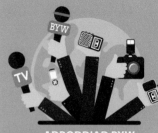

ADRODDIAD BYW

Mae diffyg diddordeb ar ran y cyfryngau yn rheswm arall dros beidio â rhoi gwybod am rai troseddau.

Term allweddol

Troseddau sy'n rhwym wrth ddiwylliant: mae'r rhain yn tueddu i berthyn i ddiwylliant penodol. Mae enghreifftiau yn cynnwys lladd er anrhydedd, dewiniaeth ac anffurfio organau cenhedlu benywod.

Cyngor asesiad dan reolaeth

Cofiwch gyfeirio at friff yr aseiniad i esbonio'r rhesymau dros beidio â rhoi gwybod am rai troseddau.

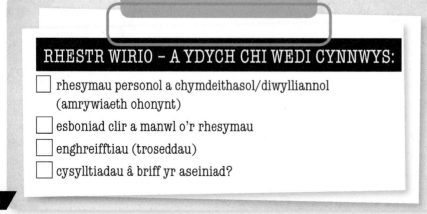

Chwilio'r we

Pam mae treisio yn drosedd nad yw pobl yn rhoi gwybod amdani?

Edrychwch ar 'The Criminal Justice System: Statistics' ar wefan RAINN isod, ac atebwch y cwestiynau sy'n dilyn:
- 'The Vast Majority of Perpetrators Will Not Go to Jail or Prison' (https://www.rainn.org/statistics/criminal-justice-system).
1. O bob 1,000 achos o dreisio, sawl achos sy'n cael ei adrodd i'r heddlu?
2. Faint o fyfyrwyr benywaidd fydd yn rhoi gwybod am achos o dreisio?
3. Beth yw'r tri rheswm mwyaf cyffredin dros beidio â rhoi gwybod am achos o dreisio?
4. Beth yw'r tri rheswm mwyaf cyffredin dros roi gwybod am achos o dreisio?

RHESTR WIRIO – A YDYCH CHI WEDI CYNNWYS:

☐ rhesymau personol a chymdeithasol/diwylliannol (amrywiaeth ohonynt)

☐ esboniad clir a manwl o'r rhesymau

☐ enghreifftiau (troseddau)

☐ cysylltiadau â briff yr aseiniad?

MPA1.3 ESBONIO CANLYNIADAU TROSEDDAU NA RODDIR GWYBOD AMDANYN NHW

Gweler tudalennau 29–33 yn y gwerslyfr.

Ateb enghreifftiol

Darllenwch yr ymateb i MPA1.3, a'r nodiadau isod.

Mae nifer o ganlyniadau yn codi o droseddau na roddir gwybod amdanyn nhw, gan gynnwys y canlynol: effaith donnog, dad-droseddoli, blaenoriaethau'r heddlu, troseddau heb eu cofnodi, newid diwylliannol a newid cyfreithiol.

Mae'r 'effaith donnog' yn dangos sut gall effaith troseddu ledaenu y tu hwnt i'r dioddefwr. Gall effeithio ar bobl eraill fel teulu, ffrindiau neu hyd yn oed y gymuned i gyd. Er enghraifft, pe bai bwrgleriaeth yn digwydd ar stryd o dai, byddai'r canlyniadau negyddol yn effeithio ar berchennog y tŷ, oherwydd bod arno ofn mynd yn ôl adref o bosibl. Ond gallai hyn gael effaith donnog drwy effeithio ar berchenogion tai eraill yn y stryd, efallai. Gallai'r ardal gael enw drwg, a gallai prisiau tai ostwng. Gall cam-drin domestig greu effaith donnog hefyd, oherwydd gall pobl sy'n cam-drin ddod o amgylchedd ansefydlog yn aml, lle maen nhw wedi profi camdriniaeth, neu wedi gweld pobl yn cam-drin eraill. Mae hyn yn dangos sut gall yr effeithiau negyddol effeithio ar bobl eraill o amgylch y dioddefwr, os na roddir gwybod am droseddau.

Mae dad-droseddoli yn digwydd ar ôl i gyfreithiau gael eu newid yn aml, gan nad yw'n bosibl eu gorfodi. Yn aml, dydy pobl ddim yn rhoi gwybod am drosedd oherwydd diffyg pryder neu ddiddordeb gan y cyhoedd. Mae hyn yn golygu, dros amser, nad oes gan y llywodraeth fawr o ddewis ond dad-droseddoli'r ddeddf. Hynny yw, mae cyfreithiau yn dal i fodoli yn erbyn y drosedd, ond mae'r cosbau wedi cael eu newid. Mewn rhai achosion, gall y drosedd ddod yn gyfreithlon hyd yn oed. Mae cyfunrywioldeb yn enghraifft o hyn. Gall y broses hon fod yn rhywbeth cadarnhaol i gymdeithas felly.

Mae'r heddlu yn blaenoriaethu rhai troseddau er mwyn gallu rhoi mwy o amser i'r materion brys mewn ardaloedd penodol. Er enghraifft, mae agwedd Heddlu Durham tuag at bobl sy'n defnyddio canabis yn wahanol i heddluoedd eraill yn y DU. Mae'n credu y dylai achosion lefel isel arwain at gymorth ac adsefydlu, yn hytrach nag erlyn. Mae hyn er mwyn rhoi mwy o sylw i droseddau mwy difrifol.

Cyngor asesiad dan reolaeth

I gael y marciau uchaf, gwnewch yn siŵr eich bod chi'n gallu dweud a yw canlyniad troseddau na roddir gwybod amdanyn nhw yn cael effaith gadarnhaol neu negyddol ar yr unigolyn/cymdeithas.

Disgrifiad clir o'r effaith donnog, gydag enghraifft berthnasol.

Disgrifiad cywir o ddad-droseddoli, gydag enghraifft gywir. Mae'r ymgeisydd yn gwybod y gwahaniaeth rhwng dad-droseddoli a chyfreithloni.

Esboniad clir o flaenoriaethu gan yr heddlu.

Er mwyn gwella'r ateb, gallai'r ymgeisydd amlinellu a yw blaenoriaethu gan yr heddlu yn ganlyniad cadarnhaol neu negyddol.

Pan fydd pobl yn rhoi gwybod am droseddau i'r heddlu, dydy'r heddlu ddim bob amser yn eu cofnodi. Mae hyn yn digwydd yn fwriadol weithiau, er mwyn iddi ymddangos bod cyfraddau troseddu yn gostwng. Neu gall ddigwydd oherwydd pwysau llwyth gwaith a phrinder goruchwyliaeth. Yn 2014, ni chofnodwyd un o bob pump o'r holl droseddau y rhoddwyd gwybod amdanyn nhw i'r heddlu, ac mae'r broblem yn llawer mwy yn achos troseddau mwy treisgar. Oherwydd hyn, gall y cyhoedd golli ffydd yn yr heddlu, ac efallai y byddan nhw'n dewis peidio â rhoi gwybod am droseddau yn y dyfodol. Gall hyn annog troseddwyr i gyflawni rhagor o droseddau hefyd, oherwydd gallen nhw gredu na fyddan nhw'n cael eu dal.

Gall newid diwylliannol gael ei ystyried yn ganlyniad negyddol o safbwynt y gymuned. Os nad yw pobl yn rhoi gwybod am droseddau llai ac nad ydyn nhw'n cael eu hatal, mae'r ddamcaniaeth 'ffenestri wedi'u torri' yn awgrymu eu bod nhw'n gallu arwain at ragor o droseddau, ac at droseddau mwy difrifol. Os nad yw pobl yn gofalu am ardal, gall ddenu ymddygiad tramgwyddus (delinquent). Er enghraifft, os bydd ardal yn dirywio ac eiddo yn cael ei fandaleiddio, gall tlodi wneud i bobl droi at buteindra, defnyddio cyffuriau a mân droseddau eraill. Yna, gall hyn arwain at ragor o droseddau, gan na fydd neb yn rhoi gwybod am droseddau difrifol fel treisio neu lofruddiaeth. Y syniad yw bod tlodi yn magu tlodi, a thlodi yn ei dro yn magu troseddau – os yw stryd yn edrych yn flêr iawn neu os yw'n adnabyddus am ei throseddu, mae'n annhebygol y byddai rhywun am brynu tŷ yno. Pan fydd yr ardal gyfan yn dechrau cael ei gweld yn ardal sy'n denu trosedd, bydd yr incwm i'r ardal leol yn gostwng ac mae hyn yn gwneud i bobl droi at droseddu. Pe bai sylw yn cael ei roi i bob trosedd yn y lle cyntaf, mae'n debygol y byddai cyfraddau troseddu yn yr ardal yn gostwng.

Gall newid cyfreithiol fod yn ganlyniad cadarnhaol i droseddau na roddir gwybod amdanyn nhw. Roedd cyfunrywioldeb yn anghyfreithlon yn y DU tan 1967, ond newidiodd y gyfraith oherwydd newidiadau cymdeithasol a llai o stigma. Doedd pobl ddim yn rhoi gwybod am gyfunrywioldeb bellach, gan nad oedd cymdeithas yn cytuno â'r gyfraith erbyn hynny. Cafodd y gyfraith ei newid, ac nid yw'n anghyfreithlon bellach. Mae priodasau hoyw yn gyfreithlon erbyn heddiw, ac mae mwy na 15,000 o briodasau wedi cael eu cynnal ers iddyn nhw gael eu cyfreithloni.

Defnyddio enghraifft i egluro'r canlyniad.

Esboniad clir iawn o droseddau heb eu cofnodi, gydag ystadegyn i ategu'r esboniad.

Amlinellu canlyniad negyddol, wrth i'r ymgeisydd bwysleisio y byddai'r drosedd yn dal i ddigwydd.

Amlinellu canlyniad negyddol.

Esboniad clir a manwl.

Mae'r ymgeisydd yn nodi y gall newid cyfreithiol gael ei ystyried yn ganlyniad cadarnhaol.

Defnyddio cyfunrywioldeb yn enghraifft.

Ystadegau i gefnogi'r canlyniad.

Wedi'i ysgrifennu'n dda, a defnydd da o derminoleg arbenigol drwy gydol yr ateb.

Chwech o ganlyniadau troseddau na roddir gwybod amdanyn nhw wedi'u hesbonio'n glir a gyda digon o fanylion. Mae'r ateb yn cynnwys enghreifftiau perthnasol ac ystadegau i ategu'r esboniad.

Gweithgaredd 1.5

Edrychwch ar feini prawf y band marciau isod ar gyfer MPA1.3, a marciwch yr ateb enghreifftiol sydd i'w weld ar dudalennau 15–16. Faint o farciau byddech chi'n eu rhoi iddo, allan o 4?

Cyngor asesiad dan reolaeth

Cofiwch, 4 marc yn unig sydd ar gael yma, felly dylech gofio rheoli'ch amser. Y cyngor yw ceisio ymdrin â chynifer â phosibl o ganlyniadau, ond gan wneud hynny mewn ffordd gryno.

MEINI PRAWF ASESU	BAND MARCIAU 1	BAND MARCIAU 2
MPA1.3 Esbonio canlyniadau troseddau na roddir gwybod amdanyn nhw	Esboniad cyfyngedig (gan restru enghreifftiau yn unig, o bosibl) o ganlyniadau troseddau na roddir gwybod amdanyn nhw **(1–2)**	Esboniad clir a manwl (gan gynnwys enghreifftiau perthnasol) o ganlyniadau troseddau na roddir gwybod amdanyn nhw **(3–4)**

RHESTR WIRIO – A YDYCH CHI WEDI CYNNWYS:

☐ esboniad clir a manwl o ganlyniadau troseddau na roddir gwybod amdanyn nhw (amrywiaeth ohonynt)

☐ enghreifftiau

☐ cysylltiad(au) â briff yr aseiniad?

Mae rheoli amser yn bwysig. Asesiad wyth awr yw hwn.

MPA1.4 DISGRIFIO CYNRYCHIOLIAD Y CYFRYNGAU O DROSEDD

Mae'r fanyleb yn rhestru'r cyfryngau canlynol: papur newydd, teledu, ffilm, gemau electronig, y cyfryngau cymdeithasol (blogiau, rhwydweithio cymdeithasol) a cherddoriaeth. Ceisiwch gynnwys pob un o'r mathau hyn wrth ddisgrifio sut mae'r cyfryngau yn cynrychioli trosedd.

Gweler tudalennau 34–37 yn y gwerslyfr.

Gweithgaredd 1.6

Cysylltwch y term pwysig â'r diffiniad cywir yn y tabl isod.

Term pwysig	Diffiniad
	Gwneud i ddigwyddiadau (yn enwedig mewn adroddiadau papur newydd) ymddangos yn fwy byw, syfrdanol, etc., nag ydyn nhw mewn gwirionedd.
	Dweud bod rhywbeth wedi digwydd fwy o weithiau nag y digwyddodd mewn gwirionedd.
	Tueddu i darfu ar feddyliau neu breifatrwydd rhywun.
	Gwneud i rywbeth ymddangos yn well nag yw mewn gwirionedd, ac felly yn fwy atyniadol.
	Camddisgrifio syniad, barn neu sefyllfa.
	Rhoi disgrifiad neu gynrychioliad cymeradwy o rywbeth, yn enwedig os nad oes cyfiawnhad dros hynny.
	Lledaenu straeon sy'n codi ofn ar y cyhoedd.
	Ychwanegu neu newid rhai manylion stori, fel arfer i'w gwneud yn fwy diddorol neu'n fwy cyffrous.

Termau pwysig: gorliwio, rhamanteiddio, rhoi gormod o sylw, ymosodol, codi bwganod, camliwio, mawrygu, ymhelaethu

Cyngor asesiad dan reolaeth

Mae'r MPA hwn yn werth 6 marc, felly gan feddwl am reoli amser, dylech chi dreulio ychydig bach mwy o amser ar hwn nag ar y tri MPA blaenorol wrth gyflawni'r asesiad dan reolaeth.

Cyngor asesiad dan reolaeth

Y gair gorchymyn ar gyfer y MPA hwn yw DISGRIFIWCH. Does dim angen i chi werthuso nac asesu effaith cynrychioliad y cyfryngau, dim ond ei ddisgrifio.

Mae teledu'n chwarae rhan bwysig yn ffordd y cyfryngau o gynrychioli troseddu.

Cyngor asesiad dan reolaeth

Ceisiwch ddefnyddio'r termau hyn wrth ddisgrifio cynrychioliad y cyfryngau o drosedd. Er enghraifft, mae rhai ffilmiau yn tueddu i *ramanteiddio* trosedd – mae'r ffilm *The Wolf of Wall Street* yn gwneud i droseddau coler wen a'r defnydd o gyffuriau ymddangos yn *atyniadol*, drwy gysylltu troseddau o'r fath ag eiddo materol.

Pwyntiau allweddol

Ar y cyfan, mae'r cyfryngau yn tueddu i orliwio troseddau, naill ai drwy gynrychioliadau ffuglennol neu ffeithiol.

- Mae **papurau newydd** yn rhoi llawer o sylw i droseddu, gan gynnwys terfysgaeth, treisio, llofruddiaeth a gangiau. Gyda delweddau a phenawdau dramatig, mae papurau newydd yn denu sylw'r darllenydd, yn aml yn gorliwio troseddau, neu'r gyfradd troseddu, a'u camddarlunio.

- Mae llawer iawn o drosedd ar y **teledu** hefyd. Mae rhaglenni teledu ffuglennol fel *Law and Order*, *Y Gwyll* a *Broadchurch* i gyd yn defnyddio delweddau neu straeon pwerus ac emosiynol i ddenu gwylwyr. Llwyddiant yr heddlu sy'n cael ei bortreadu gan amlaf, wrth arestio troseddwyr neu sicrhau cyfiawnder. Mae troseddwyr yn cael eu portreadu'n bennaf fel pobl 'ddrwg' sy'n cyflawni troseddau eithafol.

- Mae rhaglenni ffeithiol fel *Crimewatch* a *24 Hours in Police Custody* yn portreadu amrywiaeth ehangach o droseddau. Yn aml maen nhw'n dangos gweithdrefnau go iawn yr heddlu, yn hytrach na thechnegau ymchwiliol cyffrous yn unig, fel y rhai sydd i'w gweld yn aml ar raglenni ffuglennol. Felly maen nhw'n gadael i'r gynulleidfa ddod yn fwy cyfarwydd â'r troseddwr a'i brofiadau.

- Mae **ffilmiau** yn rhamanteiddio trosedd. Mae ffilmiau fel *The Wolf of Wall Street* (uchod) yn gwneud troseddau coler wen a'r defnydd o gyffuriau yn atyniadol, drwy gysylltu troseddau o'r fath ag eiddo materol a ffordd o fyw. Mae ffilmiau fel *The Godfather* ac *American Gangster* yn gorliwio'r portread o droseddau gangiau a gwerthwyr cyffuriau, gyda golygfeydd dramatig yn dangos trais, arian neu'r heddlu yn hela troseddwyr. Mae llawer yn canolbwyntio ar drosedd yn unig. Yn aml maen nhw'n cael eu hystyried yn anaddas i rai dan 15 oed os nad ydyn nhw yng nghwmni oedolyn, oherwydd difrifoldeb y troseddau dan sylw.

- Erbyn hyn, mae trosedd yn gyffredin mewn **gemau electronig** hefyd. Mae'n elfen bwysig mewn gemau fel *Grand Theft Auto*, *Mafia* a *Payday*. Er bod *Grand Theft Auto* ar gyfer pobl dros 18 oed, mae'n aml yn cael ei chwarae gan rai llawer iau, ac mae wedi gwerthu 90 miliwn copi hyd yma. Gall awgrymu bod trosedd a thrais yn dderbyniol, ac yn rhywbeth cyffrous neu anturus gan fod rhaid i chwaraewyr droseddu i ennill pwyntiau yn y gêm.

- Erbyn heddiw, mae pobl yn defnyddio'r **cyfryngau cymdeithasol** i roi gwybod am droseddau. Mae heddluoedd yn defnyddio Facebook Twitter i roi'r wybodaeth ddiweddaraf i'r cyhoedd am droseddu mewn ardaloedd penodol. Gall pobl gyhoeddi neges ar Facebook er mwyn rhoi gwybod i'w dilynwyr eu bod nhw'n ddiogel yn ystod digwyddiadau trasig. Mae'n dangos sut gall ymosodiadau terfysgol a throseddau gael eu portreadu i'r cyhoedd. Mae'r cyfryngau hefyd yn cael eu defnyddio i rannu ffotograffau neu fideos gan y cyhoedd o ddigwyddiadau a throseddau. Gall rhai o'r rhain beri gofid neu ddangos trais.

> Erbyn hyn mae'r heddlu yn defnyddio Twitter i rannu newyddion.

- Mae **cerddoriaeth** hefyd yn cynnwys cyfeiriadau at drosedd. Ers blynyddoedd, mae caneuon fel 'I Fought the Law' a 'Bonnie and Clyde' wedi sôn am drosedd. Ond mae artistiaid mwy cyfoes fel Eminem a Tupac hefyd wedi cyfansoddi caneuon sy'n cyfeirio at gangiau, troseddu, rhyw a chyffuriau, gan orliwio trosedd unwaith eto.

Chwilio'r we

I gyrraedd band marciau 2 ac ennill 4–6 o farciau am y MPA hwn, mae angen rhoi enghreifftiau perthnasol. Defnyddiwch yr erthyglau ar y gwefannau isod, yn ogystal â'r cysylltiadau fideo, i ymchwilio i enghreifftiau o'r ffordd mae'r cyfryngau yn cynrychioli trosedd. Dylai hyn fod o gymorth wrth sicrhau bod eich disgrifiad yn fanwl.

Ar gyfer pob enghraifft, atebwch y ddau gwestiwn allweddol hwn:
1. Pa fath (neu fathau) o drosedd sy'n cael ei bortreadu/eu portreadu?
2. Sut mae'r cyfryngau yn disgrifio'r drosedd (troseddau)?

Papurau newydd:
- Emily Banks (2018, 8 Mehefin) 'Moped Gangs Have a Terrifying New Tactic …', *Daily Mail* (http://www.dailymail.co.uk/news/article-5822785/Moped-muggers-new-tactic-Gangs-target-parents-school-run.html).
- Mark Hodge (2017, 24 Mai) '"Attack on Innocence", Manchester Attack …', *The Sun* ('https://www.thesun.co.uk/news/3636785/manchester-attack-newspapers-around-world-reaction-pictures-suicide-bombing/).

Teledu:
- 'Crimewatch UK – June 2014' (https://www.youtube.com/watch?v=RWuydw2fdTU).
- 'Acorn TV / Midsomer Murders / Series 17 Clip' (https://www.youtube.com/watch?v=79Rn27krUxM).
- 'Broadchurch Official Trailer HD' (https://www.youtube.com/watch?v=H0nus60vViM&t=9s).

Ffilm:
- 'Jack Reacher Official Trailer #1 (2012) - Tom Cruise Movie HD' (https://www.youtube.com/watch?v=A7FiWkyevqY).

Gemau electronig:
- 'Grand Theft Auto V: The Official Trailer' (https://www.youtube.com/watch?v=hvoD7ehZPcM).

Y cyfryngau cymdeithasol:
- 'Heddlu Gogledd Cymru' (https://twitter.com/heddlugogcymru?lang=en).

Cerddoriaeth:
- 'The Clash – I Fought the Law (Official Video)' (https://www.youtube.com/watch?v=AL8chWFuM-s).

Teyrngedau i'r rhai a laddwyd yn ymosodiad Manceinion.

Sgrinlun o fideo The Clash ar gyfer 'I Fought the Law'.

RHESTR WIRIO – A YDYCH CHI WEDI CYNNWYS:

☐ pob cyfrwng, gan gynnwys: papurau newydd, teledu, ffilmiau, gemau electronig, y cyfryngau cymdeithasol a cherddoriaeth

☐ disgrifiad manwl o gynrychioliad y cyfryngau o drosedd, gan gynnwys cynrychioliadau ffuglennol a ffeithiol

☐ enghreifftiau perthnasol (rhaglenni teledu, ffilmiau, etc.)?

MPA1.5 ESBONIO EFFAITH CYNRYCHIOLIADAU'R CYFRYNGAU AR GANFYDDIAD Y CYHOEDD O DROSEDD

Gweler tudalennau 38–42 yn y gwerslyfr.

Gweithgaredd 1.7

Ystyriwch benawdau'r papurau newydd yn y ddelwedd isod.
1. Pa effaith gallai'r penawdau hyn ei chael ar y cyhoedd?
2. Pa mor ddylanwadol yw cynrychioliadau'r cyfryngau o ran canfyddiad y cyhoedd o droseddu?

Cyngor asesiad dan reolaeth

Ni ddylai'r MPA hwn ailadrodd cynnwys MPA1.4. Wrth roi sylw i MPA1.5 yn yr asesiad dan reolaeth, gwnewch yn siŵr eich bod yn esbonio effaith cynrychioladau'r cyfryngau o drosedd. Rhaid i chi roi sylw penodol i'r ffordd mae cynrychioliad y cyfryngau o drosedd yn effeithio ar ganfyddiad y cyhoedd.

Effaith cynrychioliadau'r cyfryngau ar ganfyddiad y cyhoedd o drosedd

Termau allweddol

Effaith: canlyniad neu gynnyrch rhywbeth. Yn yr achos hwn, yr effaith y mae cynrychioliad y cyfryngau o drosedd yn ei chael ar y cyhoedd.

Canfyddiad y cyhoedd: faint o droseddu mae pobl yn credu sy'n digwydd mewn man penodol, neu pa mor ddifrifol mae pobl yn meddwl yw'r troseddau. Dyma farn neu gred y cyhoedd. Yn gyffredinol, mae'n farn sy'n cael ei llunio ar y cyd.

- Panig moesol
- Newid pryderon ac agweddau'r cyhoedd
- Canfyddiadau o dueddiadau o ran trosedd
- **Effaith**
- Stereoteipio troseddwyr
- Lefelau o ymateb i droseddu a mathau o gosbau
- Newid blaenoriaethau a phwyslais

Gweithgaredd 1.8

1. Ychwanegwch esboniadau allweddol ar gyfer pob effaith at y map meddwl ar y dudalen flaenorol.
2. Ychwanegwch enghreifftiau penodol o bortreadau'r cyfryngau wrth esbonio'r effeithiau at eich diagram.
   - Enghraifft: Roedd portread y cyfryngau o'r Mods a'r Rocers yn enghraifft o banig moesol. *Rhowch hwn o dan bennawd Panig moesol.*
3. Ychwanegwch yr enghreifftiau canlynol at eich diagram:
   - Ymosodiadau terfysgol (gan gynnwys Manceinion, Llundain a Barcelona)
   - Islamoffobia
   - Deddf Gwrthderfysgaeth, Trosedd a Diogelwch 2001, Deddf Gwrthderfysgaeth 2008, diogelwch mewn meysydd awyr, strategaeth 'Prevent', troseddau ieuenctid
   - 'Hwdis'
   - Terfysgoedd (*riots*) Llundain
   - Arolwg Troseddu Cymru a Lloegr (ystadegau am y gyfradd droseddu)
   - Troseddau cyllyll
   - HIV

Os oes angen rhai awgrymiadau i'ch helpu i gwblhau'r gweithgaredd hwn, edrychwch ar dudalennau 38–42 yn y gwerslyfr a rhowch grynodeb o'r esboniad llawn ar gyfer pob effaith.

RHESTR WIRIO – A YDYCH CHI WEDI CYNNWYS:

- [ ] esboniad clir a manwl o effaith amrywiaeth o gynrychioliadau'r cyfryngau ar ganfyddiad y cyhoedd o drosedd
- [ ] cyfeiriad amlwg at ganfyddiad y cyhoedd o drosedd
- [ ] enghreifftiau penodol?

Chwilio'r we

Stereoteipio troseddwyr

Darllenwch yr erthygl isod, yna atebwch y cwestiynau canlynol:
- Dr Carolyn Côté-Lussier (2016, 8 Chwefror) 'Debunking Stereotypes of Criminals' (https://www.lawgazette.co.uk/commentary-and-opinion/debunking-stereotypes-of-criminals/5053490.article).
1. Sut mae troseddwyr yn y DU yn cael eu stereoteipio?
2. Sut mae'r stereoteipio hwn yn effeithio ar y cyhoedd?
3. Pam byddai'r cyhoedd yn cefnogi dedfrydau mwy llym o ganlyniad i stereoteipio?
4. Sut mae hyn wedi cael effaith ar boblogaeth y carchardai?
5. Pa awgrymiadau mae'r erthygl yn eu cynnig i herio hyn?

MPA1.6 GWERTHUSO DULLIAU O GASGLU YSTADEGAU AM DROSEDD

Gweler tudalennau 43–47 yn y gwerslyfr.

 Gweithgaredd 1.9

Atebwch y tri chwestiwn canlynol:

1. Sut mae ystadegau am drosedd yn cael eu casglu yng Nghymru a Lloegr?
2. Pa weithwyr/cyrff proffesiynol fyddai'n casglu ystadegau am drosedd?
3. Beth yw pwrpas casglu ystadegau trosedd?

Cyngor asesiad dan reolaeth

Mae'r MPA hwn yn gofyn i chi WERTHUSO i gael 6 marc. Cadwch eich disgrifiadau o'r dulliau yn fyr iawn, a gwnewch yn siŵr eich bod yn gwerthuso'n fanwl.

Dulliau

- Ystadegau'r Swyddfa Gartref: mae'r dull hwn yn defnyddio troseddau a gofnodwyd gan yr heddlu. Bydd pob trosedd sy'n cael ei chofnodi gan yr heddlu yn cael ei chynnwys yn yr ystadegau.
- Arolwg Troseddu Cymru a Lloegr: mae'r dull hwn yn defnyddio arolwg, ar ffurf holiadur sy'n cael ei anfon i gartrefi.

Cofiwch ddefnyddio'r meini prawf gwerthuso allweddol sy'n cael eu rhestru yn y fanyleb: dibynadwyedd, dilysrwydd, moeseg ymchwil, cryfderau a chyfyngiadau, a diben y gwaith ymchwil.

Gwnewch yn siŵr eich bod yn ysgrifennu'r MPA hyn ar ffurf paragraffau clir. Mae angen bod yn fanwl er mwyn ennill 6 marc.

Cyngor asesiad dan reolaeth

Ar gyfer yr asesiad dan reolaeth, mae angen i chi werthuso dwy ffynhonnell wybodaeth yn unig: Ystadegau'r Swyddfa Gartref (troseddau a gofnodwyd gan yr heddlu) ac Arolwg Troseddu Cymru a Lloegr. Dylech chi werthuso'r *dulliau* a ddefnyddiwyd i gasglu'r ystadegau hyn.

I weld diffiniad o bob maen prawf gwerthuso, cyfeiriwch at dudalen 45 yn y gwerslyfr.

Mae Arolwg Troseddu Cymru a Lloegr yn arolwg o ddioddefwyr, sy'n cael ei bostio i gartrefi.

Gwerthuso dulliau

Ystadegau'r Swyddfa Gartref: cryfderau a chyfyngiadau ystadegau trosedd a gofnodwyd gan yr heddlu.

Cryfderau	Cyfyngiadau
• Gall yr heddlu gofnodi troseddau yn gywir, oherwydd bydd y data ar sail adroddiadau ac arestiadau. • Gall yr heddlu gysylltu â throseddwyr a dioddefwyr yn rheolaidd, i sicrhau bod data dilys yn cael eu cofnodi (hynny yw, bod y data yn gywir). • Gall yr heddlu ymchwilio ymhellach i droseddau er mwyn sicrhau bod yr holl ddigwyddiadau wedi'u cofnodi. • Gall yr heddlu fonitro troseddau ar sail ardal ddaearyddol a chyfnod amser, er mwyn helpu i ganfod troseddau neu atal rhagor o droseddu. • Gall yr heddlu ddefnyddio ystadegau'r troseddau a gofnodwyd fel sail ar gyfer mentrau a pholisïau newydd. • Gall yr heddlu gymharu ystadegau trosedd yn flynyddol, er mwyn dangos tueddiadau a phatrymau.	• Nid yw'r heddlu'n cofnodi pob trosedd maen nhw'n cael gwybod amdani. • Nid yw troseddau a gofnodwyd gan yr heddlu yn cynnwys manylion am droseddau na roddir gwybod amdanyn nhw. Mae hyn yn aml yn cael ei alw'n 'ffigur tywyll' trosedd. • Gall arferion cofnodi'r heddlu amrywio, gan gynhyrchu data annibynadwy o bosibl (diffyg gweithdrefn safonol ar draws heddluoedd). • Mae amrywiadau mewn arferion cofnodi hefyd yn golygu bod cymariaethau blynyddol yn llai effeithiol. Er enghraifft, gall ymddangos fod tueddiadau troseddu yn gostwng, ond efallai mai newid yn y weithdrefn sydd i gyfrif am hyn (gan olygu diffyg dilysrwydd). • Gall rhai dioddefwyr fod yn amharod i siarad â swyddogion heddlu oherwydd ofn, embaras, etc.

Arolwg Troseddu Cymru a Lloegr (ATCLI): y cryfderau a'r cyfyngiadau.

Cryfderau	Cyfyngiadau
• Mae ATCLI yn cofnodi troseddau na roddir gwybod amdanyn nhw, oherwydd y gall dioddefwyr deimlo'n fwy hyderus i roi gwybod am droseddau o'r fath wrth gymryd rhan mewn arolwg gan fod y canlyniadau yn aros yn anhysbys. Mae hyn yn berthnasol i ddioddefwyr sydd heb roi gwybod am droseddau oherwydd ofn neu embaras.	• Nid yw ATCLI yn gallu cofnodi troseddau heb ddioddefwr. • Nid yw ATCLI yn gallu cofnodi troseddau sy'n anodd iawn eu canfod, fel troseddau coler wen.

(Parhad)

Cryfderau	Cyfyngiadau
• Mae ATCLI yn dibynnu ar wybodaeth a roddwyd gan y dioddefwr, felly gall fod yn fwy cywir na gwybodaeth a ddehonglwyd gan yr heddlu. • Mae ATCLI yn nodi'r rhai sydd fwyaf tebygol o fod yn ddioddefwyr, felly gall fod yn sail i gynlluniau atal trosedd. • Mae ATCLI yn edrych ar sampl mawr. • Gall ATCLI ddarparu data ansoddol dilys o ansawdd, oherwydd gall y dioddefwr deimlo o dan lai o bwysau i roi manylion gan nad oes perygl y bydd yn cael ei adnabod. • Mae ATCLI yn gyfrinachol, ac mae gan y cyfranogwyr hawl i breifatrwydd. Gall y cyfranogwyr wrthod cwblhau'r arolwg os ydyn nhw'n dymuno, gan olygu bod canllawiau moesegol yn cael eu dilyn. • Mae ATCLI yn gofyn am gydsyniad gwybodus y cyfranogwr i gymryd rhan yn yr arolwg. • Mae ATCLI yn cael ei ystyried yn fwy dibynadwy na data a gofnodwyd gan yr heddlu.	• Gall ATCLI fethu cofnodi troseddau fel cam-drin domestig, oherwydd gall cyfranogwyr wrthod cymryd rhan yn yr arolwg gan fod ganddyn nhw ofn yn eu cartrefi eu hunain. • Gall cyfranogwyr ddweud celwydd neu orliwio wrth lenwi'r ATCLI, gan wneud y data yn annilys. • Mae ATCLI yn dibynnu ar ba mor gywir yw cof y dioddefwr. • Efallai nad yw'r sampl yn gynrychiadol o'r boblogaeth yn gyffredinol. Gan fod ganddyn nhw fwy o amser, mae'r henoed, pobl ddi-waith a myfyrwyr ymysg cyfranogwyr sydd fwyaf tebygol o lenwi arolygon fel hyn. • Mae'r sampl yn fawr; ond dydy'r arolwg ddim yn cael ei anfon i bob aelod o'r cyhoedd. • Gall dioddefwyr fod yn amharod i gymryd rhan yn yr ATCLI os ydyn nhw'n ofni nad yw'n gyfrinachol. • Mae'n rhaid dehongli'r canlyniadau: gall hynny olygu tuedd, sy'n cael effaith negyddol ar ddilysrwydd.

Pwynt allweddol

Nid yw'r ddau ddull o gasglu ystadegau yn ddulliau cydradd. Cofnododd Ystadegau'r Swyddfa Gartref gynnydd o 10% mewn trosedd yn 2017, ond cofnododd ATCLI ostyngiad o 7%. Mae hynny'n dangos bod cyfyngiadau i'r ddwy ffynhonnell wybodaeth.

Ewch i dudalennau 46–47 yn y gwerslyfr i weld ateb enghreifftiol a enillodd 5 marc. Ewch ati i wella'r ateb hwn gan ddefnyddio'r tabl uchod i sicrhau ei fod yn ennill 6/6.

RHESTR WIRIO – A YDYCH CHI WEDI CYNNWYS:

- [ ] y ddwy ffynhonnell wybodaeth am droseddu: ystadegau'r Swyddfa Gartref ac Arolwg Troseddu Cymru a Lloegr
- [ ] gwerthusiad clir a manwl o'r dulliau a ddefnyddiwyd i gasglu ystadegau trosedd – mae angen gwerthuso'r ddwy ffynhonnell wybodaeth
- [ ] meini prawf gwerthuso: dibynadwyedd, dilysrwydd, moeseg ymchwil, cryfderau a chyfyngiadau, a diben y gwaith ymchwil?

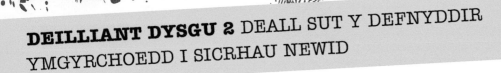

DEILLIANT DYSGU 2 DEALL SUT Y DEFNYDDIR YMGYRCHOEDD I SICRHAU NEWID

MPA2.1 CYMHARU YMGYRCHOEDD DROS NEWID

Gweler tudalennau 48–54 yn y gwerslyfr.

Gweithgaredd 1.10

Defnyddiwch dudalennau 49–51 yn y gwerslyfr i'ch helpu i gwblhau'r tabl cymharu isod ar gyfer y ddwy ymgyrch dros newid.

Ymgyrch dros newid: Deddf Sarah		Ymgyrch dros newid: Brexit	
Diben yr ymgyrch (newid polisi, codi ymwybyddiaeth, ac ati)		Diben yr ymgyrch (newid polisi, codi ymwybyddiaeth, ac ati)	
Prif sylw (cyfraith trosedd, cyfraith gyfansoddiadol neu gyfraith arall)		Prif sylw (cyfraith trosedd, cyfraith gyfansoddiadol neu gyfraith arall)	
Prif gefnogwyr yr ymgyrch (unigolion/ sefydliadau, etc.)		Prif gefnogwyr yr ymgyrch (unigolion/ sefydliadau, etc.)	
Ymgyrch genedlaethol neu leol		Ymgyrch genedlaethol neu leol	
Dulliau/cyfryngau'r ymgyrch		Dulliau/cyfryngau'r ymgyrch	
Cefnogaeth enwogion		Cefnogaeth enwogion	
Llwyddiant (a oedd yr ymgyrch yn llwyddiannus, neu'n rhannol lwyddiannus? Pa newidiadau ddaeth yn ei sgil?)		Llwyddiant (a oedd yr ymgyrch yn llwyddiannus, neu'n rhannol lwyddiannus? Pa newidiadau ddaeth yn ei sgil?)	

Ymgyrchoedd dros newid

Mae rhestr isod o rai ymgyrchoedd dros newid; ond nid yw'r rhestr hon yn un gynhwysfawr. Gallwch chi ddewis unrhyw ymgyrch dros newid i'w chynnwys yn MPA2.1. Does dim rhaid i'r ymgyrchoedd dros newid fod yn gysylltiedig â throsedd benodol. A dweud y gwir, mae'n syniad da cael amrywiaeth o ymgyrchoedd er mwyn i chi allu cymharu yn fwy manwl.

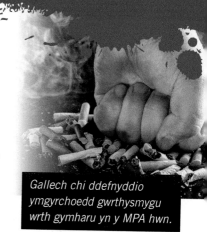

Gallech chi ddefnyddio ymgyrchoedd gwrthysmygu wrth gymharu yn y MPA hwn.

- Deddf Sarah (Cynllun Datgelu Troseddwyr Rhyw yn erbyn Plant)
- Deddf Clare (Cynllun Datgelu Trais Domestig)
- Deddf Helen
- Deddf Lillian
- Ann Ming: erlyniad dwbl
- ymgyrchoedd gwrthysmygu
- Brexit
- ymgyrchoedd LHDT (lesbiaidd, hoyw, deurywiol a thraws)
- annibyniaeth yr Alban
- ymgyrchoedd erthylu
- ymgyrchoedd yn erbyn hela llwynogod.

Sut i strwythuro'r MPA hwn yn yr asesiad dan reolaeth

Dylech chi ysgrifennu'r MPA hwn ar ffurf paragraffau yn yr asesiad dan reolaeth. I ennill 8–10 marc, mae angen i'ch cymhariaeth fod yn 'glir a manwl'. Ceisiwch osgoi disgrifiadau hir o bob ymgyrch, gan ganolbwyntio ar y cymariaethau.

Efallai yr hoffech chi strwythuro eich MPA fel sydd i'w weld isod, ond cofiwch mai awgrym yn unig yw hwn:

- Gallwch chi gynnwys paragraffau am y gwahanol gymariaethau (e.e. diben, cefnogwyr, etc.) yn hytrach na pharagraff am bob ymgyrch. Rhybudd: mae cynnwys paragraff am bob ymgyrch yn tueddu i droi'n ddisgrifiadol heb ddigon o gymharu manwl, gan arwain at farciau isel.
- Ym mhob paragraff, ceisiwch gynnwys amrywiaeth o ymgyrchoedd dros newid, yn hytrach na dwy ymgyrch yn unig.

Paragraffau i'w defnyddio

- **DIBEN**: beth yw diben yr ymgyrchoedd? Newid y gyfraith a pholisi, newid agweddau neu newid trefniadau ariannu? Gallech chi ystyried prif sylw'r ymgyrch hefyd – cyfraith trosedd, cyfraith gyfansoddiadol, ac ati.

Cyngor asesiad dan reolaeth

Mae'r MPA hwn yn gofyn i chi gymharu. Dylech chi ganolbwyntio ar nodweddion tebyg a gwahaniaethau rhwng amrywiaeth o ymgyrchoedd perthnasol dros newid. Efallai bydd yn ddefnyddiol i chi lunio tabl, yn debyg i'r un ar dudalen 26, ar gyfer pob ymgyrch rydych wedi'i dewis *cyn* i chi ddechrau ysgrifennu cymhariaeth fanwl yn yr asesiad dan reolaeth. Dylech astudio pedair ymgyrch o leiaf; ond po fwyaf o ymgyrchoedd y byddwch yn eu cynnwys, y mwyaf o gyfle fydd gennych i gymharu – felly mae croeso i chi gynnwys rhagor.

- **CEFNOGWYR**: meddyliwch sut dechreuodd yr ymgyrch – a yw wedi deillio o ddigwyddiad trasig? A oedd yna gymhelliad gwleidyddol? Ai unigolion neu sefydliadau yw'r prif rai y tu ôl i'r ymgyrch? Ai ymgyrch genedlaethol neu leol yw hi?

- **DULLIAU/CYFRYNGAU**: dangoswch y cysylltiad rhwng yr ymgyrchoedd a ddefnyddiodd ddulliau tebyg, a'r rhai a ddefnyddiodd ddulliau gwahanol. Pa ymgyrchoedd ddefnyddiodd enwogion i'w cefnogi, a pha rai oedd heb hynny? Y cyfryngau cymdeithasol? Papurau newydd a deisebau?

- **LLWYDDIANT**: cymharwch lwyddiant yr ymgyrchoedd dros newid. Pa rai oedd yn llwyddiannus? Sut rydyn ni'n gwybod eu bod nhw wedi llwyddo? Rhowch enghreifftiau o ganlyniadau ymgyrchoedd llwyddiannus. A oedd rhai yn rhannol lwyddiannus neu'n dal i fynd? Defnyddiwch ystadegau neu dystiolaeth os yw hynny'n briodol.

Cofiwch fod croeso i chi ychwanegu pwyntiau cymharu eraill.

Sut i wella eich cymhariaeth

Ateb enghreifftiol

Sampl 1 – paragraff 'Diben'

Diben

Roedd deddf Sarah yn ymwneud â theulu fu'n ymgyrchu dros newid y gyfraith i droseddwyr rhyw. Yn 2000, cafodd Sarah Payne ei herwgydio pan oedd yn chwarae â'i brodyr a'i chwaer. Cafodd ei herwgydio a'i llofruddio gan ddyn oedd yn byw gerllaw, o'r enw Roy Whiting. Dechreuodd yr heddlu chwilio am Sarah Payne, oedd yn wyth oed. Cymerodd ei mam a'i thad ran mewn sawl cynhadledd i'r cyfryngau ac ar y teledu, gan apelio am help i ddod o hyd i'w merch. Cafodd corff Sarah Payne ei ddarganfod, a chadarnhawyd ei bod hi wedi cael ei llofruddio. Cafodd Roy Whiting ei holi yn fuan ar ôl iddi ddiflannu gan ei fod ar y Gofrestr Troseddwyr Rhyw. Yn y pen draw, cafodd ei gyhuddo o'i herwgydio a'i llofruddio. Sefydlodd rhieni Sarah yr ymgyrch i fynnu bod gwybodaeth am droseddwyr rhyw oedd yn byw yn lleol ar gael, er mwyn galluogi rhieni i amddiffyn eu plant. Mae fersiwn tebyg yn UDA, o'r enw deddf Megan. Roedd papur newydd y *News of the World* yn cefnogi'r ymgyrch. Lansiodd y papur ymgyrch i 'enwi a chodi cywilydd' ar droseddwyr, a deiseb hefyd.

Cyngor asesiad dan reolaeth

Cofiwch, ar gyfer yr asesiad dan reolaeth, os ydych am geisio ennill 8–10 marc, mae'n RHAID i chi gynnwys 'cysylltiadau amlwg' â'ch 'ymgyrch arfaethedig' chi. Mae hyn yn cyfeirio at yr ymgyrch y byddwch chi'n ei chynllunio a'i dylunio ar gyfer deilliannau dysgu MPA3.1 a MPA3.2. Gwnewch yn siŵr eich bod yn cymharu eich ymgyrch chi â'r ymgyrchoedd dros newid sy'n bodoli'n barod wrth i chi lunio strwythur y paragraffau. Cofiwch ystyried nodweddion tebyg yn ogystal â gwahaniaethau.

Diben yr ymgyrch hon oedd newid y gyfraith yn ymwneud â throseddwyr rhyw. Nod yr ymgyrch oedd cyflwyno polisi neu ddeddf i amddiffyn plant; dylai gwybodaeth am droseddwyr rhyw sy'n byw yn yr ardal fod ar gael i rieni, er mwyn atal unrhyw niwed. Llwyddodd yr ymgyrch, gan iddi gyflwyno'r Cynllun Datgelu Troseddwyr Rhyw yn erbyn Plant. Mae'r ymgyrch hon yn debyg i ddeddf Clare, gan fod yr ymgyrch honno hefyd yn ceisio newid y gyfraith. Roedd deddf Clare yn ymwneud â digwyddiad trasig pan gafodd menyw ei llofruddio mewn ffordd dreisgar gan ei chyn-bartner. Nod yr ymgyrch hon oedd creu cynllun tebyg, lle gallai gwybodaeth am orffennol unigolyn gael ei datgelu i unigolion eraill. Ei diben oedd galluogi pobl ar ddechrau perthynas newydd i ddarganfod a oedd gan eu partner newydd hanes o gam-drin domestig.

Sylwadau

Mae'r ateb hwn yn trafod diben yr ymgyrchoedd yn unig (dim ond un pwynt cymharu) ac yn cyfeirio at ddwy ymgyrch yn unig. Yn bwysicach fyth, mae'r paragraffau yn ddisgrifiadol yn bennaf, heb lawer o gymariaethau. Does dim angen disgrifio'r digwyddiad neu'r ymgyrch fel hyn; bydd yn cael effaith negyddol ar eich gallu i reoli'ch amser yn yr arholiad.

Mae'r ateb yn cynnwys nifer o fanylion cywir am Ddeddf Sarah, ac yna esboniad clir o ddiben a nod yr ymgyrch hon dros newid. Ond bydd cyfyngiad ar atebion os ydyn nhw'n ddisgrifiadol, gan fod y MPA yn gofyn am sgil 'cymharu'. Mae'r gymhariaeth yn yr ateb hwn wedi ei hamlygu â lliw melyn. Nid yw hyn yn ddigon ar gyfer MPA2.1. Byddai disgwyl i'r ymgeisydd gynnwys amrywiaeth ehangach o ymgyrchoedd dros newid, cynnwys mwy o gymariaethau rhwng gwahanol ymgyrchoedd, ac ymhelaethu ar y cymariaethau hyn. Cofiwch nad yw'r MPA yn gofyn am ddisgrifiad.

Ateb enghreifftiol

Sampl 2 – paragraff 'Diben'

Diben

Roedd gan lawer o'r ymgyrchoedd ddiben tebyg i'w gilydd, sef cyflwyno polisi neu ddeddf newydd, neu newid deddf sy'n bodoli'n barod. Nod Deddf Sarah oedd cyflwyno polisi fyddai'n galluogi rhieni/ gwarcheidwaid i ddarganfod lleoliad troseddwyr rhyw gan yr heddlu.

Roedd deddf Clare yn debyg iawn, gan ei bod yn ceisio cyflwyno cynllun i unigolion allu darganfod a oedd gan eu partner hanes o gam-drin domestig. Ond roedd rhai ymgyrchoedd yn ceisio newid deddfau troseddol presennol, yn hytrach na chyflwyno polisi neu gynllun newydd. Er enghraifft, nod Ann Ming oedd newid y gyfraith ar erlyniad dwbl. Ond roedd deddf Lillian yn ceisio newid y deddfau yn ymwneud â gyrru dan ddylanwad cyffuriau, er mwyn eu gwneud yn fwy llym. Yn yr un modd, roedd yr ymgyrch 'cymorth i farw' yn ceisio annog y Senedd i newid y gyfraith, er mwyn gwneud marw â chymorth yn gyfreithlon.

Ar y naill law, roedd ymgyrch Brexit yn wahanol i ymgyrchoedd blaenorol. Roedd ymgyrch Brexit eisiau cyflawni newid cyfansoddiadol er mwyn galluogi Prydain i adael yr Undeb Ewropeaidd. Mae'r ymgyrch hon yn wahanol iawn, gan nad yw'n ymwneud â chyfraith trosedd ac oherwydd nad amddiffyn unigolion neu hawliau yw ei nod.

At hynny, mae gan ymgyrchoedd fel rhai LHDT (lesbiaidd, hoyw, deurywiol a thraws) sawl diben. Mae ymgyrchoedd LHDT wedi ymgyrchu i newid deddfau presennol sydd heb roi cydraddoldeb fel priodasau hoyw a mabwysiadu gan gyplau hoyw, ac ati. Ond mae ymgyrchoedd LHDT hefyd yn ceisio codi ymwybyddiaeth am anghydraddoldeb er mwyn newid agweddau cymdeithasol a gwleidyddol. Yn yr un modd, dydy ymgyrchoedd fel rhai gwrthysmygu ddim yn bodoli er mwyn cyflwyno deddfau ysmygu yn unig (fel gwahardd ysmygu mewn man cyhoeddus, etc.). Er mai dyma un o brif ddibenion ymgyrchoedd fel hyn, mae'r rhan fwyaf o ymgyrchoedd gwrthysmygu, fel y rhai sy'n cael eu trefnu gan y GIG neu elusen ASH, yno hefyd i godi ymwybyddiaeth am effeithiau niweidiol ysmygu.

Mae hyn yn dangos y gall ymgyrchoedd fod â sawl diben gwahanol. Mae'r rhan fwyaf yn bodoli er mwyn cyflwyno neu newid deddfau, ond mae eraill hefyd yn ceisio codi ymwybyddiaeth neu newid agweddau.

Mae fy ymgyrch yn debyg i ddeddf Clare, oherwydd fy nod yw codi ymwybyddiaeth am bob math o gam-drin domestig. Yn benodol, rwyf eisiau tynnu sylw at ddioddefwyr gwrywaidd a phwysigrwydd cydnabod cam-drin emosiynol. Gallai fy ymgyrch gael ei hystyried yn debyg i ddeddf Clare oherwydd ei bod yn ymwneud â'r un pwnc, ac oherwydd mai ei nod yw atal cam-drin domestig. Ond mae fy ymgyrch yn wahanol iawn i'r ymgyrchoedd hyn, oherwydd dydw i ddim yn dymuno cyflwyno unrhyw ddeddfau na'u newid.

Sylwadau

Dim ond cymharu diben gwahanol pob ymgyrch (sef y pwynt cymharu cyntaf yn unig) mae'r ateb hwn. Er hynny, mae'n ateb llawer gwell na'r ateb enghreifftiol blaenorol. Mae'r ateb hwn yn cyfeirio at wyth ymgyrch dros newid, yn ogystal â gwneud cymhariaeth amlwg sy'n cysylltu â'r ymgyrch mae'r ymgeisydd am ei thrafod.

Nid yw'r ateb yn rhoi unrhyw ddisgrifiadau amherthnasol, ac mae'n canolbwyntio'n bennaf ar gymharu nodweddion tebyg a gwahaniaethau rhwng gwahanol ymgyrchoedd a'u dibenion. Mae'r cymariaethau yn glir a manwl, gyda chyfeiriad amlwg at wahanol ymgyrchoedd i gefnogi'r casgliadau. Dyma enghraifft wych sy'n dangos sut i gymharu ar gyfer MPA2.1. **Er mwyn ennill marciau uchel iawn, y cyfan sydd angen i'r ymgeisydd hwn ei wneud yw dilyn yr un patrwm wrth gymharu cefnogwyr, dulliau a llwyddiant.**

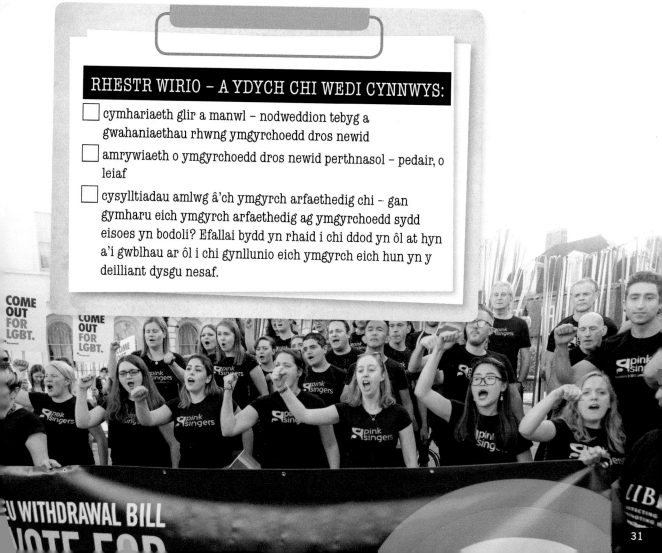

RHESTR WIRIO – A YDYCH CHI WEDI CYNNWYS:

☐ cymhariaeth glir a manwl – nodweddion tebyg a gwahaniaethau rhwng ymgyrchoedd dros newid

☐ amrywiaeth o ymgyrchoedd dros newid perthnasol – pedair, o leiaf

☐ cysylltiadau amlwg â'ch ymgyrch arfaethedig chi – gan gymharu eich ymgyrch arfaethedig ag ymgyrchoedd sydd eisoes yn bodoli? Efallai bydd yn rhaid i chi ddod yn ôl at hyn a'i gwblhau ar ôl i chi gynllunio eich ymgyrch eich hun yn y deilliant dysgu nesaf.

MPA2.2 GWERTHUSO EFFEITHIOLRWYDD Y CYFRYNGAU A DDEFNYDDIR FEL RHAN O YMGYRCHOEDD DROS NEWID

Gweler tudalennau 55–62 yn y gwerslyfr.

Gwerthuso yw popeth

Mae MPA2.2 yn gofyn i chi werthuso amrywiaeth o gyfryngau a ddefnyddir mewn ymgyrchoedd dros newid. Mae 'cyfryngau' yn cyfeirio at y canlynol:

- blogiau
- negeseuon firol
- rhwydweithio cymdeithasol
- hysbysebu
- radio
- teledu
- ffilm
- rhaglenni dogfen
- ar lafar (*word of mouth*)
- digwyddiadau
- deunydd print.

Mae'n bosibl defnyddio digwyddiadau i godi ymwybyddiaeth ac arian ar gyfer ymgyrchoedd dros newid.

Ar gyfer yr asesiad dan reolaeth, mae angen i chi ddewis o leiaf pedwar gwahanol gyfrwng o'r rhestr uchod. Mae angen i chi lunio gwerthusiad clir a manwl o bob cyfrwng a ddewiswch. Mae hyn yn cynnwys: diffiniad byr, ac yna manylion am gryfderau a chyfyngiadau'r cyfrwng penodol.

Ond er mwyn cyrraedd y band marciau uchaf, mae angen i'ch ateb gynnwys 'tystiolaeth glir o farn resymegol i ategu casgliadau'. Mae hyn yn golygu bod angen i chi gynnwys enghraifft o ymgyrch go iawn, er mwyn rhoi rhywfaint o gyd-destun i'ch pwyntiau gwerthusol. Dewiswch ymgyrch dros newid lle cafodd y cyfrwng ei ddefnyddio yn effeithiol neu'n aneffeithiol, a gwnewch yn siŵr eich bod yn rhoi tystiolaeth i ddangos pa mor effeithiol/aneffeithiol oedd hyn – nifer y tocynnau a werthwyd, yr arian a godwyd yn y digwyddiad, sawl gwaith cafodd neges ei hoffi/rhannu ar y cyfryngau cymdeithasol, etc. Rhaid i chi gynnwys y dystiolaeth hon ar gyfer pob cyfrwng a ddewiswch.

Does dim rhaid i'r ymgyrchoedd a ddewiswch fod yn gysylltiedig â throsedd, a does dim rhaid iddyn nhw fod yr un peth â'r rhai y gwnaethoch chi eu hystyried ar gyfer MPA2.1 Bydd unrhyw ymgyrch dros newid yn berthnasol os yw'n ymgyrch bresennol sydd wedi defnyddio'r cyfrwng.

Dylech ysgrifennu'r MPA hwn ar ffurf paragraffau. Byddai defnyddio tabl neu ddiagram yn sicr o olygu bod eich gwerthusiad yn llai manwl.

Cyngor asesiad dan reolaeth

Cofiwch, dydych chi ddim yn gwerthuso ymgyrchoedd dros newid penodol. Rydych chi'n gwerthuso pa mor effeithiol gall y cyfryngau fod wrth gael eu defnyddio mewn ymgyrchoedd dros newid.

Mae tudalennau 55–62 yn y gwerslyfr yn cynnwys gwerthuso blogiau, rhwydweithio cymdeithasol, hysbysebu ar y teledu, digwyddiadau, ymddangosiadau cyhoeddus, nwyddau a thaflenni print. Mae tudalennau 60–62 hefyd yn cynnwys ateb enghreifftiol sydd wedi cael marc o 10/15.

Hysbysebu ar y teledu

Gweithgaredd 1.11

Datblygwch eich sgiliau gwerthuso drwy wylio'r hysbysebion teledu canlynol ar YouTube, ac ateb y cwestiynau sy'n dilyn isod.

- 'Dogs Trust TV Ad #specialsomeone long version' (https://www.youtube.com/watch?reload=9&v=IrJhlVODG3w).
- 'THINK! Drink Drive: Photocopying #butalive' (https://www.youtube.com/watch?time_continue=14&v=2GgXckhOwCw).
- 'Right Now: Adyan Sings' (https://www.youtube.com/watch?v=DuJifOHISM8).

1. Fel gwyliwr, sut mae pob hysbyseb yn gwneud i chi deimlo wrth ei gwylio?
2. Sut mae'r hysbysebion yn denu'r gynulleidfa?
3. Ar ôl gwylio'r hysbysebion, a ydych chi'n teimlo eich bod yn fwy ymwybodol o'r broblem bosibl? A ydych chi'n teimlo mwy o awydd i roi arian at yr achos? Pam?
4. A oedd yna unrhyw beth arbennig o gofiadwy ynglŷn ag unrhyw un o'r hysbysebion?
5. A oedd yna unrhyw beth yn yr hysbysebion fyddai'n gallu cael effaith negyddol ar y gynulleidfa?
6. A ydych chi wedi gweld yr hysbysebion hyn o'r blaen, neu ydych chi'n dueddol o osgoi hysbysebion teledu?

Nawr mae'n amser gwerthuso pa mor effeithiol yw hysbysebion teledu wrth gael eu defnyddio fel rhan o ymgyrchoedd dros newid. Ar ôl gwylio'r hysbysebion ac ateb y cwestiynau uchod, mewn parau, ysgrifennwch bump o gryfderau a phump o gyfyngiadau defnyddio hysbysebion ar y teledu fel cyfrwng mewn ymgyrchoedd dros newid.

Cryfderau	Cyfyngiadau

Gweithgaredd 1.12

Tabl crynhoi

Cyn i chi ddechrau ysgrifennu'r MPA hwn ar ffurf paragraffau, gall fod yn ddefnyddiol llunio tabl tebyg i'r un isod ar gyfer amrywiaeth o gyfryngau gwahanol. Gall y tabl hwn eich helpu chi i grynhoi drwy drefnu eich syniadau, awgrymu cryfderau a chyfyngiadau, a chynnwys ymgyrchoedd dros newid perthnasol i'w defnyddio fel tystiolaeth.

Dull	Diffiniad	Cryfderau/ Manteision/ Pwyntiau da	Cyfyngiadau/ Anfanteision/ Pwyntiau gwael	Enghraifft o ymgyrch go iawn
Enghraifft: blogiau	Diffiniwch y dull yn gryno yng nghyd-destun ymgyrchoedd – beth yw blog?	Beth yw manteision defnyddio blog mewn ymgyrch dros newid? (Ceisiwch gynnwys o leiaf tri phwynt, a'u datblygu.)	Beth yw anfanteision defnyddio blog mewn ymgyrch dros newid? (Ceisiwch gynnwys o leiaf tri phwynt, a'u datblygu.)	Cyfeiriwch at ymgyrch dros newid go iawn lle cafodd blog ei ddefnyddio'n effeithiol neu'n aneffeithiol. Ym mha ffordd roedd yn effeithiol/ aneffeithiol? Ceisiwch gynnwys tystiolaeth/ ystadegau.
Enghraifft: hysbysebu ar y teledu				
Enghraifft: rhwydweithio cymdeithasol				
Enghraifft: ffilm				
Enghraifft: taflenni print				

Chwilio'r we

Nawr eich bod wedi datblygu eich sgiliau gwerthuso, mae angen i chi gynnwys enghraifft o ymgyrch go iawn lle defnyddiwyd hysbysebu ar y teledu yn effeithiol, neu hyd yn oed yn aneffeithiol.

Dewiswch ymgyrch dros newid sy'n cynnwys hysbyseb deledu, a defnyddiwch y rhyngrwyd i ddod o hyd i rai ystadegau y gallech eu defnyddio fel tystiolaeth.

Er enghraifft:

· Faint o arian mae Ymchwil Canser y DU (Cancer Research UK) yn ei godi bob blwyddyn? Allai hyn fod o ganlyniad i'w hysbysebion teledu?
· A yw'r hysbysebion 'THINK!' yn codi ymwybyddiaeth? A yw nifer yr euogfarnau am yfed a gyrru wedi lleihau? Allai hyn fod o ganlyniad i'r hysbysebion teledu?
· Faint o arian mae Dogs Trust yn ei godi bob blwyddyn? Faint o gŵn sydd wedi cael cartref newydd? Allai hyn fod o ganlyniad i'w hysbysebion teledu?

Cysylltau defnyddiol:

· 'Cancer Research UK, Our Income' (https://www.cancerresearchuk.org/our-accounts-).
· 'THINK!, Welcome to THINK!' (http://think.direct.gov.uk/drink-driving.html).
· 'Dogs Trust, Success Stories' (https://www.dogstrust.org.uk/rehoming/success-stories/).

www.dogstrust.org.uk

Mae Dogs Trust yn defnyddio hysbysebu ar y teledu fel cyfrwng.

RHESTR WIRIO – A YDYCH CHI WEDI CYNNWYS:

☐ gwerthusiad clir a manwl o effeithiolrwydd amrywiaeth o gyfryngau – rhaid i chi ddefnyddio pedwar cyfrwng gwahanol

☐ ymgyrchoedd dros newid perthnasol – gan ddarparu tystiolaeth o effeithiolrwydd/aneffeithiolrwydd y gwahanol fathau o gyfryngau pan fyddan nhw'n cael eu defnyddio mewn ymgyrchoedd go iawn? Gallai hyn gynnwys ystadegau os yw'n berthnasol.

Cyngor asesiad dan reolaeth

Cofiwch fod rhaid cynnwys pedwar cyfrwng. Ond mae angen bod yn fanwl iawn.

DEILLIANT DYSGU 3 CYNLLUNIO YMGYRCHOEDD DROS NEWID SY'N YMWNEUD Â THROSEDDU

MPA3.1 CYNLLUNIO YMGYRCH DROS NEWID SY'N YMWNEUD Â THROSEDDU

Gweler tudalennau 63–69 yn y gwerslyfr.

Er y bydd angen i chi gynllunio ymgyrch sy'n berthnasol i'r briff yn ystod yr Asesiad Dan Reolaeth, gallwch greu ymgyrch nawr i ymarfer.

Chwilio'r we

Oes angen ysbrydoliaeth arnoch ar gyfer eich ymgyrch eich hun?

Mae Pathway Project yn rhoi cymorth i oedolion, pobl ifanc a phlant sy'n profi cam-drin domestig neu sydd wedi cael eu heffeithio ganddo. (Pathway Project: https://www.pathway-project.co.uk)

Ewch i wefan Pathway Project, ac atebwch y cwestiynau canlynol:
1. Pa drosedd na roddir gwybod amdani y mae'r project hwn yn canolbwyntio arni?
2. Beth yw nodau allweddol y project?
3. Beth gallai amcanion y project fod?
4. Pwy yw'r gynulleidfa darged?
5. Pa ddulliau sy'n cael eu defnyddio gan y project i godi ymwybyddiaeth?
6. Sut mae'r project hwn yn cael ei ariannu?

Stop Hate UK yw un o'r prif sefydliadau cenedlaethol sy'n gweithio i herio pob math o Droseddau Casineb a gwahaniaethu, yn seiliedig ar unrhyw agwedd ar hunaniaeth unigolyn. (Stop Hate UK: https://www.stophateuk.org)

Ewch i wefan Stop Hate UK, ac atebwch y cwestiynau canlynol:
1. Pa drosedd na roddir gwybod amdani y mae'r sefydliad hwn yn canolbwyntio arni?
2. Beth yw nodau allweddol y sefydliad?
3. Beth gallai amcanion y sefydliad fod?
4. Pwy yw'r gynulleidfa darged?
5. Pa ddulliau sy'n cael eu defnyddio gan y sefydliad i godi ymwybyddiaeth?

Mae llawer o ymgyrchoedd yn canolbwyntio ar herio troseddau casineb.

Dechreuwch gynllunio eich ymgyrch dros newid eich hun, gan wneud yn siŵr ei bod yn ymwneud mewn rhyw ffordd â throseddu, er mwyn ymarfer at yr arholiad.

Defnyddiwch y tabl cynllunio ar dudalennau 37–38 i roi trefn ar eich syniadau a chreu cynllun manwl. Cofiwch fod y MPA hwn yn werth 10 marc, felly gwnewch yn siŵr eich bod yn ysgrifennu paragraffau. Peidiwch ag ysgrifennu'r cynllun ar ffurf tabl yn yr asesiad dan reolaeth.

Prif sylw eich ymgyrch	Nod eich ymgyrch yw codi ymwybyddiaeth, felly mae'n well ei chysylltu â throsedd na roddir gwybod i'r heddlu amdani, neu drosedd gudd. Mae enghreifftiau nodweddiadol yn cynnwys cam-drin domestig, troseddau casineb, troseddau er anrhydedd, troseddau technolegol, a throseddau coler wen. Dewiswch ymgyrch sy'n canolbwyntio ar y drosedd rydych chi'n teimlo gryfaf amdani.
Nodau eich ymgyrch	Dyma'r nodau cyffredinol neu dymor hir, yn cynnwys y canlynol: • annog dioddefwyr i chwilio am gymorth am gam-drin domestig • codi ymwybyddiaeth o'r arwyddion o drais mewn perthynas • addysgu a rhoi gwybodaeth i'r cyhoedd am droseddau casineb.
Amcanion eich ymgyrch	Dyma'r cynlluniau tymor byr sy'n eich galluogi chi i gyrraedd eich nodau. Mae enghreifftiau nodweddiadol yn cynnwys y canlynol: • creu cyfrif Twitter/Facebook a llwyddo i gael o leiaf 600 o bobl i aildrydar, rhannu neu hoffi eich neges • llunio ac arddangos 50 o bosteri yng nghanol y dref • llunio a dosbarthu 150 o daflenni i ganolfannau cymunedol yn y dref • trefnu digwyddiad codi arian i godi £500 er mwyn defnyddio'r arian i gynhyrchu nwyddau.
Cyfiawnhau eich ymgyrch	Pam rydych chi wedi dewis y drosedd gudd hon, neu'r drosedd benodol na roddir gwybod i'r heddlu amdani? A oes unrhyw ystadegau i gefnogi'r ffaith bod hon yn drosedd o'r fath? A oes unrhyw ddigwyddiadau/achosion trasig yn gysylltiedig â'r drosedd? Dylai'r adran hon o'r cynllun fod yn fyr. Bydd cyfiawnhad manwl o'r cynllun yn cael ei roi yn MPA3.3.
Cynulleidfa darged	Pwy yw eich cynulleidfa darged, a pham?
Dulliau i'w defnyddio yn eich ymgyrch	Pa ddulliau rydych chi'n mynd i'w dewis? Dewiswch dri o leiaf. Mae enghreifftiau nodweddiadol yn cynnwys y canlynol: • posteri, taflenni, nwyddau, tudalennau rhwydweithio cymdeithasol, blogiau, hysbysebion ar y radio. Pam rydych chi wedi dewis y dulliau penodol hyn? Sut rydych chi'n mynd i ddefnyddio'r dulliau penodol hyn yn eich ymgyrch?
Deunyddiau i'w defnyddio	Pa ddeunyddiau fydd eu hangen er mwyn dylunio a llunio'ch dulliau a ddewiswyd uchod?

(Parhad)

Sut byddwch chi'n ariannu eich ymgyrch	Mae cynllunio ariannol yn cynnwys yr ystyriaethau canlynol: • costau deunyddiau • o ble byddwch chi'n cael y deunyddiau hyn • faint byddwch chi'n eu cynhyrchu • cyfanswm y gost • pris gwerthu • elw • sut bydd yr elw yn cael ei ddefnyddio • sut i godi'r cyllid sydd ei angen yn y lle cyntaf.
Terfynau amser eich ymgyrch	Ystyriwch faint o amser fydd yn cael ei neilltuo i bob cam o'r broses gynllunio: • y cam ymchwil • y cam dylunio • cynhyrchu deunyddiau • gweithredu'r ymgyrch. Byddwch yn benodol ac yn realistig; er enghraifft, gall y cam ymchwil gymryd 4 wythnos, ond gallech chi neilltuo 8–10 wythnos i greu'r deunyddiau.
Yr adnoddau sydd eu hangen ar gyfer eich ymgyrch	Pa adnoddau cyffredinol fydd eu hangen ar gyfer yr ymgyrch? Mae enghreifftiau nodweddiadol yn cynnwys y canlynol: hyfforddiant, cyllid, deunyddiau, offer TG, amser, etc.

Cofiwch, mae angen cynllun manwl a phriodol ar gyfer band marciau 3 (8–10 marc). Gwnewch yn siŵr bod eich camau gweithredu yn briodol, wedi'u disgrifio'n glir, ac mewn trefn berthnasol o ran amser. Mae'r drefn amser yn bwysig iawn er mwyn cael y marciau uchaf.

Mae tudalennau 67–69 yn y gwerslyfr yn cynnwys enghraifft o gynllun ariannol, yn ogystal â chanllaw cam wrth gam er mwyn eich helpu chi i greu trefn amser fanwl. Gall hyn fod o gymorth yn ystod eich cyfnod cynllunio.

RHESTR WIRIO – A YDYCH CHI WEDI CYNNWYS:

☐ ymgyrch dros newid sy'n gysylltiedig â throsedd o'ch dewis chi

☐ cynllun manwl a phriodol dros newid, sy'n cynnwys pob un o'r adrannau allweddol a amlinellir gan fanyleb CBAC (mae'r adrannau i'w gweld yn y tabl ar dudalen 37 ac uchod)

☐ camau gweithredu sydd wedi'u disgrifio'n glir, ac mewn trefn briodol o ran amser?

Wrth gynllunio'r ymgyrch, gwnewch yn siŵr bod eich camau gweithredu mewn trefn briodol o ran amser – dyma un o nodweddion allweddol y MPA hwn.

MPA3.2 DYLUNIO DEUNYDDIAU I'W DEFNYDDIO WRTH YMGYRCHU DROS NEWID

Gweler tudalennau 70–73 yn y gwerslyfr.

Nawr mae'n amser i chi ymarfer dylunio eich ymgyrch dros newid.

Ceisiwch ddylunio thema fydd yn gallu cael ei defnyddio drwy gydol yr ymgyrch. Fel hyn bydd yr ymgyrch yn fwy cyson, ac felly yn haws ei hadnabod. Gallwch wneud hyn drwy ddefnyddio enw, logo, cynllun lliw neu ddelweddau penodol.

Chwilio'r we

Oes angen ysbrydoliaeth arnoch wrth ddylunio deunyddiau?

Mewn parau, edrychwch ar y tudalennau gwe i fwrw golwg dros amrywiaeth o ddeunyddiau ymgyrchoedd dros newid sy'n bodoli'n barod. Rhowch sylw i'r ddau bwynt isod wrth i chi edrych ar y deunyddiau:

1. Nodwch y nodweddion allweddol fyddai'n fwyaf effeithiol wrth ddenu sylw'r gynulleidfa yn eich barn chi.
2. Pam mae'r nodweddion hyn yn effeithiol? (Ystyriwch: ydyn nhw'n ddramatig? Ydyn nhw'n ysgogi ymateb emosiynol? Ydyn nhw'n codi ymwybyddiaeth drwy addysgu'r gwylwyr? Ac ati.)

Deunyddiau

- Domestic violence increases during World Cup (poster a rannwyd ar y cyfryngau cymdeithasol): Full Fact (2010–2018) 'World Cup: Does Domestic Abuse Spike When England Lose?' (https://fullfact.org/crime/world-cup-domestic-abuse/).
- Poster Byddin yr Iachawdwriaeth – trais domestig – 'Why is it so Hard to See Black and Blue': Sam Rkaina (2015, 6 Mawrth) 'White and Gold Dress: Salvation Army Launches Powerful Campaign Against Domestic Violence Using "That Dress"', *The Daily Mirror* (https://www.mirror.co.uk/news/uk-news/white-gold-dress-salvation-army-5284119).
- Posteri troseddau casineb gan Heddlu Swydd Caer: Cheshire Constabulary (2018) 'Hate Crime Prevention Posters and Leaflets' (https://www.cheshire.police.uk/advice-and-support/hate-crime/hate-crime-prevention-posters-and-leaflets/).
- Poster troseddau er anrhydedd: Louise Ridley (2015, 14 Gorffennaf) '"Honour Killing" Victim Shafilea Ahmed Remembered in Devastating Picture Reenacting Her Murder', Huffington Post (https://www.huffingtonpost.co.uk/2015/07/14/shafilea-ahmed-honour-killings-uk_n_7793128.html?guccounter=1&guce_referrer_us=aHR0cHM6Ly93d3cuZ29vZ2xlLmNvbS88&guce_referrer_cs=IhrntkuyT_v5ruTzl83hwg).
- Cyfrif Twitter Cymorth i Fenywod (Women's Aid) (https://twitter.com/womensaid?ref_src=twsrc%5Egoogle%7Ctwcamp%5Eserp%7Ctwgr%5Eauthor).
- Tudalen Facebook Stop Hate UK (https://en-gb.facebook.com/Stop.Hate.UK/).
- Trais domestig – nwyddau:
  - White Ribbon.org.uk (https://www.whiteribbon.org.uk/shop-landing/)
  - Café Press (https://www.cafepress.co.uk/+domestic-violence-awareness+gifts).

Cyngor asesiad dan reolaeth

Gan fod y MPA hwn yn werth 20 marc, bydd angen i chi ddylunio detholiad o ddeunyddiau i'w defnyddio yn yr ymgyrch dros newid sydd wedi'i chynllunio ar sail y briff. Dyluniwch o leiaf dri deunydd gwahanol er mwyn ennill marciau band 4 (16–20 marc). Gallai'r tri math gynnwys rhai o'r canlynol:

1. poster
2. cyfrif ar y cyfryngau cymdeithasol (postiadau, sylwadau, etc.)
3. nwyddau (dillad, beiros, cwpanau, bagiau, etc.).

Efallai byddwch chi'n penderfynu creu cyfrif Twitter ffug ar gyfer eich ymgyrch.

Ar ôl ymchwilio i ddeunyddiau ymgyrchoedd dros newid sy'n bodoli'n barod, eich tro chi yw hi nawr i ddechrau dylunio eich deunyddiau eich hun. Cofiwch fod y rhan hon o'r asesiad dan reolaeth yn dasg unigol, felly allwch chi ddim ei gwneud mewn parau neu grwpiau.

Gweithgaredd 1.13

Defnyddiwch y tabl canlynol i drefnu eich syniadau. Bydd hyn yn eich helpu chi i ddylunio'r deunyddiau yn eich asesiad dan reolaeth. Awgrymiadau yn unig yw'r nodweddion dylunio yn y tabl. Efallai fod gennych chi eich syniadau eich hun.

Gall nwyddau fod yn effeithiol mewn ymgyrchoedd dros newid wrth geisio codi ymwybyddiaeth.

Syniadau dylunio

Nodwedd ddylunio	Eich meddyliau/syniadau
Strwythur y wybodaeth: • Beth yw'r ffordd fwyaf effeithiol o ddal sylw'r gynulleidfa – heb eu drysu na rhoi gormod o wybodaeth? Ystyriwch osodiad y testun, a faint ohono sydd.	
Delweddau: • Pa ddelweddau rydych chi am eu defnyddio? • Sut mae'r delweddau hyn yn cysylltu â'ch ymgyrch? • A fydd y delweddau yn dal sylw? • A fyddwch chi'n defnyddio amrywiaeth o ddelweddau, neu un ddelwedd sy'n gyson yn yr holl ddeunyddiau?	
Iaith berswadiol: • Sut byddwch chi'n hyrwyddo newid drwy gyfrwng eich deunyddiau? • Sut byddwch chi'n annog eich cynulleidfa i ymateb? • A fyddwch chi'n siarad yn uniongyrchol â'r gynulleidfa? Ystyriwch ymadroddion fel y rhain: 'dylech chi', 'dydych chi ddim yn haeddu hyn', etc. • A fydd eich iaith yn cyfleu emosiwn?	

(Parhad) »»

Nodwedd ddylunio	Eich meddyliau/syniadau
Hyrwyddo camau gweithredu: • Sut byddwch chi'n hyrwyddo camau gweithredu? Ceisiwch ystyried geiriau gorchymyn fel 'stopiwch', 'ffoniwch nawr', 'ewch i gael help nawr', etc.	
Cynulleidfa darged: • Sut byddwch chi'n targedu eich cynulleidfa? • A fydd y gynulleidfa darged honno yn gallu uniaethu â'r deunyddiau? • A fydd y cynnwys yn briodol i'r gynulleidfa darged honno? • Sut byddwch chi'n annog eich cynulleidfa darged i ymateb?	
Sicrhau cysondeb â'r ymgyrch: • Sut byddwch chi'n sicrhau cysondeb ar draws yr ymgyrch? • A fydd eich deunyddiau yn cysylltu â'i gilydd? • Sut byddan nhw'n cysylltu â'i gilydd? • A fyddwch chi'n defnyddio'r un logo, delweddau a chynllun lliw, etc., er mwyn i bobl adnabod eich ymgyrch ar unwaith?	
Awgrym olaf: • Cofiwch gynnwys unrhyw linell gymorth a/neu fanylion cyswllt. • A fydd y rhain yn cael eu cynnwys ar yr holl ddeunyddiau?	

Edrychwch ar dudalen 73 yn y gwerslyfr i weld amrywiaeth o ddeunyddiau enghreifftiol sydd wedi'u dylunio gan fyfyrwyr Troseddeg.

RHESTR WIRIO – A YDYCH CHI WEDI CYNNWYS:

☐ deunyddiau deniadol sydd wedi'u dylunio'n dda – o leiaf tri math

☐ cynnwys priodol (deunyddiau) a fydd yn addas/effeithiol wrth newid ymddygiad

☐ deunyddiau sy'n ysgogi drwy eu geiriau a'u delweddau

☐ deunyddiau sy'n dechnegol gywir?

MPA3.3 CYFIAWNHAU YMGYRCH DROS NEWID

Gweler tudalennau 74–75 yn y gwerslyfr.

Cyfiawnhau eich ymgyrch dros newid

Nawr eich bod wedi cynllunio a dylunio eich ymgyrch, mae angen i chi gyfiawnhau eich camau gweithredu. Rhaid cyfiawnhau eich holl ymgyrch yn y MPA hwn, nid dim ond y deunyddiau o MPA3.2.

Term allweddol

Cyfiawnhau: esbonio, gan roi rhesymau da dros yr hyn rydych wedi'i wneud a pham rydych wedi dewis ei wneud.

Fframwaith ysgrifennu

Gallech chi ddefnyddio'r fframwaith ysgrifennu isod i'ch helpu chi i strwythuro eich cyfiawnhad. Mae'r MPA hwn yn werth 15 marc, a dylech ei ysgrifennu ar ffurf paragraffau clir a manwl.

Cyfiawnhau eich dewis o ymgyrch

Rhaid cyfiawnhau pam dewisoch chi'r drosedd. Mae'n bryd perswadio'r cyhoedd bod angen yr ymgyrch hon dros newid drwy gyflwyno'ch achos dros weithredu.

Dylech gynnwys ystadegau i ategu eich tystiolaeth.

- **Beth sy'n dangos nad oes digon o bobl yn rhoi gwybod am eich trosedd?**

Dylech gynnwys ystadegau sy'n dangos nad oes digon yn rhoi gwybod am y drosedd.

Dylech gynnwys enghraifft o achos go iawn yma hefyd. Byddai'n bosibl defnyddio'r enghraifft hon i bwysleisio effeithiau troseddau na roddir gwybod amdanyn nhw ar ddioddefwyr, neu bwysleisio'r diffyg ymwybyddiaeth o'r troseddau hyn mewn cymdeithas. Bydd hyn yn gyfle i chi berswadio pobl bod eich ymgyrch yn angenrheidiol, ac felly bod modd ei chyfiawnhau. Bydd yr adran hon yn cynnwys tystiolaeth i gefnogi eich ymgyrch chi.

- **Pa effaith bydd eich ymgyrch dros newid yn ei chael?**

Pa effaith rydych chi'n gobeithio bydd eich ymgyrch dros newid yn ei chael? A yw hi'n angenrheidiol? A fydd hi'n llwyddiannus? Efallai bydd angen i chi gyfeirio yma at eich amcanion yn MPA3.1. A oeddech chi'n gobeithio codi ymwybyddiaeth, addysgu'r cyhoedd neu roi gwybodaeth, neu godi ymwybyddiaeth am y cymorth sydd ar gael? Dylech chi ystyried ymgyrchoedd dros newid sy'n bodoli'n barod hefyd; os cawsoch chi eich ysbrydoli gan lwyddiant ymgyrch sy'n bodoli'n barod, yna gallwch ddefnyddio hyn fel tystiolaeth i berswadio pobl y bydd eich ymgyrch chi'n llwyddo hefyd.

- **Beth fyddai'n digwydd pe baech chi heb greu'r ymgyrch hon dros newid?**

Cofiwch, bydd raid i chi ddefnyddio iaith berswadiol yma, oherwydd dyma lle bydd angen i chi berswadio pobl bod gwir gyfiawnhad dros eich ymgyrch. Ystyriwch y sefyllfa heb ymgyrch fel hon. A fyddai cymdeithas yn dal i fod heb ymwybyddiaeth? A fyddai pobl yn dal yn amharod i roi gwybod am droseddau neu ofyn am gymorth?

Cyfiawnhau eich nodweddion allweddol

Rhaid i chi gyfiawnhau nodweddion allweddol eich ymgyrch dros newid. Cofiwch fod rhaid i chi ddefnyddio iaith berswadiol drwy gydol eich ymgyrch i berswadio eraill bod eich ymgyrch yn un bwrpasol.

- **Enw'r ymgyrch**

Pam gwnaethoch chi ddewis yr enw hwn? A yw'n apelio at eich cynulleidfa darged neu'n cysylltu â hi? A yw prif sylw'r ymgyrch yn glir? A yw'n cysylltu â'r amcanion?

- **Logo**

A ydych chi wedi dewis logo penodol i'w ddefnyddio? A yw'r logo yn sicrhau cysondeb rhwng holl ddeunyddiau'r ymgyrch, gan sicrhau bod y gynulleidfa yn dod yn gyfarwydd â'ch ymgyrch? Pam gwnaethoch chi ddewis y logo hwnnw? A yw hi'n ddelwedd bwerus? Beth yw'r ystyr y tu ôl i'r logo? A gawsoch chi eich ysbrydoli gan unrhyw ymgyrchoedd eraill dros newid sy'n bodoli'n barod?

- **Hashnodau**

A ydych chi wedi creu hashnod yn rhan o'ch ymgyrch i hyrwyddo a hysbysebu ar y cyfryngau cymdeithasol? Pam gwnaethoch chi ei greu? A yw'n codi ymwybyddiaeth? A fydd yn denu sylw?

- **Pennawd/slogan**

A ydych chi wedi cynnwys pennawd neu slogan? Os felly, pam? A fydd yn annog pobl i ymateb i'ch ymgyrch? A yw'n defnyddio iaith berswadiol neu emosiynol?

- **Cynllun lliw**

A oes gennych chi gynllun lliw cyson? Os felly, pam? A fydd hyn yn apelio at y gynulleidfa darged? A yw'r lliwiau yn cynrychioli rhywbeth i'w wneud â'r drosedd neu'r ymgyrch?

- **Nodweddion allweddol eraill**

A ydych chi wedi defnyddio unrhyw nodweddion unigryw eraill drwy gydol eich ymgyrch i godi ymwybyddiaeth neu ddenu sylw? Gall hyn fod yn llinell gymorth neu gefnogaeth rhywun enwog, etc.

Mae'n bosibl defnyddio hashnod i annog 'trendio' ar y cyfryngau cymdeithasol.

Cyfiawnhau'r dulliau rydych chi wedi'u dewis

Rhaid i chi gyfiawnhau'r dulliau a'r deunyddiau rydych chi wedi'u dylunio. Dyma lle dylech chi ddefnyddio tystiolaeth i gefnogi achos.

- **Amrywiaeth o ddulliau**

Rhaid i chi gyfiawnhau eich rhesymau dros ddewis y dulliau (poster/y cyfryngau cymdeithasol/nwyddau, ac ati). Pam gwnaethoch chi ddewis yr amrywiaeth hon o ddulliau? A fydd y dulliau hyn yn denu eich cynulleidfa

Termau allweddol

Pennawd: llinell fer neu fachog sydd fel arfer yn hyrwyddo gweithred, neu'n perswadio'r gynulleidfa i weithredu neu feddwl mewn ffordd benodol.

Slogan: ymadrodd byr a chofiadwy sy'n aml yn cael ei ddefnyddio wrth hysbysebu.

darged? A fydd y dulliau hyn yn cyrraedd cynulleidfa ehangach? A yw'r dulliau hyn yn fwy priodol nag eraill o ran cyflawni eich nodau? A wnaethoch chi ddewis y dulliau hyn oherwydd y gost? Dylech chi gynnwys tystiolaeth neu ystadegau yma i ategu eich penderfyniadau; er enghraifft, os cafodd Twitter ei ddefnyddio am ei fod yn denu cynulleidfa ehangach, yna dylech chi gynnwys ystadegau yn dangos defnydd o'r cyfryngau cymdeithasol. Neu, os gwnaethoch chi ddewis posteri yn hytrach na thaflenni er mwyn cyrraedd cynulleidfa darged iau, pam? Dylech chi ystyried ymgyrchoedd dros newid sy'n bodoli'n barod hefyd; os cawsoch chi eich ysbrydoli gan lwyddiant ymgyrch sy'n bodoli'n barod, yna gallwch ddefnyddio hynny fel tystiolaeth i berswadio pobl y bydd dulliau eich ymgyrch chi yn llwyddo hefyd.

> Cofiwch, gallwch chi gyfeirio at dudalennau 74 a 75 yn y gwerslyfr i weld enghreifftiau o ddechrau brawddegau a fydd yn eich helpu i ysgrifennu'r cyflawnhad hwn.

- **Delweddau**

A ydych chi wedi cynnwys delweddau ar eich deunyddiau? Os felly, pam gwnaethoch chi ddewis y delweddau hynny? A fydd y delweddau yn apelio at y gynulleidfa darged? A ydych chi'n defnyddio tactegau sioc? A yw'r delweddau yn bwerus neu a fyddan nhw'n ennyn ymateb emosiynol?

- **Testun perswadiol**

A ydych chi wedi defnyddio iaith neu destun perswadiol yn yr holl ddeunyddiau? Os felly, pam gwnaethoch chi ddewis yr ymadroddion neu'r termau hyn? Pa ystyr mae'r termau yn ei gyfleu? A fyddan nhw'n argyhoeddi'r gynulleidfa?

- **Gosodiad/ffontiau**

A ydych chi wedi dylunio'r deunyddiau gan ddefnyddio gosodiad penodol? Pam? Pam gwnaethoch chi ddefnyddio'r ffont neu'r maint ffont hwnnw? Ai er mwyn denu sylw?

> Gall delweddau chwarae rhan bwysig mewn ymgyrchoedd cam-drin domestig, er mwyn rhoi sioc i'r gynulleidfa.

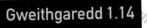

Gweithgaredd 1.14

Darllenwch y paragraff isod. Mae'r paragraff hwn yn ymwneud ag adran gyntaf MPA3.3, sef cyfiawnhau'r dewis o ymgyrch.

Sut byddech chi'n gwella'r paragraff hwn?

Dewisais ganolbwyntio ar gam-drin domestig ar gyfer fy ymgyrch dros newid gan ei bod yn drosedd na roddir gwybod amdani ym Mhrydain. Mae'r rhan fwyaf o bobl yn gwybod am gam-drin domestig, ond dydyn nhw ddim yn gwybod beth yw gwir faint y broblem. Oherwydd hyn, yn fy marn i mae'n faes pwysig i roi sylw iddo, gan fod angen codi ymwybyddiaeth a bod angen cymorth ar y dioddefwyr. Heb ymgyrch fel hon, mae'n debygol y byddai mwy o ddioddefwyr yn dioddef cam-drin domestig heb fawr ddim help gan asiantaethau, gan eu bod yn rhy ofnus i roi gwybod amdano. Fy nod felly yw annog menywod i roi gwybod am drais. Gobeithio felly, gyda'r ymgyrch hon, y bydd mwy o fenywod yn chwilio am help, ac y bydd pobl yn fwy ymwybodol o'r arwyddion o berthynas lle mae cam-drin yn digwydd.

RHESTR WIRIO – A YDYCH CHI WEDI CYNNWYS:

- [ ] cyfiawnhad clir a manwl, sydd wedi'i resymu'n dda
- [ ] casgliadau sy'n cael eu hategu gan farn berthnasol, ac yn defnyddio iaith berswadiol
- [ ] cyfiawnhad allweddol fel sydd wedi'i amlinellu uchod? Gall hyn gynnwys y canlynol: rheswm dros ddewis yr ymgyrch, enw, logo, dulliau, cynllun lliw, testun perswadiol, delweddau, etc.

UNED 2

DAMCANIAETHAU TROSEDDEGOL

DEILLIANT DYSGU 1 DEALL LLUNIADAU CYMDEITHASOL O DROSEDDOLDEB

MPA1.1 CYMHARU YMDDYGIAD TROSEDDOL A GWYREDD

Gweler tudalennau 74–83 yn y gwerslyfr.

Crynodeb o drosedd a gwyredd

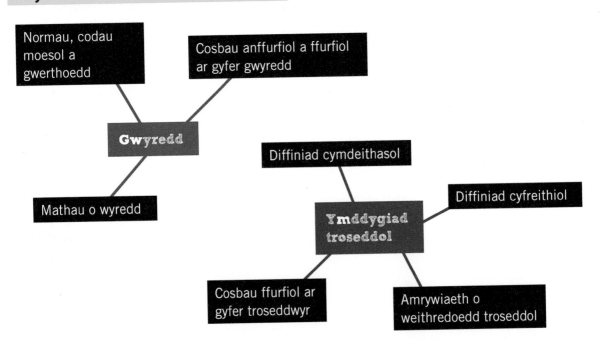

Normau, codau moesol a gwerthoedd

Cosbau anffurfiol a ffurfiol ar gyfer gwyredd

Gwyredd

Mathau o wyredd

Diffiniad cymdeithasol

Ymddygiad troseddol

Diffiniad cyfreithiol

Cosbau ffurfiol ar gyfer troseddwyr

Amrywiaeth o weithredoedd troseddol

Trosedd a gwyredd

Mae'n bwysig gallu cymharu trosedd a gwyredd, gan werthfawrogi sut maen nhw'n debyg a'r gwahaniaethau rhyngddyn nhw.

Ymddygiad troseddol yn unig	Gwyredd yn unig	Ymddygiad troseddol a gwyredd
Gweithredoedd sy'n torri'r rheolau, ac sy'n cael eu hystyried yn anghyfreithlon gan bwerau deddfu'r gymdeithas. Er enghraifft, llofruddiaeth neu ymosod. Mae gweithredoedd fel hyn yn arwain at gosb gan yr heddlu (rhybudd, er enghraifft) neu gan lys (dirwy neu garchar).	Gweithredoedd sy'n groes i normau cymdeithasol, fel gweiddi mewn llyfrgell neu bigo'ch trwyn ar y bws. Mae gweithredoedd fel hyn yn arwain at sancsiynau gan eraill mewn cymdeithas, fel galw enwau neu anwybyddu'r unigolyn gwyrdroëdig.	Gall rhai troseddau fynd yn groes i normau cymdeithasol, felly maen nhw'n wyrdroëdig – fel dwyn neu dwyll. Ond weithiau mae troseddau fel goryrru a lawrlwytho cerddoriaeth yn anghyfreithlon yn weithredoedd mor gyffredin nes nad ydyn nhw'n cael eu hystyried yn wyrdroëdig.

Pam mae diffinio trosedd a gwyredd mor anodd

Gall **trosedd** amrywio o un gymdeithas i'r llall, felly nid yw rhywbeth sy'n drosedd yn y DU yn drosedd mewn gwlad arall o reidrwydd. Er enghraifft, mae priodi merch 14 oed yn anghyfreithlon yn y DU, ond mae'n dderbyniol yn nhalaith Utah, UDA. Mewn geiriau eraill, os yw cymdeithas yn dweud bod gweithred yn drosedd, yna mae'n dod yn drosedd. Ond dydy pob cymdeithas ddim yn gallu cytuno beth ddylai gyfrif fel trosedd. Byddai diffiniad cyfreithiol yn golygu bod gan drosedd *actus reus* a *mens rea*. Ond yn achos troseddau atebolrwydd caeth, does dim angen *mens rea*.

Mae **gwyredd** fel arfer yn cael ei ddiffinio fel ymddygiad sy'n groes i normau cymdeithas. Ond mae normau (gwerthoedd ac arferion neu'r codau moesol) yn amrywio rhwng cymdeithasau, ac ar adegau gwahanol hefyd. Mewn llawer o wledydd, y norm cymdeithasol yw gwisgo dillad du mewn angladd – ond gwyn yw'r lliw arferol mewn angladd Bwdhaidd. Roedd ysmygu sigaréts yn arfer cael ei ystyried yn soffistigedig a'i annog, hyd yn oed gan feddygon. Ond bellach gellid ei ystyried yn anghywir, yn wrthgymdeithasol a hyd yn oed yn wyrdroëdig.

Mae'n bwysig hefyd eich bod yn gallu nodi enghreifftiau o ymddygiad gwyrdroëdig a throseddol mewn senario.

Cwestiynau enghreifftiol

Darllenwch y cwestiwn canlynol o **bapur arholiad Uned 2 2018**:

Mae Edna a Sidney yn gymdogion. Mae gan Edna obsesiwn â chathod, ac mae ganddi 40 cath yn ei thŷ. Mae hi'n byw mewn tlodi ers blynyddoedd. Mae Sidney yn rociwr pync oedrannus a chyfoethog sydd bob amser yn gwisgo dillad pync, ac yn gosod ei wallt mewn steil mohawk gyda phigau amryliw. Mae e'n llwytho cerddoriaeth i lawr yn anghyfreithlon yn rheolaidd, a'i chwarae yn uchel yn hwyr y nos. Mae Edna a Sidney yn casáu ei gilydd, ac yn dadlau'n aml. Mae Edna yn cwyno am y gerddoriaeth, a Sidney yn galw Edna 'yn hen fenyw hanner call'. Mae llawer o'u cymdogion yn gweiddi geiriau cas at Edna, gan ddweud ei bod hi'n wallgof ac y dylai hi gael ei rhoi dan glo. Nid yw Edna wedi cwyno wrth yr heddlu. Un noson, sylwodd hi ar graffiti ar ei drws yn dweud 'menyw wallgof'. Pan glywodd hi gerddoriaeth Sidney, aeth draw at ei dŷ gyda chyllell o'r gegin, a'i drywanu yn ei galon. Bu farw Sidney yn fuan ar ôl yr ymosodiad.

Gan ddefnyddio enghreifftiau o'r senario, esboniwch ymddygiad allai gael ei ddisgrifio'n ymddygiad troseddol, gwyrdroëdig neu'r ddau. [5 marc]

Atebion enghreifftiol

Ateb A

Mae gwrando ar gerddoriaeth uchel yn wyrdroëdig. Nid yw'n torri unrhyw gyfreithiau mewn gwirionedd, ond nid yw cymdeithas yn ei weld yn ymddygiad derbyniol. Mae trosedd wedi digwydd pan drywanodd Edna Sidney. Gellid ystyried y fandaliaeth ar ddrws Edna yn drosedd ac yn wyredd.

Mae'r ateb hwn yn werth **3/5**. Mae'n cynnwys tair enghraifft o weithred o'r testun: un wyrdroëdig, un droseddol, a'r enghraifft olaf yn perthyn i'r ddau ddosbarth. Mae rhywfaint o ymgais i esbonio'r dosbarthiadau. Ond byddai cynnwys rhagor o enghreifftiau a rhesymau mwy manwl dros y dosbarthiadau yn codi'r marciau.

Sancsiynau yn erbyn troseddau = carchar, dirwyon a gorchmynion cymunedol fel y gwasanaeth prawf.
Sancsiynau yn erbyn gwyredd = galw enwau, anwybyddu rhywun a chwerthin am ben rhywun.

Ateb B

Yr ymddygiad yn y senario allai gael ei ystyried yn ymddygiad troseddol yw Sidney yn lawrlwytho cerddoriaeth yn anghyfreithlon, y graffiti ar ddrws Edna, a llofruddiaeth Sidney. Y pethau fyddai'n cael eu hystyried yn ymddygiad gwyrdroëdig fyddai Sidney yn chwarae cerddoriaeth uchel, ac o bosibl y ffordd mae'n gwisgo ac yn gosod ei wallt. Byddai'r ffaith fod gan Edna 40 o gathod yn gallu cael ei ystyried yn wyrdroëdig hefyd. Mae'r ymddygiad troseddol yn mynd yn erbyn deddfau ysgrifenedig, ond byddai hefyd yn cael ei weld yn ymddygiad gwyrdroëdig drwy fynd yn groes i normau cymdeithasol.

Mae'r ateb hwn yn werth **4/5**. Mae sawl gweithred o'r testun wedi'i chynnwys yn yr ateb, yn ogystal â rhesymu ynghylch dosbarthiad y gweithredoedd. Mae'r ateb yn cynnwys y tri dosbarthiad. Gellid gwella'r ateb, fel sydd i'w weld yn ateb C isod.

Ateb C

Mae ymddygiad gwyrdroëdig yn mynd yn groes i normau cymdeithasol, ac felly byddai'r canlynol yn cael eu hystyried yn wyrdroëdig: cadw 40 o gathod, gwisgo fel rociwr pync oedrannus gyda *mohawk* amryliw, a chwarae cerddoriaeth uchel yn hwyr yn y nos. Ar yr olwg gyntaf, does dim un o'r gweithredoedd hyn yn droseddol. Yn hytrach, maen nhw'n wyrdroëdig. Ond mae troseddau yn weithredoedd sy'n torri cyfraith trosedd a bennir gan gymdeithas. Byddai hyn yn cynnwys llofruddiaeth Sidney, y graffiti ar ddrws Edna, galw enwau, a lawrlwytho cerddoriaeth yn anghyfreithlon. Gallai rhai o'r gweithredoedd hyn gael eu hystyried yn droseddol ac yn wyrdroëdig, sef graffiti, llofruddiaeth Sidney a'r cymdogion yn galw enwau. Mae lawrlwytho cerddoriaeth yn anghyfreithlon yn drosedd, ond gellid dadlau bod hyn yn gyffredin mewn cymdeithas ac efallai nad yw'n cael ei ystyried yn wyredd.

Mae'r ateb hwn yn werth **5/5**. Mae'n cynnwys llawer o enghreifftiau o'r testun, ac yn esbonio pam mae'r gweithredoedd yn droseddol ac yn wyrdroëdig. Hefyd, mae'r sylw ynghylch lawrlwytho cerddoriaeth yn dangos y gwahaniaeth rhwng y ddau derm.

Gweithgaredd 2.1

Cwblhewch y chwilair ar 'drosedd a gwyredd'.

N	E	C	M	M	D	A	D	Y	Y	T	Q	S	S	J
O	A	M	C	Y	M	H	A	R	U	U	B	A	U	C
S	C	I	R	W	H	N	A	S	R	M	B	N	E	Y
W	T	C	T	D	C	I	S	B	E	P	I	C	R	F
R	U	U	I	I	M	O	I	R	N	C	H	S	S	R
G	S	M	A	F	E	E	N	S	E	P	C	I	U	E
U	R	T	T	F	N	I	N	W	A	A	R	Y	T	I
T	E	J	F	I	S	O	F	I	D	Y	S	N	C	T
R	U	Y	G	N	R	O	L	E	I	G	G	A	A	H
O	S	D	M	I	E	H	M	D	D	S	B	U	D	I
S	R	B	C	A	A	H	N	W	A	F	O	I	S	O
E	E	N	N	D	M	F	K	D	T	P	C	A	S	L
D	A	C	U	G	J	N	O	R	M	A	U	P	H	O
D	C	E	B	H	G	W	Y	R	E	D	D	I	R	C
G	W	E	R	T	H	O	E	D	D	A	N	C	E	T

Geiriau i'w darganfod:

ACTUS REUS
CYMHARU
TROSEDD
DIFFINIAD
GWYREDD
CYFREITHIOL
MENS REA
NORMAU
SANCSIYNAU
GWERTHOEDD

Cyngor

Mae'r MPA hwn yn canolbwyntio ar y gair 'cymharu'. Ewch i dudalennau 188–189 yn y llyfr hwn i gael cyngor ar sut i ddehongli'r gair, ac ar sut i ateb cwestiwn arholiad sy'n ei gynnwys.

Profi eich hun

1. Allwch chi nodi tri sancsiwn ar gyfer gwyredd?
2. Allwch chi nodi tri sancsiwn ar gyfer ymddygiad troseddol?
3. Trafodwch a yw ysmygu sigaréts yn ymddygiad gwyrdroëdig neu'n ymddygiad troseddol.
4. Rhowch dair enghraifft o ymddygiad a allai gael ei ystyried yn wyrdroëdig ac yn droseddol.

RHESTR WIRIO – A YDYCH CHI'N GALLU:

- [ ] diffinio'r gair trosedd
- [ ] diffinio'r gair gwyredd
- [ ] esbonio pam mae'r geiriau trosedd a gwyredd yn anodd eu diffinio
- [ ] cymharu trosedd a gwyredd
- [ ] nodi sancsiynau yn erbyn ymddygiad troseddol a gwyredd
- [ ] dewis yr ymddygiad troseddol a'r gwyredd o senario, ac esbonio eich rhesymu?

MPA1.2 ESBONIO'R LLUNIAD CYMDEITHASOL O DROSEDDOLDEB

Gweler tt 84–89 y gwerslyfr.

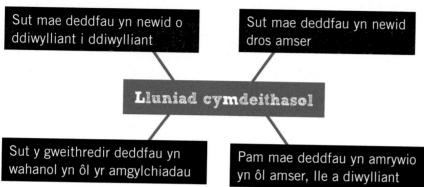

Sut mae deddfau yn newid o ddiwylliant i ddiwylliant

Sut mae deddfau yn newid dros amser

Lluniad cymdeithasol

Sut y gweithredir deddfau yn wahanol yn ôl yr amgylchiadau

Pam mae deddfau yn amrywio yn ôl amser, lle a diwylliant

Cyngor

Gellid crynhoi'r MPA hwn fel hyn: 'mae trosedd yn drosedd oherwydd bod cymdeithas yn ei hystyried yn drosedd'. Weithiau, bydd safbwynt cymdeithas yn newid dros amser, mewn lleoedd gwahanol neu ddiwylliannau gwahanol, a bydd yr hyn a ystyrir yn drosedd yn newid hefyd.

Cyswllt synoptig

Meddyliwch am Uned 1 a throseddau er anrhydedd. Mae'r rhain yn boblogaidd ac yn dderbyniol mewn rhai diwylliannau.

Gweler tt 21–22 y gwerslyfr.

Diwylliant

Ar unrhyw adeg benodol, gall y gyfraith mewn un diwylliant fod yn wahanol iawn i'r gyfraith mewn diwylliant arall.

Allwch chi feddwl am ddiwylliannau gwahanol i'ch un chi?

Dyma rai syniadau:

- Mae cyfreithiau yn Pakistan yn adlewyrchu diwylliant Mwslimaidd y wlad honno. Er enghraifft, mae cyfunrywioldeb yn anghyfreithlon, ac mae'n anghyfreithlon i gyplau dibriod fyw gyda'i gilydd hefyd. Mae bod â symiau bach o gyffuriau anghyfreithlon yn eich meddiant yn gallu arwain at gyfnod yn y carchar. Mae'n bosibl rhoi'r gosb eithaf am droseddau fel cabledd, llofruddiaeth a threisio. Mae'r rheswm dros y gwahaniaethau rhwng cyfraith Pakistan a'r DU yn rhannol oherwydd gwerthoedd a chredoau crefyddol y wlad.
- Gall y gwahaniaeth rhwng diwylliant UDA a'r DU arwain at gyfreithiau gwahanol hefyd. Er enghraifft, mewn llawer o daleithiau yn America mae'n rhaid i chi fod yn 21 oed i brynu alcohol, ond yn y DU yr oedran yw 18 yn gyffredinol.

Termau allweddol

Diwylliant: syniadau, arferion ac ymddygiad cymdeithasol pobl neu gymdeithas benodol.

Troseddau moesol: troseddau yn erbyn moesoldeb, yn aml yn cael eu hystyried yn droseddau heb ddioddefwr gan nad oes un dioddefwr penodol.

Chwilio'r we

Ymchwiliwch i ddeddfau yn Afghanistan drwy edrych ar yr erthygl ar wefan Human Rights Watch am droseddau moesol yn Afghanistan: 'Afghanistan: Surge in Women Jailed for "Moral Crimes"' (2013, 21 Mai) (http://www.hrw.org/news/2013/05/21/afghanistan-surge-women-jailed-moral-crimes).

Ystyriwch pam mae menywod yn cael eu trin fel hyn, a pham mae hyn yn annhebygol iawn o ddigwydd yng Nghymru a Lloegr.

Amser

Wrth i amser fynd heibio, mae deddfau wedi newid o ganlyniad i newid yn y gymdeithas. Mae angen deddfau gwahanol ar gymdeithas sy'n newid er mwyn adlewyrchu ei safbwyntiau a'i chodau moesol.

Allwch chi feddwl am unrhyw ddeddfau sydd wedi newid yn ystod eich oes chi?

Dros amser, mae cymdeithas yn newid ei safbwynt a'i moesau.

 Gweithgaredd 2.2

Ar sail yr hyn rydych chi'n ei wybod neu ar sail eich gwaith ymchwil, cwblhewch y tabl canlynol sy'n ymwneud â deddfau yng Nghymru a Lloegr ers 1950. Rhowch fanylion bras am y newidiadau.

	Deddfau'r 1950au	Deddfau modern
Gwerthu sigaréts		
Y gosb eithaf am drosedd llofruddiaeth		
Cyfreithiau isafswm cyflog		
Cyfunrywioldeb		

Datblygu ymhellach

Ymchwiliwch i thema cam-drin domestig mewn cymdeithas. Ystyriwch sut mae deddfau wedi newid wrth i gymdeithas newid, er mwyn atal achosion o gam-drin. Gall yr ymchwil hwn gael ei ddefnyddio hefyd i ddangos lluniad cymdeithasol troseddoldeb.

Term allweddol

Lluniad cymdeithasol: rhywbeth sy'n seiliedig ar safbwyntiau ar y cyd, sy'n cael eu datblygu a'u cynnal o fewn cymdeithas neu grŵp cymdeithasol.

Lleoliad

Os yw deddf yn bodoli mewn un lle, dydy hynny ddim yn golygu y bydd yn bodoli yn rhywle arall. Fel mae cymdeithasau'n wahanol i'w gilydd, mae'r rheolau sy'n cael eu hystyried yn sail i gyfraith trosedd yn amrywio hefyd.

Gweithgaredd 2.3

Rhowch gynnig ar y cwis canlynol, gan ddewis yr ateb(ion) priodol – gall fod mwy nag un ateb i rai cwestiynau.

1. Mae croesi diofal (croesi'r ffordd heb gymryd sylw o'r rheoliadau traffig) yn drosedd ym mha wlad?
   - **(a)** Y rhan fwyaf o daleithiau trefol UDA
   - **(b)** Cymru a Lloegr
   - **(c)** Canada
   - **(ch)** Singapore

2. Yn ôl cyfraith India, nid yw merch yn gallu priodi nes bydd hi'n faint oed?
   - **(a)** 14
   - **(b)** 16
   - **(c)** 18
   - **(ch)** 21

3. Mae godineb (*adultery*) yn anghyfreithlon ym mha un o'r mannau canlynol?
   - **(a)** Cymru a Lloegr
   - **(b)** Saudi Arabia
   - **(c)** Arizona, UDA
   - **(ch)** Kansas, UDA

4. Mae anffurfio organau cenhedlu benywod (*FGM*) yn cael ei arfer ym mha wledydd?
   - **(a)** Somalia
   - **(b)** Tchad
   - **(c)** Kenya
   - **(ch)** Yr Aifft

5. Tan yn ddiweddar, pa wlad oedd â pholisi Un Plentyn, lle byddai rhieni'n cael dirwy os oedden nhw'n cael mwy o blant?
   - **(a)** Japan
   - **(b)** Ethiopia
   - **(c)** Yr Almaen
   - **(ch)** China

> Mae cymdeithasau yn amrywio o le i le, fel mae'r deddfau yn y cymdeithasau hynny yn amrywio hefyd.

> Nid yw croesi diofal yn drosedd yn y DU, ond mae'n drosedd mewn rhannau eraill o'r byd.

Profi eich hun

Atebwch y cwestiwn hwn o **bapur arholiad Uned 2 2017**, ac yna cymharwch eich ateb â'r ateb enghreifftiol sydd ar gael ar y we.

Gan gyfeirio at enghreifftiau, dadansoddwch sut mae deddfau'n newid oherwydd amser, lle a diwylliant. [9 marc]

Y gair olaf ar y MPA hwn

Mae deddfau yn cael eu rhoi ar waith mewn ffyrdd gwahanol yn ôl yr amgylchiadau lle byddan nhw'n digwydd.

Gweithgaredd 2.4

Gan ddefnyddio'r gwerslyfr fel arweiniad, cwblhewch y gweithgaredd hwn drwy ychwanegu'r geiriau coll.

Er bod pawb yn ddarostyngedig i'r un gyfraith, gan mai oedran _____ _____ yn y DU yw deg oed, golyga hyn na fydd unrhyw un o dan yr oedran hwn sy'n troseddu yn cael ei _____, ei gyhuddo na'i _____.

Yng Nghymru a Lloegr, os bydd rhywun yn cael ei gyhuddo o lofruddiaeth, mae'r gyfraith yn caniatáu cyhuddiad gwahanol o _____ os nad oedd y troseddwr yn _____ gyfrifol neu os oedd wedi _____ rheolaeth. Felly, bydd amgylchiadau'r troseddau hyn yn arwain at driniaeth wahanol.

Gweler tudalen 89 yn y gwerslyfr.

Oedran cyfrifoldeb troseddol yn y DU yw deg oed, ond yn Botswana yr oedran yw 14, ac yn Kenya yr oedran yw wyth.

RHESTR WIRIO – A YDYCH CHI'N GALLU:

☐ esbonio'r term 'lluniad cymdeithasol o droseddoldeb'

☐ esbonio, gan roi enghreifftiau, sut mae deddfau yn newid dros amser

☐ esbonio, gan roi enghreifftiau, sut mae deddfau yn newid mewn lleoedd gwahanol

☐ esbonio, gan roi enghreifftiau, sut mae deddfau yn newid mewn diwylliannau gwahanol

☐ esbonio o leiaf un sefyllfa lle mae deddfau yn cael eu cymhwyso yn wahanol?

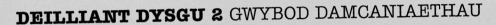

DEILLIANT DYSGU 2 GWYBOD DAMCANIAETHAU
TROSEDDOLDEB

MPA2.1 DISGRIFIO DAMCANIAETHAU BIOLEGOL O DROSEDDOLDEB

Gweler tt 90–95 y gwerslyfr.

Enw yr uned gyfan hon yw 'Damcaniaethau Troseddegol', ac mae wedi'i rhannu yn dri chategori:

- biolegol
- unigolyddol
- cymdeithasegol.

Termau allweddol

Biolegol: yn gysylltiedig â phrosesau neu weithgareddau sy'n ymwneud â phethau byw. At ein dibenion ni, mae'n ymwneud â'r corff, yn fewnol ac yn allanol, fel rheswm dros droseddu.

Genetig: yn ymwneud â genynnau neu etifeddeg.

MPA	Categori	Is-gategori	Enw	Crynodeb o'r ddamcaniaeth
2.1	Biolegol	Genetig	XYY	Gall cromosom Y ychwanegol mewn dynion gynhyrchu testosteron ychwanegol, gan arwain at ymddygiad ymosodol a throseddoldeb.
			Astudiaethau o efeilliaid	Mae gefeilliaid unfath (MZ) yn fwy tebygol o gael cydgordiad (bod yn debyg i'w gilydd) na gefeilliaid heb fod yn unfath (DZ) – gan gefnogi'r ddamcaniaeth bod geneteg (natur) yn achosi troseddu.
			Astudiaethau mabwysiadu	Os yw plentyn mabwysiedig yn fwy tebyg i'w rieni biolegol, o safbwynt troseddol gall natur yn hytrach na magwraeth fod yn gyfrifol am droseddoldeb.
		Ffisiolegol	Lombroso	Troseddwyr yw pobl â nodweddion atafiaethol (cyntefig).
			Sheldon	Mae'r somatoteip mesomorffig yn fwy tebygol o fod yn droseddwr.
		Damcaniaeth fiolegol arall	Annormaledd yr ymennydd	Gall niwed i ardal cortecs cyndalcennol yr ymennydd achosi i unigolion fod yn droseddwyr.
			Niwro-gemegion	Gall y cemegion rydyn ni'n eu llyncu effeithio ar weithredoedd a theimladau pobl. Enghreifftiau o'r rhain fyddai serotonin neu steroidau.

Nodiadau: DZ = deusygotig; MZ = monosygotig

Syndrom XYY

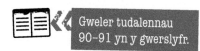

Gweler tudalennau 90–91 yn y gwerslyfr.

Profi eich hun

Er mwyn gwneud yn siŵr eich bod yn deall y ddamcaniaeth XYY, atebwch y canlynol:

1. Beth yw XYY?
2. Sut mae hyn yn gysylltiedig â throseddoldeb?
3. Beth yw enw'r ymchwilydd sy'n gysylltiedig â'r syndrom hwn?
4. Beth mae ei gwaith ymchwil hi'n ei ddweud?
5. Enwch ddau unigolyn sy'n gysylltiedig â'r ddamcaniaeth XYY.

Syndrom XYY

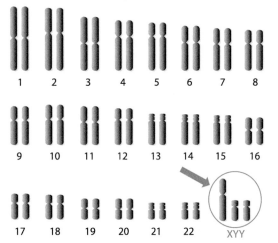

Mae XYY yn cael ei gysylltu ag ymosodedd a throseddoldeb.

Cyngor

Yn aml, fydd marciau ddim yn cael eu rhoi gan fod yr ymgeisydd wedi ysgrifennu am y ddamcaniaeth anghywir. Er enghraifft, pan fydd cwestiwn 5 marc yn gofyn i chi ddisgrifio damcaniaeth fiolegol, ni fyddwch yn cael unrhyw farciau am ddisgrifio damcaniaeth unigolyddol neu gymdeithasegol. Mae'n hanfodol felly eich bod chi'n gwerthfawrogi'r categorïau biolegol sydd wedi'u hamlinellu yn y tabl ar dudalen 55.

Cyngor

Peidiwch â chanolbwyntio gormod ar symptomau XYY sydd ddim yn ymwneud â throseddoldeb. Er enghraifft, mae dynion sydd â syndrom XYY yn aml yn dalach nag arfer. Ond does dim cysylltiad rhwng hyn a'u hymddygiad troseddol. Yn hytrach, canolbwyntiwch ar y ffaith eu bod yn fwy ymosodol, a'r troseddoldeb posibl o ganlyniad i hyn.

Astudiaethau o efeilliaid

Mae gefeilliaid yn gallu bod yn unfath (monosygotig neu MZ) neu heb fod yn unfath (deusygotig neu DZ).

Mae gefeilliaid MZ yn rhannu 100% o'u DNA; mae gefeilliaid DZ yn rhannu 50% o'u DNA.

Os oes gan efeilliaid MZ gyfradd cydgordiad uwch, yna bydd natur yn hytrach na magwraeth yn allweddol.

Astudiodd Christiansen (1977) 3,586 o efeilliaid o ynysoedd Denmarc gan ddarganfod cyfraddau cydgordiad o 35% ar gyfer MZ ac 13% ar gyfer DZ yn achos gefeilliaid gwrywaidd, a 21% ar gyfer MZ ac 8% ar gyfer DZ yn achos gefeilliaid benywaidd.

Chwilio'r we

Gwyliwch y fideo canlynol ar YouTube, a gwnewch nodiadau ar yr ymchwil a gafodd ei wneud yn yr ysbyty yn yr Alban ac ar Richard Speck, llofrudd y credir bod ganddo syndrom XYY:

· 'The Myth of the "Supermale" and the Extra Y Chromosome' (https://www.youtube.com/watch?v=6BsXLn Ln9ok&t=4s).

Astudiaethau mabwysiadu

Mabwysiadu

Mae astudiaethau mabwysiadu yn ei gwneud hi'n bosibl cymharu troseddwyr â'u rhieni biolegol a'u rhieni mabwysiadol. Pan fydd troseddwr yn cael ei fagu gan rieni mabwysiadol, yn hytrach na'i rieni biolegol:

Os yw'r troseddwr yn debyg i'w rieni biolegol, ▶	awgrymir bod sail genetig i'r troseddoldeb (natur).
Os yw'r troseddwr yn debyg i'w rieni mabwysiadol, ▶	awgrymir bod sail amgylcheddol i'r troseddoldeb (magwraeth).

Mae astudiaethau mabwysiadu yn edrych ar ddadl natur yn erbyn magwraeth.

YMCHWIL

Astudiodd Hutchings a Mednick ('Registered Criminality in the Adoptive and Biological Parents of Registered Male Criminal Adoptees', yn Fieve et al., *Genetic Research in Psychiatry*, 1975) 4,000 o blant mabwysiedig, a gwelson nhw bod cyfran fawr o'r bechgyn oedd ag euogfarnau troseddol yn blant i rieni biolegol oedd ag euogfarnau troseddol hefyd.

Yn ôl Mednick et al. ('Prenatal Influenza Infections and Adult Schizophrenia', *Schizophrenia Bulletin*, 1975, 20(2), 263–267), doedd dim perthynas rhwng euogfarnau troseddol rhieni mabwysiadol ac euogfarnau plant mabwysiedig.

Gweithgaredd 2.5

Gwnewch waith yr arholwr. Ysgrifennwch eich senario eich hun ar gyfer arholiad, yn cynnwys sefyllfa yn ymwneud â gefeilliaid neu fabwysiadu. Gwnewch yn siŵr ei bod yn bosibl cysylltu rhyw elfen o droseddoldeb â'r damcaniaethau am efeilliaid neu fabwysiadu.

Datblygu ymhellach

Darllenwch yr erthygl ganlynol, a lluniwch grynodeb o ddadl i gefnogi achos apêl Stephen Mobley:

- Steve Connor (1995, 12 Chwefror) 'Do Your Genes Make You a Criminal?', *The Independent* (https://www.independent.co.uk/news/uk/do-your-genes-make-you-a-criminal-1572714.html).

Damcaniaethau ffisiolegol

Y ddwy ddamcaniaeth ffisiolegol yw rhai Lombroso a Sheldon.

Gweler tudalennau 92–94 yn y gwerslyfr.

Gweithgaredd 2.6

Gan ddefnyddio'r gwerslyfr i'ch helpu, ysgrifennwch grynodeb o bob damcaniaeth. Mae'n rhaid i chi gynnwys rhai termau pwysig.

Termau pwysig: rhywogaeth ar wahân, troseddwr sydd wedi'i eni'n droseddwr, atafiaethol, somatoteip, mesomorff, endomorff, cyntefig, ectomorff

LOMBROSO

SHELDON

Term allweddol

Ffisioleg:
swyddogaethau organebau byw – yn ein hachos ni, bodau dynol a'u rhannau, ac, yn benodol, y ffordd maen nhw'n gweithredu.

Cesare Lombroso

Cwestiynau enghreifftiol

Dyma'r hen gwestiynau arholiad ar y ddwy ddamcaniaeth hon, o **bapurau arholiadau Uned 2 2018** (y cyntaf) ac **Uned 2 2017** (yr ail):

- *Disgrifiwch un ddamcaniaeth ffisiolegol o droseddoldeb. [5 marc]*
- *Gan gyfeirio at y testun uchod, disgrifiwch brif nodweddion un ddamcaniaeth ffisiolegol o droseddoldeb. [6 marc]*

Gweithgaredd 2.7

Ystyriwch yr ateb enghreifftiol canlynol i'r cwestiwn enghreifftiol cyntaf ar dudalen 58. Yna, gan ddefnyddio'r cynllun marcio isod, penderfynwch faint o farciau byddech chi'n eu rhoi i'r ateb. Os na fyddwch yn rhoi marciau llawn i'r ateb, beth sydd ar goll yn eich barn chi?

> *Disgrifiwch un ddamcaniaeth ffisiolegol o droseddoldeb. [5 marc]*
>
> Roedd damcaniaeth Lombroso yn honni bod troseddoldeb yn cael ei etifeddu. Byddech chi'n gallu dweud bod rhywun yn droseddwr drwy edrych arno. Byddai ganddo nodweddion atafiaethol, fel talcen ar ogwydd, neu ên anferth. Roedd yn credu bod troseddwyr yn bobl oedd heb esblygu'n llawn, a'u bod nhw'n 'ddynion troseddol'.

0 marc: Does dim byd yn haeddu marc.

1–3 marc: Mae'r atebion yn disgrifio **un** ddamcaniaeth ffisiolegol o droseddoldeb, ond does dim llawer o fanylion. Mae'r atebion yn cyfleu ystyr, ond does dim digon o fanylder. Ychydig/dim defnydd o eirfa arbenigol.

4–5 marc: Mae'r atebion yn disgrifio **un** ddamcaniaeth ffisiolegol o droseddoldeb yn fanwl. Mae'r atebion yn cyfleu ystyr yn glir, gyda pheth defnydd o eirfa arbenigol.

Mae cwestiynau am ddamcaniaethau ffisiolegol wedi ymddangos ar y papur arholiad.

Sheldon

Ysgrifennwch baragraff yn disgrifio damcaniaeth Sheldon gan ddefnyddio'r llun hwn.

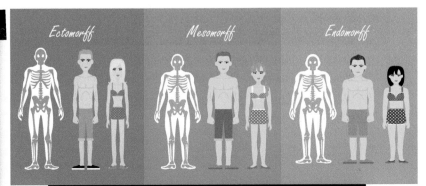

Ectomorff   Mesomorff   Endomorff

Yn ôl damcaniaeth somatoteipiau Sheldon, mae mesomorffiaid yn fwy tebygol o fod yn droseddwyr.

Profi eich hun

Allwch chi ateb y cwestíynau canlynol?
1. Esboniwch beth yw ystyr 'atafiaethol'.
2. Allwch chi roi enghreifftiau o nodweddion atafiaethol?
3. Pwy ddadleuodd fod siâp pen ac wyneb rhywun yn pennu ei fod 'wedi ei eni'n droseddwr'?
4. Os oes gennych chi wefusau tew a chlustiau ymwthiol, pa droseddau gallech chi fod yn euog ohonyn nhw?
5. Beth sy'n gyffredin rhwng damcaniaethau Sheldon a Lombroso?
6. Beth yw siâp endomorff?
7. Beth yw nodweddion ectomorff?
8. Yn ôl Sheldon, pa fath o gorff yw'r lleiaf tebygol o fod yn gorff troseddwr?
9. Pa nodweddion sy'n debygol o fod gan lofruddion?
10. Yn ôl Sheldon, pa fath o gorff yw'r mwyaf tebygol o fod yn gorff troseddwr?

Mae'r MPA hwn hefyd yn cysylltu â MPA4.1 'Asesu'r defnydd o ddamcaniaethau troseddegol wrth lywio'r broses o ddatblygu polisi'. Golyga hyn fod y damcaniaethau dan sylw yn cael eu defnyddio yn sail i bolisïau er mwyn atal troseddu. Mewn geiriau eraill, gall y damcaniaethau helpu i awgrymu ffyrdd o reoli trosedd.

Damcaniaethau biolegol eraill

Yn olaf, mae yna ddamcaniaethau biolegol eraill, gan gynnwys annormaledd yr ymennydd a'r defnydd o niwrogemegion fel serotonin.

Gweler tudalennau 94–95 yn y gwerslyfr.

Gweithgaredd 2.9

Lluniwch fap meddwl ar gyfer pob un o'r canlynol:
(i) annormaledd yr ymennydd a (ii) niwrogemegion.

Cwestiynau enghreifftiol

Byddai cwestiynau arholiad nodweddiadol yn cynnwys y canlynol:
- *Disgrifiwch ddamcaniaeth fiolegol o droseddoldeb.*
- *Disgrifiwch ddamcaniaeth genetig o droseddoldeb.*
- *Disgrifiwch ddamcaniaeth ffisiolegol o droseddoldeb.*
- *Disgrifiwch ddamcaniaeth fiolegol y cyfeiriwyd ati yn y testun.*

RHESTR WIRIO – A YDYCH CHI'N GALLU:

☐ disgrifio damcaniaeth genetig o droseddoldeb (gan gynnwys XYY, astudiaethau o efeilliaid ac astudiaethau mabwysiadu)

☐ disgrifio damcaniaeth ffisiolegol o droseddoldeb (gan gynnwys Lombroso a Sheldon)?

MPA2.2 DISGRIFIO DAMCANIAETHAU UNIGOLYDDOL O DROSEDDOLDEB

MPA	Categori	Is-gategori	Enw	Crynodeb o'r ddamcaniaeth
2.2	Unigolyddol	Damcaniaeth ddysgu	Bandura	Mae troseddoldeb fel unrhyw ymddygiad arall, yn yr ystyr y gellir ei ddysgu drwy arsylwi ac atgyfnerthiad cadarnhaol neu negyddol, e.e. arbrawf y ddol Bobo.
			Sutherland	Damcaniaeth cysylltiadau gwahaniaethol: gwahanol fathau o ddysgu drwy ymwneud â phobl neu gysylltiadau gwahanol. Gellir dysgu troseddoldeb.
		Damcaniaeth seicodynamig	Freud	Canolbwyntio ar brofiadau plentyndod cynnar ac euogrwydd, a'n meddwl anymwybodol. Gall arwain at droseddoldeb. Mae'r seice wedi'i rannu yn Id (tarddiad pob ysfa hunanol ac anifeilaidd), yr Ego (sy'n chwilio am reolaeth resymegol a synhwyrol) a'r Uwch-ego (cydwybod foesol). Gall gwrthdaro rhwng y tri arwain at droseddoldeb.
			Bowlby	Astudiaeth o amddifadedd mamol ymhlith lladron. Mae'r rhai sy'n cael eu gwahanu oddi wrth eu mamau yn fwy tebygol o droseddu.
		Damcaniaeth seicolegol	Eysenck	Mae rhai mathau o bersonoliaeth yn fwy tebygol o droseddu: personoliaethau allblyg/niwrotig, a seicotig.

Sylwch: y damcaniaethwyr uchod sydd yn y fanyleb a'r gwerslyfr. Gallech astudio damcaniaethwyr eraill, a chael marciau yn yr arholiad, cyn belled â'u bod yn berthnasol i'r cwestiwn.

Cyngor ✓

Bydd marciau yn aml yn cael eu colli gan fod ymgeiswyr wedi ysgrifennu am y ddamcaniaeth anghywir. Pan fydd cwestiwn 5 marc yn gofyn i chi ddisgrifio damcaniaeth unigolyddol, fyddwch chi ddim yn cael unrhyw farciau am ddisgrifio damcaniaeth fiolegol neu gymdeithasegol. Mae'n hollbwysig eich bod chi'n sylweddoli pa gategorïau unigolyddol sydd yn y tabl uchod.

Term allweddol

Unigolyddol: yn ymwneud ag unigolyn yn hytrach na'r gymdeithas gyfan.

Bandura a'r ddamcaniaeth dysgu cymdeithasol

Gweler tudalennau 96–99 yn y gwerslyfr.

Datblygu ymhellach

Darllenwch yr erthygl ganlynol, a gwnewch nodiadau byr am yr ymchwil sy'n gysylltiedig â damcaniaeth ddysgu:

· Keith Perry, and agency (2014, 10 Medi) 'Watching Violent Films Does Make People More Aggressive, Study Shows', *Telegraph* (https://www. telegraph.co.uk/news/ science/11087683/ Watching-violent-films-does-make-people-more-aggressive-study-shows.html).

Gweithgaredd 2.10

Gan ddefnyddio'r wybodaeth yn y gwerslyfr, ysgrifennwch grynodeb o ddamcaniaeth dysgu cymdeithasol Bandura. Isod mae rhestr o dermau pwysig y dylid eu cynnwys.

Termau pwysig: dysgu drwy arsylwi, atgyfnerthiad cadarnhaol, atgyfnerthiad negyddol, dol Bobo, Bandura, ymosodedd, model rôl, dynwared

Gallech chi hefyd ychwanegu gwybodaeth am ddamcaniaeth cysylltiadau gwahaniaethol Sutherland i gefnogi damcaniaeth ddysgu Bandura. Gwiriwch eich ateb yn erbyn yr enghraifft ar dudalen 99 yn y gwerslyfr.

Damcaniaeth troseddoldeb Freud

Gweler tudalennau 100–101 yn y gwerslyfr.

Gweithgaredd 2.11

Cwblhewch y croesair isod ar ddamcaniaeth Freud o droseddoldeb. Cofiwch fod llythrennau fel Ch, Dd, Ng etc. yn cyfrif fel un llythyren yn Gymraeg.

Ar draws
3. Dyma yw'ch cydwybod foesol.
4. Cynhaliodd hwn astudiaeth o 44 lleidr.
5. Yn achos troseddwyr, mae'r rhan hon o'u personoliaeth heb ddatblygu'n ddigonol.
6. Gall y cyfnod hwn ym mywyd person gael effaith fawr ar droseddoldeb.
7. Mae gwaith Freud yn enghraifft o'r math hwn o ddamcaniaeth.
8. Enw'r cymhleth pan fydd gan feibion deimladau rhywiol tuag at eu mamau.
11. Mae'r ego yn gweithio fel _____ rhwng yr id a'r uwch-ego.

I lawr
1. Mae'r teimlad hwn yn aml yn cael ei gysylltu â throseddoldeb.
2. Os yw id unigolyn yn gryf iawn, mae'n fwy tebygol o fod yn un o'r rhain.
4. Os yw eich id yn gryf iawn, rydych chi eisiau _____ ar unwaith.
7. Enw cyntaf Freud.
9. Rhan resymegol a synhwyrol ein personoliaeth.
10. Dyma'r rhan o'ch meddwl sydd wedi'i chuddio, yn debyg i'r rhan fwyaf o fynydd iâ.

Damcaniaeth personoliaeth seicolegol Eysenck

Gweler tudalennau 101–102 yn y gwerslyfr.

Isod mae diagram sy'n dangos y mathau o bersonoliaeth a ddefnyddiwyd gan Eysenck yn ei ddamcaniaeth o droseddoldeb.

 Gweithgaredd 2.12

Nodwch ar y diagram pa fath o bersonoliaeth sydd fwyaf tebygol o droseddu. Hefyd, ychwanegwch yr elfen seicotiaeth a ychwanegodd Eysenck yn ddiweddarach at y model personoliaeth hwn.

Datblygu ymhellach

Ymchwiliwch i achos Nick Leeson, sy'n adnabyddus fel twyllfasnachwr Banc Barings, yna atebwch y canlynol:

1. Rhowch esboniad byr o'i drosedd.
2. Penderfynwch pa fath o bersonoliaeth allai fod ganddo.
3. Cymhwyswch ddamcaniaeth personoliaeth Eysenck i'w droseddoldeb.

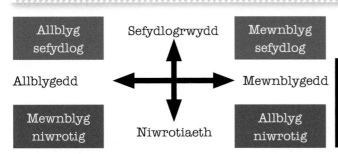

Mae damcaniaeth Eysenck o droseddoldeb yn gysylltiedig â phersonoliaeth.

Cwestiwn enghreifftiol

Daw'r cwestiwn canlynol o **bapur arholiad Uned 2 2017**:

Cafodd Paul, dyn lleol di-waith, ei ddyfarnu'n euog o lofruddiaeth. Cafodd ei ddyfarnu'n euog ar ôl iddo fod yn ymladd ag Ian oherwydd honiad am ddwyn arian. Mae gan Paul lawer o euogfarnau blaenorol am ddelio â chyffuriau a dwyn. Mae wedi bod mewn gofal ers pan oedd yn saith oed, ar ôl i'w rieni gael dedfrydau hir o garchar. Mae tad Ian, bargyfreithiwr lleol, wedi dechrau ymgyrch i adfer y gosb eithaf am droseddau o lofruddiaeth. Mae ei ymgyrch wedi denu sylw gwleidyddion a'r cyfryngau lleol.

Disgrifiwch un ddamcaniaeth unigolyddol o droseddoldeb. [5 marc]

Ar gyfer y cwestiwn uchod, gellid defnyddio unrhyw ddamcaniaeth unigolyddol. Ond y peth gorau i'w wneud yw darllen yr holl gwestiynau eraill cyn i chi ddechrau ateb y cwestiwn hwn. Yn aml, os ydych chi'n ysgrifennu am ddamcaniaeth yn y rhan hon o'r cwestiwn sy'n trafod Paul, bydd gofyn wedyn i chi fynd ymlaen i'w dadansoddi. Efallai bydd yn rhaid i chi werthuso'r ddamcaniaeth hefyd. Felly o wybod hyn, gallwch chi ddewis y ddamcaniaeth fwyaf priodol i'w defnyddio ar gyfer ateb yr holl gwestiynau.

Datblygu ymhellach

Allwch chi feddwl am senario lle gallai personoliaeth troseddwr gael ei adnabod yn unol â damcaniaeth Eysenck o droseddoldeb? Ceisiwch gysylltu'r ffordd o gyflawni'r drosedd â nodweddion personoliaeth.

Gweithgaredd 2.13

Isod mae tri ateb sy'n disgrifio tair damcaniaeth wahanol y gellid eu defnyddio i ateb y cwestiwn am Paul ar y dudalen flaenorol. Darllenwch yr atebion, a defnyddiwch y cynllun marcio i benderfynu faint o farciau byddech chi'n eu rhoi i bob un.

Atebion enghreifftiol

Damcaniaeth 1 – damcaniaeth seicodynamig

Un ddamcaniaeth yw'r ddamcaniaeth seicodynamig, lle mae Freud yn credu bod gan bawb ysfeydd troseddol sy'n cael eu hatal yn y meddwl anymwybodol. Gall y teimladau hyn gael eu rheoli gan yr uwch-ego (yr egwyddor foesoldeb) sy'n datblygu yn ystod plentyndod. Os bydd plentyn yn dioddef trawma, fel amddifadedd mamol, gallai hyn amharu ar ei ddatblygiad. Yna, gallai hyn olygu mai'r id fyddai'n dod yn rhan gryfaf y bersonoliaeth. Yr id yw'r egwyddor sy'n chwilio am bleser. Felly, mae Freud yn credu bod trosedd yn deillio o uwch-ego sydd heb ddatblygu'n ddigonol. Mae astudiaeth Bowlby o'r 44 lleidr yn cefnogi'r ddamcaniaeth hon.

Sigmund Freud

Damcaniaeth 2 – damcaniaeth dysgu cymdeithasol

Un ddamcaniaeth unigolyddol yw damcaniaeth dysgu cymdeithasol. Mae'r ddamcaniaeth hon gan Bandura yn honni bod pob ymddygiad yn cael ei ddysgu pan rydyn ni'n blant, wrth i ni wylio modelau rôl sydd fel arfer o'r un rhyw â ni ac sy'n hŷn na ni, a dynwared eu hymddygiad. Cynhaliodd Bandura arbrawf i brofi'r ddamcaniaeth hon, gan ddefnyddio dol Bobo i weld a oedd y plant yn dynwared yr ymddygiad ymosodol roedden nhw wedi gweld yr oedolion yn ei fodelu. Roedd canlyniadau'r arbrawf yn dangos y plant yn copïo'r modelau rôl, ac yn mynd ati i ddatblygu rhai agweddau ar yr ymddygiad ymosodol hyd yn oed.

John Bowlby

Albert Bandura

Damcaniaeth 3 – damcaniaeth personoliaeth seicolegol

Daw un ddamcaniaeth unigolyddol gan Eysenck, a gynigiodd y syniad bod personoliaeth yr unigolyn yn ffactor pwysig wrth bennu a fydd rhywun yn troseddu ai peidio. Rhannodd Eysenck y bersonoliaeth yn dair rhan: allblygedd, niwrotiaeth a seicotiaeth. Mae prawf personoliaeth Eysenck yn pennu sgôr yr unigolyn ar gyfer pob un o'r tair rhan. Awgrymodd ef fod pobl sy'n sgorio'n uchel o ran seicotiaeth ac allblygedd yn fwy tebygol o fod yn droseddwyr.

0 marc: Does dim byd yn haeddu marc.

1–3 marc: Mae'r atebion yn disgrifio rhai agweddau ar un ddamcaniaeth unigolyddol o droseddoldeb. Mae'r atebion yn cyfleu ystyr, ond does dim digon o fanylder. Ychydig/dim defnydd o eirfa arbenigol.

4–5 marc: Mae'r atebion yn disgrifio un ddamcaniaeth unigolyddol o droseddoldeb yn fanwl. Mae'r atebion yn cyfleu ystyr gyda pheth defnydd o eirfa arbenigol.

Cyngor

Er mwyn eich helpu i adolygu, cofiwch ystyried y cynllun marcio bob amser. Mae'r un ar y chwith yn canolbwyntio ar y manylion sy'n cael eu rhoi. Er enghraifft, mae band marciau 1–3 yn cyfeirio at ddefnyddio rhai manylion, ond mae band marciau 4–5 ar gyfer atebion sy'n cynnwys nifer o fanylion. Sylwch hefyd ar bwysigrwydd geirfa arbenigol. Gall hyn wneud gwahaniaeth rhwng marciau a rhwng bandiau marciau.

Profi eich hun

Gwnewch yn siŵr eich bod yn gallu gwneud y canlynol:

1. Esbonio arbrawf y ddol Bobo, a sut gall hyn fod yn gysylltiedig â throseddoldeb.
2. Nodi pwy sydd fwyaf tebygol o fod yn fodelau rôl i ni.
3. Enwi'r prif ddamcaniaethwyr sy'n gysylltiedig â'r gwahanol ddamcaniaethau.
4. Cynnwys esboniad o gysylltiadau gwahaniaethol.
5. Esbonio nodweddion yr id, yr ego a'r uwch-ego.
6. Esbonio sut mae ymchwil Bowlby yn cysylltu â'r ddamcaniaeth seicodynamig.
7. Nodi ac esbonio'r holl agweddau ar bersonoliaeth yn namcaniaeth Eysenck o droseddoldeb.
8. Defnyddio terminoleg arbenigol fel dysgu drwy arsylwi, boddhad ar unwaith, meddwl anymwybodol, allblygedd, mewnblygedd, niwrotiaeth, sefydlogrwydd a seicotiaeth.

Hans Eysenck

RHESTR WIRIO – A YDYCH CHI'N GALLU:

☐ disgrifio damcaniaeth ddysgu o droseddoldeb

☐ disgrifio damcaniaeth seicodynamig o droseddoldeb

☐ disgrifio damcaniaeth seicolegol o droseddoldeb?

MPA2.3 DISGRIFIO DAMCANIAETHAU CYMDEITHASEGOL O DROSEDDOLDEB

Gweler tudalennau 103–107 yn y gwerslyfr.

Cyngor ✓

Mae'n hawdd colli marciau drwy ysgrifennu am y ddamcaniaeth anghywir. Pan fydd cwestiwn 5 marc yn gofyn i chi ddisgrifio damcaniaeth gymdeithasegol, fyddwch chi ddim yn cael unrhyw farciau am ddisgrifio damcaniaeth fiolegol neu unigolyddol. Mae'n hollbwysig eich bod yn sylweddoli pa gategorïau cymdeithasegol sydd yn y tabl isod.

Termau allweddol

Bourgeoisie: y dosbarthiadau canol ac uwch sy'n berchen ar ddulliau cynhyrchu mewn diwydiant.

Proletariat: y dosbarth cymdeithasol isaf, sy'n gorfod darparu llafur i'r dosbarthiadau uwch am gyflog.

MPA	Categori damcaniaethau	Is-gategori	Enw	Crynodeb o'r ddamcaniaeth
2.3	Cymdeithasegol	Strwythur cymdeithasol	Marcsaeth	Mae'r dosbarth sy'n rheoli, neu'r bourgeoisie, yn defnyddio trosedd i reoli'r dosbarth is neu'r proletariat. Mae'r heddlu ac eraill yn canolbwyntio ar y dosbarth is, gan gredu mai nhw sy'n achosi troseddu.
			Damcaniaeth straen Merton	Awgrymodd Robert Merton bod cymdeithas yn gosod nodau, ond nad yw pawb yn gallu cyflawni'r rhain drwy ddulliau cyfreithlon. Os felly, efallai byddan nhw'n dechrau addasu ac yn troi at drosedd i sicrhau llwyddiant materol.
		Rhyngweithiadaeth	Labelu	Lluniad cymdeithasol yw trosedd. Awgrymodd Howard Becker, os yw cymdeithas yn labelu gweithred yn drosedd, yna caiff ei hystyried yn drosedd. Canlyniad y broffwydoliaeth hunangyflawnol hon fydd unigolyn sy'n ymddwyn fel troseddwr.
		Swyddogaetholdeb	Émile Durkheim	Mae trosedd yn anorfod, ac yn cyflawni swyddogaeth o fewn cymdeithas – os nad yw'r gyfradd troseddu yn rhy uchel neu'n rhy isel. Daw â'r gymdeithas ynghyd, a sicrhau cydlyniad cymdeithasol.

(Parhad) ⟫⟫

MPA	Categori damcaniaethau	Is-gategori	Enw	Crynodeb o'r ddamcaniaeth
		Realaeth	Y dde	Mae ei gwreiddiau mewn ceidwadaeth wleidyddol ac mae'n gysylltiedig â phrinder bondiau cymdeithasol. Yn ôl Charles Murray, mae'r 'isddosbarth' yn fwy tebygol o droseddu oherwydd bod y cyfyngiadau cymdeithasol ar eu hymddygiad yn wan.
			Y chwith	Mae cymdeithas gyfalafol yn creu trosedd oherwydd yr anghydraddoldebau sydd ynddi. Felly, mae unigolion yn cael eu hysgogi gan brynwriaeth (*consumerism*), a gallan nhw droi at drosedd i geisio cael yr hyn nad ydyn nhw'n gallu ei fforddio.

Sylwch fod y rhan fwyaf o'r damcaniaethwyr yn y tabl uchod yn cael eu henwi yn y manylebau. Mae'n bosibl i chi astudio damcaniaethwyr eraill, a bydd marciau yn cael eu rhoi am hyn mewn arholiad, cyn belled â'u bod yn berthnasol i'r cwestiwn arholiad.

Damcaniaeth strwythur cymdeithasol – Marcsaeth

Y Bourgeoisie a'r proletariat

Mae cymdeithas gyfalafol yn creu amodau anffafriol i'r dosbarth is, e.e. diweithdra

Mae'r dosbarth sy'n rheoli yn defnyddio trosedd fel ffordd o reoli'r dosbarth is

Roedd Karl Marx yn athronydd o'r Almaen a ddatblygodd y ddamcaniaeth gomiwnyddol

Mae asiantaethau rheolaeth gymdeithasol, fel yr heddlu, yn canolbwyntio ar aelodau'r dosbarth gweithiol ac yn eu hannog i gydymffurfio

Mae cyfalafiaeth yn droseddogenig – hynny yw, mae'n annog gweithgarwch troseddol

Mae llywodraethau'n camliwio ystadegau trosedd i'w dibenion eu hunain, gan gynnwys ceisio ennill cefnogaeth y cyhoedd wrth ormesu'r dosbarthiadau gweithiol

Mae troseddau'r dosbarth uwch, e.e. troseddau coler wen, fel arfer yn cael eu hanwybyddu

Damcaniaeth straen Merton

Gweler tudalen 105 yn y gwerslyfr.

Yn ôl damcaniaeth straen Merton, mae cymdeithas yn hyrwyddo syniad y freuddwyd Americanaidd, gyda'i nod o sicrhau llwyddiant materol. Pan nad yw'r nod hwnnw'n gallu cael ei gyflawni, bydd pobl yn teimlo'r straen – neu anomi, fel y cafodd ei alw gan Merton. Ond nid pawb fydd yn derbyn bod y nodau hyn yn berthnasol iddyn nhw. Gallan nhw, er enghraifft, wrthryfela yn erbyn cymdeithas a gosod eu nodau eu hunain. Efallai na fydd rhai pobl, fodd bynnag, yn gallu cyrraedd y nodau hyn drwy ddulliau cyfreithlon – ond byddan nhw'n dal i fod eisiau gwireddu'r freuddwyd. Gall yr unigolion hyn ddefnyddio dulliau anghyfreithlon i gael yr hyn maen nhw'n dymuno'i gael. Y bobl hyn yw'r rhai mwyaf tebygol o droseddu, ac mae Merton yn eu galw nhw yn 'addaswyr'.

Mae'r tabl isod yn esbonio damcaniaeth Merton, a sut mae unigolion yn addasu i anomi.

Termau allweddol

Y freuddwyd Americanaidd: y syniad o gyfle cyfartal i bawb i gyflawni dyheadau ac amcanion uchel.

Anomi: colli egwyddorion neu normau sy'n cael eu rhannu.

Addasiad yr unigolyn yn ôl diffiniad Merton	Diffiniad	A yw'n derbyn y dulliau?	A fydd yn ceisio cyflawni'r nodau a gymeradwywyd?	A yw'n debygol o droseddu?	Enghreifftiau o'r dasg Chwilio'r we isod
Cydymffurfiwr	Derbyn y nodau sydd wedi'u cymeradwyo, gan geisio'u cyflawni drwy ddulliau a gymeradwywyd.	Ydy	Bydd	Nac ydy	
Addaswr	Derbyn y nodau, ond defnyddio dulliau heb eu cymeradwyo i'w cyflawni.	Nac ydy	Bydd	Ydy	
Enciliwr	Troi ei gefn ar y nodau a'r dulliau a gymeradwywyd.	Nac ydy	Na fydd	Ydy	
Defodwr	Troi ei gefn ar nodau'r gymdeithas, ond yn cydymffurfio â'r dulliau a gymeradwywyd.	Ydy	Na fydd	Nac ydy	
Rebel	Mae'n herio'r nodau a gymeradwywyd, yn ogystal â'r dulliau a gymeradwywyd.	Nac ydy – gosod rhai eraill yn eu lle	Na fydd – gosod rhai eraill yn eu lle	Ydy	

Chwilio'r we

Gwyliwch y fideo 'Merton Strain Theory' ar YouTube (https://www.youtube.com/watch?v=fvVd9o0xTm8) a rhowch enghreifftiau o bob addasiad yn y tabl uchod.

Rhyngweithiadaeth

Labelu

Cynigiodd Howard Becker ddamcaniaeth 'labelu' i esbonio troseddoldeb. Mae'n canolbwyntio ar ein ffordd o ryngweithio â'n gilydd, a'r syniad bod trosedd yn lluniad cymdeithasol. Os bydd rhywun yn cael ei labelu'n droseddwr, bydd ei ymddygiad yn adlewyrchu'r label. Mae'r broses o labelu yn gwneud yr unigolyn yn wyrdroëdig ac yn drosedwr. Mae canlyniadau negyddol, oherwydd bydd gan gymdeithas ragfarn yn ei erbyn yn sgil y label. Daw'r unigolyn yn enghraifft o broffwydoliaeth hunangyflawnol drwy dderbyn y label, a'i 'statws meistr' fydd bod yn droseddwr.

HELO
FI YW

y label rydych chi'n ei roi arnaf

Gall labelu, yn ôl Howard Becker, esbonio troseddoldeb.

Cwestiwn enghreifftiol

Mae'r canlynol yn un o gwestiynau **papur arholiad Uned 2 2018** :

Mae Edna a Sidney yn gymdogion. Mae gan Edna obsesiwn â chathod, ac mae ganddi 40 cath yn ei thŷ. Mae hi'n byw mewn tlodi ers blynyddoedd. Mae Sidney yn rociwr pync oedrannus a chyfoethog sydd bob amser yn gwisgo dillad rociwr pync, ac yn gosod ei wallt mewn steil mohawk gyda phigau amryliw. Mae e'n llwytho cerddoriaeth i lawr yn anghyfreithlon yn rheolaidd, a'i chwarae'n uchel yn hwyr y nos. Mae Edna a Sidney yn casáu ei gilydd, ac yn dadlau'n aml. Mae Edna yn cwyno am y gerddoriaeth, a Sidney yn galw Edna 'yn hen fenyw hanner call'. Mae llawer o'u cymdogion yn gweiddi geiriau cas at Edna, gan ddweud ei bod hi'n wallgof ac y dylai gael ei rhoi dan glo. Nid yw Edna wedi cwyno wrth yr heddlu. Un noson, sylwodd hi ar graffiti ar ei drws yn dweud 'menyw wallgof'. Pan glywodd hi gerddoriaeth Sidney, aeth draw i'w dŷ gyda chyllell o'r gegin, a'i drywanu yn ei galon. Bu farw Sidney yn fuan wedyn.

(a) *Disgrifiwch ddamcaniaeth gymdeithasegol o droseddoldeb. [4 marc]*

(b) *Dadansoddwch sut gall y ddamcaniaeth a ddisgrifiwyd uchod gael ei chymhwyso i sefyllfa Edna. [5 marc]*

Mae rhan (a) y cwestiwn yn gofyn am ddisgrifiad byr, a rhan (b) yn gofyn i chi gymhwyso elfennau'r ddamcaniaeth i Edna.

Byddai'n bosibl defnyddio nifer o ddamcaniaethau cymdeithasegol i ateb y cwestiynau uchod. Un fyddai damcaniaeth labelu. Mae hyn gan fod Sidney, y cymydog, a phobl eraill yr ardal wedi galw enwau ar Edna. Maen nhw'n dweud ei bod yn 'hen fenyw hanner call', yn 'wallgof', ac y 'dylai hi gael ei rhoi dan glo'. Mae Edna'n ymateb drwy wireddu'r labeli hyn a dod yn droseddwr wrth ladd Sidney.

Cyngor

Gallai cwestiwn arholiad gyfeirio at y canlynol:
(i) damcaniaeth gymdeithasegol
(ii) damcaniaeth strwythur cymdeithasol
(iii) damcaniaeth yn ymwneud â rhyngweithiadaeth
(iv) damcaniaeth realaeth.

Swyddogaetholdeb

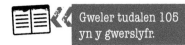
Gweler tudalen 105 yn y gwerslyfr.

Gweithgaredd 2.14

Adolygwch swyddogaetholdeb drwy ateb y cwestiynau canlynol.

1. Pwy sy'n dweud bod trosedd yn anorfod?
2. Pam mae trosedd yn anorfod?
3. Os yw trosedd yn swyddogaethol, pryd bydd yn dod yn gamweithredol?
4. Pam mae'n beth drwg os nad oes digon o drosedd? Rhowch enghraifft.
5. Pam mae'n beth drwg os oes gormod o drosedd?
6. Beth yw ystyr 'anomi'?
7. Beth yw ystyr yr ymadrodd hwn: 'mae trosedd yn cryfhau cydlyniad cymdeithasol'?
8. Beth yw ystyr yr ymadrodd 'cynnal ffiniau'?
9. Rhowch enghraifft go iawn o gynnal ffiniau.
10. Pwy ddadleuodd fod trosedd/gwyredd yn gallu bod yn 'olau rhybuddio' (efallai bydd angen i chi ymchwilio i'r ateb hwn)?

Realaeth

Gweler tudalennau 106–107 yn y gwerslyfr.

Mae realaeth y dde a realaeth y chwith yn cynnig syniadau gwrthgyferbyniol am achosion trosedd. Yn fras, mae realaeth y dde yn dadlau bod troseddwyr yn dewis troseddu. Ar y llaw arall, mae realaeth y chwith yn awgrymu bod effaith cymdeithas, ac yn benodol effaith amddifadedd cymharol ar gymunedau, yn achosi ymddygiad troseddol.

Term allweddol

Amddifadedd cymharol: sut mae rhywun yn teimlo o'i gymharu ag eraill neu o'i gymharu â'i ddisgwyliadau ei hun.

Realaeth y dde neu'r chwith?

Gweithgaredd 2.15

Mae'r gosodiadau canlynol yn berthnasol naill ai i realaeth y chwith neu i realaeth y dde. Nodwch y cyfeiriad cywir.

	Y Dde	Chwith
A. Mae'n tarddu o geidwadaeth wleidyddol.	☐	☐
B. Mae'n pwysleisio'r angen am ddelio'n llym â throseddu.	☐	☐
C. Mae cymdeithas gyfalafol yn creu anghydraddoldeb.	☐	☐
CH. Mae Charles Murray yn cefnogi'r ddamcaniaeth hon.	☐	☐
D. Mae'n chwilio am atebion ymarferol i achosion troseddu.	☐	☐
DD. Does gan droseddwyr ddim bondiau cymdeithasol.	☐	☐
E. Mae angen cymdeithas fwy cyfartal a gofalgar er mwyn lleihau trosedd.	☐	☐
F. Yr isddosbarth sy'n gyfrifol am drosedd.	☐	☐
FF. Mae'n cefnogi lleihau troseddoldeb drwy ddulliau ataliol, a defnyddio pethau fel teledu cylch cyfyng, a goddef dim.	☐	☐
G. Does dim pŵer nac adnoddau gan bobl i gymryd rhan yn llawn mewn cymdeithas, ac felly maen nhw'n cael eu gwthio i'r cyrion.	☐	☐
NG. Gellir lleihau trosedd drwy wella cyfleusterau hamdden i'r ifanc.	☐	☐

Datblygu ymhellach

Darllenwch yr erthygl o'r enw 'Left and Right Realism' (http://www.julianhermida.com/contrealism.htm) a gwnewch restr o derminoleg arbenigol y gallwch chi ei hychwanegu at eich nodiadau ar realaeth y dde a'r chwith.

Cyngor

Mae'r cwestiwn arholiad yn debygol o fod yn gyffredinol iawn, gan ofyn 'Disgrifiwch ddamcaniaeth gymdeithasegol o droseddoldeb'. Dim ots pa ddamcaniaeth a ddewiswch, gwnewch yn siŵr eich bod yn ei chysylltu â rhesymau pobl dros droseddu.

RHESTR WIRIO – A YDYCH CHI'N GALLU:

☐ disgrifio damcaniaeth strwythur cymdeithasol o droseddoldeb (mae hyn yn cynnwys Marcsaeth a damcaniaeth straen)

☐ disgrifio rhyngweithiadaeth (gan gynnwys y ddamcaniaeth labelu)

☐ disgrifio swyddogaetholdeb

☐ disgrifio realaeth y chwith a realaeth y dde?

Cyngor

Mewn arholiad, mae'n rhaid profi pob Deilliant Dysgu. Ond does dim rhaid i bob MPA ymddangos ar y papur arholiad.

DEILLIANT DYSGU 3 DEALL ACHOSION
TROSEDDOLDEB

MPA3.1 DADANSODDI SEFYLLFAOEDD TROSEDDOLDEB

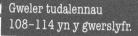

Gweler tudalennau 108–114 yn y gwerslyfr.

Cyngor

Bydd pob papur arholiad yn cynnwys tri chwestiwn, a bydd gan bob un ei senario neu ei wybodaeth ei hun am droseddoldeb. Mae'r MPA hwn yn gofyn i chi gymhwyso eich gwybodaeth am y fanyleb at y senario neu'r testun. Bydd pob senario yn cynnwys gwybodaeth am ymddygiad troseddol, a bydd cliwiau i awgrymu rhesymau dros yr ymddygiad hwnnw. Bydd hyn yn ei dro yn cysylltu â damcaniaethau troseddegol.

Bydd geiriad y papur arholiad yn debyg i hyn: 'Dadansoddwch y ddamcaniaeth a gafodd ei disgrifio uchod yn sefyllfa X.' X yw'r unigolyn a gafodd ei enwi yn y senario.

Term allweddol

Dadansoddi: archwilio'n fanwl, gan rannu'n gydrannau, ac archwilio perthnasoedd.

Cwestiwn enghreifftiol

Cafodd Paul, dyn lleol di-waith, ei ddyfarnu'n euog o lofruddiaeth. Cafodd ei ddyfarnu'n euog ar ôl iddo ddechrau ymladd ag Ian, a hynny oherwydd dadl dros ddwyn arian. Mae gan Paul nifer o euogfarnau blaenorol am ddelio â chyffuriau a dwyn. Mae wedi bod mewn gofal ers pan oedd yn saith oed, ar ôl i'w rieni gael dedfrydau hir o garchar. Mae tad Ian, sydd hefyd yn fargyfreithiwr lleol, wedi dechrau ymgyrch i adfer y gosb eithaf am droseddau llofruddiaeth. Mae ei ymgyrch wedi denu sylw'r cyfryngau lleol a gwleidyddion.

Bydd y cwestiwn arholiad hwn ar ffurf senario yn ymwneud ag ymddygiad troseddol.

Daw'r senario uchod o **bapur arholiad Uned 2 2017**. Gallwch chi hefyd ei weld ar dudalen 63 y llyfr hwn o dan MPA2.2. Yno, gwnaethon ni ystyried y cwestiwn canlynol:

*Disgrifiwch unrhyw **un** ddamcaniaeth unigolyddol o droseddoldeb. [5 marc]*

Ond y tro hwn, mae angen i ni ystyried rhan nesaf y cwestiwn, sef:

Dadansoddwch sut gall y ddamcaniaeth sydd wedi'i disgrifio uchod gael ei chymhwyso at sefyllfa Paul. [5 marc]

Cyngor

Gwnewch yn siŵr eich bod yn dadansoddi'r ddamcaniaeth a gafodd ei disgrifio yn y cwestiwn cyntaf, neu ni fyddwch yn ennill unrhyw farciau. Dyna pam mae'n bwysig i chi ddarllen yr holl gwestiynau sy'n dilyn y senario cyn i chi geisio ateb unrhyw gwestiwn.

Gwnewch yn siŵr eich bod yn gyfarwydd â strwythur yr arholiad.

Atebion enghreifftiol

Nesaf gallwn ystyried tri ateb i'r cwestiwn ar y dudalen flaenorol, gan ddefnyddio'r cynllun marcio hwn.

0 marc: Does dim byd yn haeddu unrhyw farciau.

1–3 marc: Mae'r atebion yn dadansoddi rhai agweddau ar sut gellir cymhwyso'r ddamcaniaeth unigolyddol o droseddoldeb uchod i sefyllfa Paul. Mae'r atebion yn cyfleu ystyr, ond does dim digon o fanylder. Ychydig/dim defnydd o eirfa arbenigol.

4–5 marc: Mae'r atebion yn dadansoddi yn fanwl sut gellir cymhwyso'r ddamcaniaeth unigolyddol o droseddoldeb uchod i sefyllfa Paul. Mae'r atebion yn cyfleu ystyr, gyda pheth defnydd o eirfa arbenigol.

Ateb 1 (damcaniaeth Bandura)

Gellid cymhwyso'r ddamcaniaeth hon, gan nad yw ei rieni yn poeni am Paul mewn gwirionedd. Fe wnaethon nhw ei adael pan oedd yn saith oed wrth iddyn nhw gael dedfrydau hir o garchar. Mae Paul yn tyfu i fod yn union fel ei rieni wrth iddo ddechrau ymladd a delio â chyffuriau. Mae hyn yn dangos ei fod wedi dysgu gan ei rieni.

Byddai'r ateb hwn yn derbyn **2/5**, gan ei fod yn cyffwrdd â'r syniad o ddynwared, ond does dim llawer iawn o fanylion na dadansoddi. Gellid ychwanegu llawer mwy, gan gynnwys rhagor o fanylion o'r senario. Er enghraifft, byddai modd nodi bod Paul wedi bod mewn gofal, ac y gallai fod wedi dysgu troseddoldeb gan fodelau rôl ei gyfoedion yn y cartref gofal.

Ateb 2 (damcaniaeth Bandura)

Roedd rhieni Paul yn droseddwyr, gan iddyn nhw gael dedfrydau hir o garchar. Pan oedd Paul yn ifanc, gwelodd hyn, ac mae wedi modelu ei ymddygiad ar ei rieni. Gan fod rhieni Paul yn torri'r gyfraith, dysgodd Paul sut i dorri'r gyfraith hefyd. Mae Paul wedi copïo ei rieni drwy ei fodelu ei hun arnyn nhw.

Byddai'r ateb hwn yn derbyn **3/5** gan nad oes llawer o fanylion yma chwaith, ond mae'n cyfleu craidd y ddamcaniaeth drwy ei chymhwyso at sefyllfa Paul. Mae'r eirfa rywfaint yn well yn yr ateb hwn hefyd, o'i gymharu â'r ateb cyntaf.

Cyngor ✓

Ceisiwch ychwanegu manylion mewn ateb arholiad drwy ddatblygu'r pwynt rydych yn ei wneud. Defnyddiwch eirfa arbenigol os yw'n bosibl, ac ychwanegwch enghreifftiau i ategu eich ateb.

Cyngor ✓

Er mwyn eich helpu chi i baratoi ar gyfer yr arholiad, ceisiwch ateb hen gwestiynau arholiad.

Ateb 3 (damcaniaeth Bandura)

Mae Paul wedi bod mewn gofal ers pan oedd yn saith oed, pan gafodd ei rieni ddedfrydau hir o garchar. Yn ystod ei blentyndod, cyflawnodd rhieni Paul ymddygiad troseddol, ac aeth yntau ati i'w dynwared gan eu bod yn modelu'r ymddygiad hwn. Ei rieni oedd ffynhonnell ei ddysgu drwy arsylwi. Mae gan Paul sawl euogfarn blaenorol am ddelio â chyffuriau a dwyn, gan gefnogi'r ymagwedd gan iddo ddysgu'n uniongyrchol gan ymddygiad ei rieni. Mae'n bosibl fod ei gyfnod yn y cartref gofal wedi dylanwadu ar ei ymddygiad, yn enwedig os cafodd atgyfnerthiad cadarnhaol yn sgil ei weithredoedd – fel arian am werthu'r cyffuriau. Fel y plant yn arbrawf y ddol Bobo, mae wedi symud ymhellach tuag at ymddygiad troseddol drwy lofruddio Ian.

Byddai'r ateb yn cael **5/5** gyda dadansoddiad manwl sy'n cyfleu dealltwriaeth gywir o'r ddamcaniaeth. Defnyddir sawl term arbenigol yn yr ateb. Gellid ei wella ymhellach drwy ychwanegu Sutherland a chysylltiadau gwahaniaethol i'w gefnogi.

Cwestiwn enghreifftiol ?

Rydyn ni wedi gweld y senario isod ar dudalen 69 yn barod, pan edrychon ni ar MPA2.3 a'r damcaniaethau cymdeithasegol.

Mae Edna a Sidney yn gymdogion. Mae gan Edna obsesiwn â chathod, ac mae ganddi 40 cath yn ei thŷ. Mae hi'n byw mewn tlodi ers blynyddoedd. Mae Sidney yn rociwr pync oedrannus a chyfoethog sydd bob amser yn gwisgo dillad pync, ac yn gosod ei wallt mewn steil mohawk gyda phigau amryliw. Mae e'n llwytho cerddoriaeth i lawr yn anghyfreithlon yn rheolaidd a'i chwarae yn uchel yn hwyr y nos. Mae Edna a Sidney yn casáu ei gilydd, ac yn dadlau'n aml. Mae Edna yn cwyno am y gerddoriaeth, a Sidney yn galw Edna 'yn hen fenyw hanner call'. Mae llawer o'u cymdogion yn gweiddi geiriau cas at Edna, gan ddweud ei bod hi'n wallgof ac y dylai hi gael ei rhoi dan glo. Nid yw Edna wedi cwyno wrth yr heddlu. Un noson sylwodd hi ar graffiti ar ei drws yn dweud 'menyw wallgof'. Pan glywodd hi gerddoriaeth Sidney, aeth hi draw i'w dŷ gyda chyllell o'r gegin, a'i drywanu yn ei galon. Bu farw Sidney yn fuan wedyn.

Mae Sidney yn rociwr pync oedrannus.

(a) *Disgrifiwch ddamcaniaeth gymdeithasegol o droseddoldeb.*
[4 marc]

(b) *Dadansoddwch sut gall y ddamcaniaeth uchod gael ei chymhwyso at sefyllfa Edna.* [5 marc]

Atebion enghreifftiol

Byddwn yn edrych ar ddau ateb gwahanol i'r cwestiwn dadansoddi. Defnyddiwch y cynllun marcio i benderfynu pa farc i'w roi.

0 marc: Does dim byd yn haeddu marc.

1–3 marc: Mae'r atebion yn dadansoddi rhai agweddau ar sut gellid cymhwyso damcaniaeth gymdeithasegol o droseddoldeb i sefyllfa Edna. Mae'r atebion yn cyfleu ystyr, ond does dim digon o fanylder. Ychydig/dim defnydd o eirfa arbenigol.

4–5 marc: Mae'r atebion yn dadansoddi yn fanwl sut gellid cymhwyso'r ddamcaniaeth gymdeithasegol o droseddoldeb i sefyllfa Edna. Mae'r atebion yn cyfleu ystyr, gyda pheth defnydd o eirfa arbenigol.

Ateb 1 (Marcsaeth)

Mae Edna yn broletariat gan ei bod yn byw mewn tlodi, a Sidney yn bourgeois gan ei fod yn gyfoethog. Gan fod Edna yn broletariat, caiff ei cham-drin am ei bod yn isel yng ngolwg cymdeithas.

Byddai'r ateb hwn yn cael **2/5**. Er nad oes llawer o fanylion, mae yma ymgais i ddefnyddio terminoleg arbenigol. Ond does dim cyswllt rhwng troseddoldeb a'r ddamcaniaeth.

Ateb 2 (Marcsaeth)

Gall damcaniaeth Farcsaidd fod yn gymwys i sefyllfa Edna, gan ei bod hi'n byw mewn tlodi. Felly mae hi'n cael ei gorfodi i droseddu wrth iddi gyrraedd pen ei thennyn. Dydy hi ddim yn credu y bydd yr asiantaethau bourgeois, fel yr heddlu, yn ei helpu. Efallai ei bod hi'n teimlo bod rhaid iddi lofruddio Sidney, gan mai dyna'r unig ffordd o atal y problemau, oherwydd ei fod yntau'n gyfoethog ac o bosibl yn perthyn i'r bourgeoisie.

Byddai'r ateb hwn yn cael **4/5**, gan fod ymgais fanwl i ddadansoddi a chymhwyso'r ddamcaniaeth i sefyllfa Edna. Mae cysylltiad amlwg hefyd rhwng y ddamcaniaeth a'r rheswm dros droseddoldeb. Er mwyn gwella'r ateb hwn ymhellach, gellid cysylltu â rhagor o ffeithiau o'r cwestiwn, fel y ffaith nad yw Edna wedi rhoi gwybod i asiantaethau rheolaeth gymdeithasol am yr aflonyddu.

Cyngor

Dylech chi goflo y bydd cynllun marcio arholiad hefyd yn rhoi syniad i chi o'r hyn sydd i'w ddisgwyl mewn ateb arholiad. Nid ateb enghreifftiol yw hwn, ond mae'n rhoi manylion byr am y cynnwys disgwyliedig.

Cyngor

Rydych chi'n cael eich cynghori i dreulio o leiaf un munud i bob marc ar y cwestiynau arholiad. Felly, os yw cwestiwn yn werth 5 marc, dylech chi dreulio tua pum munud yn ei ateb. Mae hyn oherwydd bod yr arholiad yn para am 90 munud, ac mae'n werth 75 marc. Byddai hyn yn caniatáu cyfanswm o 15 munud (neu bum munud i bob prif gwestiwn) er mwyn cynllunio a gwirio ateb.

Gweithgaredd 2.16

Nawr ysgrifennwch ateb 5/5 i gwestiwn (b) Edna a Sidney ar dudalen 74, gan ddefnyddio unrhyw ddamcaniaeth gymdeithasegol arall.

Gan weithio gyda ffrind, dylai pob un ohonoch ysgrifennu eich cwestiynau arholiad eich hun. Ceisiwch ysgrifennu tri senario: un yn canolbwyntio ar ddamcaniaeth fiolegol, un yn defnyddio damcaniaeth unigolyddol, ac un yn canolbwyntio ar ddamcaniaeth gymdeithasegol. Yna cyfnewidiwch eich papurau ac atebwch gwestiynau eich gilydd.

Gwnewch waith yr athro, ac ysgrifennwch eich senarios arholiad eich hun.

Sylwer
Mae realaeth y dde a realaeth y chwith yn edrych ar drosedd mewn ffordd wleidyddol iawn.

Term allweddol

Gwleidyddiaeth: y gweithgareddau sydd ynghlwm â llywodraethu gwlad

RHESTR WIRIO – A YDYCH CHI'N GALLU:

☐ dadansoddi'r holl ddamcaniaethau a chymhwyso'r holl ddamcaniaethau at senario

☐ darllen a deall yr holl ffeithiau mewn cwestiwn, a'u cysylltu â'r ddamcaniaeth droseddegol berthnasol?

MPA3.2 GWERTHUSO EFFEITHIOLRWYDD DAMCANIAETHAU TROSEDDEGOL I ESBONIO ACHOSION TROSEDDOLDEB

Gweler tudalennau 114-121 yn y gwerslyfr.

Mae gwerthuso yn sgìl allweddol sy'n debygol o godi yn yr arholiad. Gallai ddilyn cwestiwn blaenorol. Allwch chi gofio sefyllfa Sidney ac Edna o **bapur arholiad Uned 2 2018**? Gweler t. 48 a 69 y llyfr hwn.

Dyma dri o'r cwestiynau sy'n dilyn y senario:

1. *Disgrifiwch ddamcaniaeth gymdeithasegol o droseddoldeb. [4 marc]* – MPA2.3
2. *Dadansoddwch sut gall y ddamcaniaeth uchod gael ei chymhwyso at sefyllfa Edna. [5 marc]* – MPA3.1
3. *Gwerthuswch pa mor effeithiol yw'r ddamcaniaeth gymdeithasegol uchod wrth esbonio achosion troseddoldeb. [6 marc]* – MPA3.2

Gallwch chi weld bod y trydydd cwestiwn yn un gwerthusol, sy'n golygu gwerthuso'r un ddamcaniaeth â'r un a ddewisoch chi yn y cwestiynau blaenorol. Dyma pam mae angen dewis y ddamcaniaeth yn ofalus yn y cwestiwn cyntaf – er mwyn gallu ei gwerthuso hefyd.

Mae gwerthuso yn golygu bod angen rhoi barn ar rywbeth, sy'n aml yn golygu ystyried cryfderau a gwendidau damcaniaeth/au. Mae'n bwysig cofio bod y gwerthuso yn yr achos hwn yn ymwneud â pha mor effeithiol yw'r ddamcaniaeth wrth esbonio pam mae pobl yn troseddu. Felly, nid yw'n ymwneud â'r ddamcaniaeth ei hun, nac yn gofyn a ydych chi'n credu ei bod hi'n ddamcaniaeth dda neu beidio. Efallai fod gennych chi safbwyntiau gwleidyddol comiwnyddol sy'n dilyn rhai Marx. Ond does dim gofyn i chi benderfynu a yw hi'n farn wleidyddol dda, dim ond a yw'r ddamcaniaeth yn effeithiol neu beidio wrth esbonio'r rheswm dros droseddoldeb.

Term allweddol

Gwerthuso: i ba raddau rydych chi'n cytuno â'r ddamcaniaeth? Lluniwch farn am ansawdd neu bwysigrwydd damcaniaeth, drwy nodi ei chryfderau a'i gwendidau o ran esbonio'r rheswm dros droseddoldeb. Yn ddelfrydol, dewch i gasgliad gan gyflawnhau sut rydych wedi dewis.

Mae gwerthuso yn sgìl pwysig sy'n debygol o godi yn y papur arholiad.

Cyngor

Yn yr arholiad gall cwestiwn gwerthuso ymwneud ag un ddamcaniaeth, fel uchod yn sefyllfa Sidney ac Edna. Neu efallai bydd angen gwerthuso grŵp o ddamcaniaethau. Er enghraifft, ym **mhapur arholiad Uned 2 2017**, gofynnwyd y cwestiwn canlynol:

Gwerthuswch effeithiolrwydd amrywiaeth o ddamcaniaethau unigolyddol i esbonio achosion troseddoldeb. [8 marc]

Pan fyddwch yn gwerthuso, gwnewch yn siŵr eich bod yn cynnwys sylwadau am gryfderau a chyfyngiadau'r ddamcaniaeth, neu fyddwch chi ddim yn cael marciau llawn.

Ni fydd cwestiwn sy'n gofyn i chi werthuso damcaniaeth yn disgwyl i chi ei disgrifio hefyd. Bydd y gofyn am ddisgrifiad o'r ddamcaniaeth mewn cwestiwn gwahanol. Felly, pan fyddwch chi'n gwerthuso, ewch ati'n syth i sôn am y cryfderau neu'r cyfyngiadau. PEIDIWCH ag esbonio'r ddamcaniaeth, neu bydd hyn yn gwastraffu amser gwerthfawr yn yr arholiad.

Ymadroddion gwerthuso

Bydd yr ymadroddion isod yn eich arwain i werthuso:

- Un o gryfderau'r ddamcaniaeth hon yw ...
- Mae'r ddamcaniaeth yn ceisio dangos ...
- Fodd bynnag, un cyfyngiad yw ...
- Ar y llaw arall ...
- Un cryfder arall yw ...
- Un pryder mawr ynglŷn â'r ddamcaniaeth yw ...
- Ffactor ategol yw ...
- Mae troseddoleb yn cael ei gysylltu â ...
- Mae'r ddamcaniaeth hon yn cael ei chefnogi gan ...
- Fodd bynnag, does dim byd yn y ddamcaniaeth i esbonio ...
- Mae hyn yn cefnogi'r ddadl bod ...
- Er gwaethaf hyn, gellid dadlau ...
- Ar y llaw arall, mae hyn hefyd ...
- Un cryfder allweddol yw ...
- Nid yw'r ddamcaniaeth yn cadarnhau ...
- Mae'r syniad hwn yn cael ei ategu gan ...

Mae gwerthuso yn gofyn am gynnwys pwyntiau cadarnhaol a negyddol mewn ateb.

Gweithgaredd 2.17

Gyda chymorth yr ymadroddion uchod a'r hyn rydych chi'n ei wybod am ddamcaniaethau cymdeithasegol, ysgrifennwch ateb i'r cwestiwn hwn:

Gwerthuswch amrywiaeth o ddamcaniaethau cymdeithasegol i esbonio troseddoldeb.

Sylwch: os gofynnir am amrywiaeth o ddamcaniaethau, dylid cynnwys tair o leiaf.

Cyngor

Cofiwch, efallai bydd gofyn i chi werthuso un ddamcaniaeth neu amrywiaeth o ddamcaniaethau o blith pob MPA biolegol a/ neu unigolyddol a/neu gymdeithasegol. Felly, dylech chi adolygu pob un o'r rhain.

Gweithgaredd 2.18

Mae'r gweithgaredd hwn yn ymwneud â gwerthuso tair damcaniaeth fiolegol. Mae angen i chi gysylltu'r Pwynt Gwerthuso â'r Ddamcaniaeth – Lombroso, Sheldon neu ddamcaniaeth XYY – yn y tabl ar y dudalen nesaf. Penderfynwch hefyd a yw'r pwynt yn gryfder neu'n wendid. Gallwch wirio eich atebion gan ddefnyddio'r gwerslyfr, tudalennau 116–118.

Cyngor

Mae'n bwysig gwerthfawrogi sut i werthuso gan fod y sgìl hwn hefyd yn ymddangos yn Unedau 1, 3 a 4.

Pwynt gwerthuso	Damcaniaeth	Cryfder neu wendid?
Canfu Charles Goring (1913) ddeallusrwydd is-werth ymhlith carcharorion, gan awgrymu bod rhywfaint o sail enetig i droseddoldeb.		
Mae canolbwyntio gormod ar eneteg yn anwybyddu'r ymagwedd ymddygiadol.		
Mae nifer o astudiaethau eraill wedi cadarnhau bod cysylltiad bach rhwng maint corfforol a throseddoldeb (Putwain a Sammons, 2002).		
Nid yw'n ystyried y ffaith nad yw somatoteip rhai pobl yn aros yr un peth. Mae cyrff pobl yn newid ar hyd eu bywyd.		
Awgrymodd Adler et al. (2007) ei bod yn bosibl bod ymddygiad ymosodol a threisgar yn cael ei bennu'n rhannol o leiaf gan ffactorau genetig.		
Mae sawl darn o waith ymchwil, e.e. Prifysgol Bath Spa (Butcher a Taylor, 2007), yn awgrymu bod unigolion llai deniadol yn fwy tebygol o gael eu hystyried yn euog.		
Hiliaeth wyddonol – nododd DeLisi (2012) fod llawer o'r nodweddion atafiaethol a ddiffiniwyd yn disgrifio pobl o dras Affricanaidd yn benodol.		
Nid oedd yn gallu esbonio'n iawn sut gall ectomorffiaid ac endomorffiaid hefyd fod yn droseddwyr.		
Defnyddiwyd sampl eithaf mawr (200). Hefyd, at bwrpas cymharu, roedd gan y damcaniaethwyr grŵp rheolydd o fyfyrwyr oedd heb droseddu.		
Nid yw pob un sydd â nodweddion atafiaethol yn droseddwr, ac nid oes gan bob troseddwr y nodweddion hyn.		
Fodd bynnag, mae astudiaethau hefyd wedi dangos bod annormaleddau genetig yn gyffredin yn y boblogaeth yn gyffredinol, ac felly dydyn nhw ddim yn esbonio ymddygiad ymosodol.		
Er bod rhai materion yn codi ynghylch dibynadwyedd yr astudiaeth hon, mae ymchwilwyr eraill wedi cael canlyniadau sydd fel pe baen nhw'n ategu ei ddamcaniaeth gychwynnol, yn rhannol o leiaf. Yn eu gwaith ymchwil, darganfu Glueck a Glueck (1956) fod 60% o'u sampl o dramgwyddwyr yn fesomorffiaid, ond bod y sampl heb dramgwyddwyr yn cynnwys 31% yn unig.		
Ystyriwch a yw pobl yn pigo ar fesomorffiaid neu'n eu gwahodd/herio i gyflawni gweithredoedd anghyfreithlon? Oherwydd y ffordd mae pobl yn ystyried mesomorffiaid, efallai eu bod nhw'n cael eu denu at weithgareddau tramgwyddus gan grwpiau cyfoedion.		
Dim grŵp rheolydd – felly nid yw'n bosibl gwneud cymariaethau.		

Atebion enghreifftiol

Ystyriwch y cwestiwn canlynol o **bapur arholiad Uned 2 2017**, ac atebion enghreifftiol. Yna, gan ddefnyddio'r cynllun marcio isod, penderfynwch ar y marc priodol.

Gwerthuswch effeithiolrwydd amrywiaeth o ddamcaniaethau troseddegol unigolyddol i esbonio achosion troseddoldeb. [8 marc]

0 marc: Does dim byd yn haeddu marc.

1–3 marc: Mae'r atebion yn gwerthuso effeithiolrwydd amrywiaeth o ddamcaniaethau troseddegol unigolyddol i esbonio achosion troseddoldeb, gan roi manylion cyfyngedig/sylfaenol. Mae'r atebion yn cyfleu ystyr, ond does dim digon o fanylder. Ychydig/dim defnydd o eirfa arbenigol.

4–6 marc: Mae'r atebion yn gwerthuso yn eithaf manwl effeithiolrwydd amrywiaeth o ddamcaniaethau troseddegol unigolyddol i esbonio achosion troseddoldeb. Mae'r atebion yn cyfleu ystyr gyda pheth defnydd o eirfa arbenigol.

7–8 marc: Mae'r atebion yn archwilio yn fanwl effeithiolrwydd amrywiaeth o ddamcaniaethau troseddegol unigolyddol i esbonio achosion troseddoldeb. Mae'r atebion wedi'u strwythuro'n dda ac wedi'u mynegi'n glir. Defnyddir termau arbenigol mewn ffordd naturiol a chywir.

Ateb A

Un ddamcaniaeth droseddegol unigolyddol yw damcaniaeth dysgu cymdeithasol. Dyma lle mae rhywun yn sylwi ar ymddygiad ac yna'n ei gopïo. Gallai hyn achosi troseddoldeb, oherwydd os yw rhywun wedi gweld ymddygiad troseddol, gallai ddechrau ei gopïo a'i wneud ei hun. Er enghraifft, pe bai rhywun wedi gweld ei dad yn taro ei fam, gallai gopïo hyn ei hun gan gredu ei fod yn briodol. Mae hyn yn effeithiol, ac mae arbrawf y ddol Bobo wedi profi bod hyn yn wir. Damcaniaeth arall yw'r ddamcaniaeth seicodynamig. Mae hyn yn ymwneud â'r id, yr ego a'r uwch-ego. Mae'n dadlau, os nad yw un o'r rhain wedi datblygu'n ddigonol, y gall hynny esbonio pam mae pobl yn troseddu. Gall fod yn effeithiol oherwydd ei bod yn wyddonol, ond mae'n ddamcaniaeth hen iawn.

Cyngor ✓

Mae gwerthuso yn sgìl lefel uwch, a gallai cwestiwn ofyn i chi werthuso mwy nag un ddamcaniaeth. Os bydd gofyn i chi werthuso amrywiaeth o ddamcaniaethau, gwnewch yn siŵr eich bod yn cynnwys o leiaf tair damcaniaeth wahanol. Bydd hyn yn eich helpu chi i gyrraedd y band marciau uchaf.

Datblygu ymhellach

Allwch chi wella geiriad yr ateb hwn? Er enghraifft, gwella'r eirfa arbenigol gydag ymadroddion fel 'dysgu drwy arsylwi', ac yn hytrach na dweud 'copïo', defnyddio'r gair 'dynwared'. Defnyddiwch yr ymadrodd 'mae arbrawf y ddol Bobo wedi cadarnhau hyn' hefyd, yn hytrach na dweud 'profi bod hyn yn wir'.

Ateb B

Mae'n bosibl beirniadu damcaniaeth Freud oherwydd nad oes modd ei phrofi'n wyddonol, gan fod y ddamcaniaeth yn seiliedig ar y meddwl anymwybodol. Mae hyn yn wendid, oherwydd os na all damcaniaeth gael ei phrofi'n wyddonol, yna dydy hi ddim yn bosibl ei hystyried yn ddamcaniaeth ddibynadwy. Yr unig elfen allai gael ei phrofi'n wyddonol oedd y driniaeth. Ond roedd hyn yn aflwyddiannus, ac felly dydy'r ddamcaniaeth ddim yn effeithiol iawn wrth esbonio troseddoldeb. Damcaniaeth Eysenck yw bod gan droseddwyr lefelau uchel o allblygedd, niwrotiaeth a hefyd seicotiaeth fel nodweddion personoliaeth. Mae'n bosibl beirniadu hyn gan nad yw personoliaeth unigolyn yn sefydlog. Mae eich personoliaeth yn newid gan ddibynnu ar ddigwyddiadau penodol yn eich bywyd. Felly gall y prawf honni bod gennych chi bersonoliaeth droseddol, ond mewn gwirionedd efallai eich bod chi newydd brofi digwyddiad trawmatig yn eich bywyd. Felly, dydy'r prawf ddim yn effeithiol gan ei fod yn mesur eich personoliaeth ar y pryd yn unig. Ond gall y ddamcaniaeth hon gael ei phrofi'n wyddonol yn well na damcaniaeth seicodynamig Freud. Gall y ddamcaniaeth ymddygiadol gael ei beirniadu hefyd, oherwydd er ei bod yn cynnwys ymchwil gwyddonol wedi'i seilio yn y labordy, dydy'r ymchwil ddim yn gysylltiedig â throsedd mewn sefyllfa go iawn, ac felly does ganddi ddim **dilysrwydd ecolegol**.

DULL GWYDDONOL

Os oes sail wyddonol i ddamcaniaeth, bydd hyn yn cael ei ystyried yn fantais fawr wrth werthuso'r ddamcaniaeth honno.

Datblygu ymhellach

Allwch chi ddatblygu'r pwynt gwerthuso olaf ar y ddamcaniaeth ymddygiadol, fel sydd i'w weld yn yr ateb ar y chwith?

Term allweddol

Dilysrwydd ecolegol: i ba raddau gall canfyddiadau astudiaeth ymchwil gael eu cyffredinoli i sefyllfaoedd bywyd go iawn.

RHESTR WIRIO – A YDYCH CHI'N GALLU:

☐ gwerthuso pob damcaniaeth fiolegol

☐ gwerthuso pob damcaniaeth unigolyddol

☐ gwerthuso pob damcaniaeth gymdeithasegol?

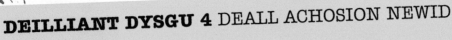

DEILLIANT DYSGU 4 DEALL ACHOSION NEWID
MEWN POLISI

MPA4.1 ASESU'R DEFNYDD O DDAMCANIAETHAU TROSEDDEGOL WRTH LYWIO'R BROSES O DDATBLYGU POLISI

Gweler tudalennau 122–131 yn y gwerslyfr.

Mae'r MPA hwn yn gofyn i chi ystyried syniadau sydd wedi eu creu ar sail y damcaniaethau troseddegol. Mae'r syniadau neu'r polisïau yn ystyried dulliau o reoli troseddu. Gallan nhw fod yn rhai ffurfiol sy'n cael eu rhoi ar waith fel deddfau neu reolau, neu gallan nhw fod yn syniadau anffurfiol neu answyddogol y mae'n bosibl eu dilyn ond heb fod yn orfodol. Mae'r polisïau ffurfiol yn cael eu rhoi ar waith gan y llywodraeth fel arfer.

POLISI

Mae pob un o'r polisïau yn y MPA hwn yn gysylltiedig â'r damcaniaethau troseddegol.

🔍 Gweithgaredd 2.19

Dyma restr o bolisïau ffurfiol ac anffurfiol sydd wedi cael eu datblygu o syniadau sy'n gysylltiedig â'r damcaniaethau troseddegol. Allwch chi eu rhoi nhw yng ngholofn gywir y tabl isod?

- dedfryd o garchar
- cadw plant i mewn yn yr ysgol
- gorchmynion cymunedol, gan gynnwys mechnïaeth
- cyrffyw
- atal arian poced
- rhieni yn atal plant rhag mynd allan
- dirwyon
- therapi ymddygiad gwybyddol (*cognitive behaviour*).

Cyngor ✔

Fel y gallwch ei weld, y sgìl allweddol yn y MPA hwn yw 'asesu'. Felly byddwch yn barod i roi sylwadau yn asesu a yw'r polisïau yn gweithio neu beidio, ac a ydyn nhw'n llwyddo i atal neu reoli trosedd.

Polisïau ffurfiol	Polisïau anffurfiol

Damcaniaethau unigolyddol sy'n sail i'r broses o ddatblygu polisi

Gweithgaredd 2.20

Darllenwch y senario tebyg i arholiad isod, yna atebwch y cwestiwn sy'n dilyn.

Cwestiwn enghreifftiol

Mae Glenn, sy'n 20 oed, wedi bod yn troseddu ers iddo fod yn ddeg oed, pan wahanodd ei rieni a phan aeth yntau i fyw gyda'i nain/mam-gu. Roedd yn dwyn o siopau lleol ar y dechrau, ond mae ei ymddygiad troseddol wedi dod yn fwy difrifol. Erbyn hyn mae'n delio â chyffuriau. Mae Glenn yn ddyn ifanc blin iawn, ac mae ganddo dair euogfarn am ymosod ac achosi gwir niwed corfforol hefyd.

Aseswch bolisïau unigolyddol perthnasol a allai fod yn briodol i atal Glenn rhag troseddu yn y dyfodol. [7 marc]

Damcaniaethau biolegol sy'n sail i'r broses o ddatblygu polisi

Niwrogemegion

Gweithgaredd 2.21

Gan ddefnyddio'r hyn rydych chi'n ei wybod am effeithiau niwrogemegion mewn bwyd, cynlluniwch fwydlen ar gyfer prydau bwyd mewn Sefydliad Troseddwyr Ifanc. Ceisiwch gynllunio prydau gan ddefnyddio bwyd sy'n cael effaith gadarnhaol ar y carcharorion, ac yn eu tawelu.

Gall serotonin gael dylanwad cadarnhaol ar ymddygiad ymosodol, ac mae i'w gael mewn bwydydd fel wyau, eog, twrci, cnau a hadau.

> **Term allweddol**
>
> **Niwrogemegion:** cemegion sy'n gallu trosglwyddo signalau i reoli meddyliau ac emosiynau.

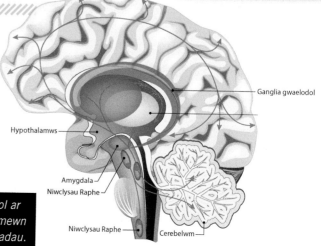

Ganglia gwaelodol

Hypothalamws

Amygdala

Niwclysau Raphe

Niwclysau Raphe

Cerebelwm

Ewgeneg

Gwyliwch y fideo YouTube 'Mad Science: Eugenics and Selective Breeding' (https://www.youtube.com/watch?v=gWur8Rbc3hc) ac atebwch y cwestiynau canlynol:

1. Beth yw ystyr yr ymadrodd yn y fideo 'modern dog breeds are genetically disconnected from their ancient ancestors'?
2. Ac eithrio cŵn, beth sydd wedi cael ei ddefnyddio ar gyfer bridio detholus?
3. Pam mae planhigion a chnydau wedi cael eu haddasu'n enynnol?
4. Pwy wnaeth fathu'r term ewgeneg i olygu 'wedi'i eni'n dda'?
5. Sut roedd ewgeneg yn cael ei hystyried ar ddiwedd y bedwaredd ganrif ar bymtheg a dechrau'r ugeinfed ganrif?
6. Beth yw'r safbwyntiau modern ar ewgeneg?

Y gosb eithaf

Gweler tudalen 126 yn y gwerslyfr.

1. Darllenwch 'Is the Death Penalty a Deterrent?' ar wefan the Death Penalty Information Center (https://deathpenaltyinfo.org/study-88-criminologists-do-not-believe-death-penalty-effective-deterrent), sy'n safle Americanaidd. Yna gwnewch nodiadau a defnyddiwch ystadegau i benderfynu a yw'r gosb eithaf yn atal trosedd.
2. Gwyliwch 'Capital Punishment is Still Practised in One European Country. Which is it?', fideo ar YouTube gan *The Economist* (https://www.youtube.com/watch?v=TND3V3cS5iw) a defnyddiwch rai o'r sylwadau i ysgrifennu rhestr o resymau dros ddileu'r gosb eithaf.

Y gosb eithaf yw'r dull biolegol mwyaf eithafol o reoli trosedd.

Damcaniaethau cymdeithasegol sy'n sail i'r broses o ddatblygu polisi

Gweler tudalennau 127–131 yn y gwerslyfr.

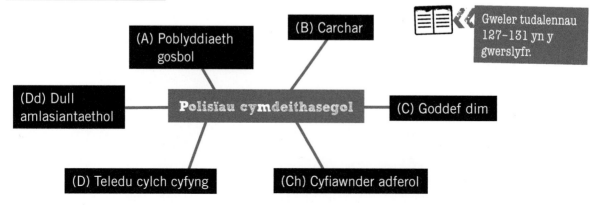

(A) Poblyddiaeth gosbol

(B) Carchar

(Dd) Dull amlasiantaethol

Polisïau cymdeithasegol

(C) Goddef dim

(D) Teledu cylch cyfyng

(Ch) Cyfiawnder adferol

Gweithgaredd 2.22

Mae'r pwyntiau isod yn ymwneud ag un o'r polisïau cymdeithasegol sydd yn y map meddwl ar dudalen 84 gyferbyn. Gan ddefnyddio'r gwerslyfr – lle gallwch chi weld yr holl osodiadau – cysylltwch bob datganiad â'r polisi cywir, gan ddefnyddio'r llythrennau yn y diagram ar dudalen 84.

1. Dyma un o'r ceisiadau cyntaf gan yr heddlu ar ddechrau'r ymholiadau.

2. Ymdrechion y llywodraeth i gynnig deddfau i gosbi troseddwyr a fydd yn boblogaidd gan y cyhoedd.

3. Er enghraifft, mae'n bosibl atal problemau fel materion diogelu neu gam-drin domestig.

4. Mae'r strategaeth yn seiliedig ar y ddamcaniaeth 'ffenestri wedi'u torri', a ddatblygwyd gan George Kelling a James Wilson.

5. Dyma broses wirfoddol sy'n cynnwys yr unigolyn sydd wedi dioddef niwed a'r un sydd wedi achosi'r niwed.

6. Un o'r prif ffyrdd mae cymdeithas yn ceisio rheoli troseddu.

Mae defnyddio teledu cylch cyfyng yn ddechneg ymchwiliol bwysig.

Term allweddol

Llywio: rhoi gwybodaeth neu gael effaith/ arweiniad ar rywbeth.

RHESTR WIRIO – A YDYCH CHI'N GALLU:

☐ deall ystyr yr ymadrodd 'asesu'r defnydd o ddamcaniaethau troseddegol wrth lywio'r broses o ddatblygu polisi'

☐ rhoi enghreifftiau o bolisïau ffurfiol

☐ rhoi enghreifftiau o bolisïau anffurfiol

☐ asesu'r defnydd o ddamcaniaethau biolegol wrth lywio'r broses o ddatblygu polisi

☐ asesu'r defnydd o ddamcaniaethau unigolyddol wrth lywio'r broses o ddatblygu polisi

☐ asesu'r defnydd o ddamcaniaethau cymdeithasegol wrth lywio'r broses o ddatblygu polisi?

MPA4.2 ESBONIO SUT MAE NEWIDIADAU CYMDEITHASOL YN EFFEITHIO AR Y BROSES O DDATBLYGU POLISI

Gweler tudalennau 132–136 yn y gwerslyfr.

Mae'r MPA hwn yn ymwneud â chymdeithas, sut gall safbwyntiau pobl newid, a sut mae deddfau neu bolisïau hefyd yn newid o ganlyniad i hyn. Mae cysylltiad rhwng hyn a MPA1.2 yn Uned 2. Ond mae'r pwyslais yno ar ystyried sut mae gan gymdeithasau neu ddiwylliannau gwahanol ddeddfau gwahanol; mae'r MPA hwn, ar y llaw arall, yn canolbwyntio ar sut mae polisi yn datblygu o fewn yr un gymdeithas.

Cyswllt synoptig

Mae canfyddiad y cyhoedd o drosedd yn golygu bod modd creu cyswllt synoptig ag Uned 1 MPA1.5, tudalennau 38–42 yn y gwerslyfr.

Gwerthoedd cymdeithasol, normau a moesau

Mae'r tabl ar dudalen 87 yn dangos y gwahaniaethau rhwng y termau uchod, ac yn cynnwys enghreifftiau cyfoes allai gael eu defnyddio wrth ateb cwestiwn arholiad ar y testun hwn.

Cyngor ✓

Ni fydd cwestiwn arholiad yn gofyn i chi drafod deddfau penodol fel ysmygu, cyfunrywioldeb neu hawliau menywod. Ond dyma'r mathau o ddeddfau fydd yn eich galluogi chi i ateb cwestiwn mwy cyffredinol ar y MPA hwn. Gallai geiriad cwestiwn arholiad yn y maes hwn gynnwys y termau canlynol:
- gwerthoedd cymdeithasol, normau a moesau
- canfyddiad y cyhoedd o droseddoldeb
- strwythur cymdeithas
- newidiadau demograffig
- newidiadau diwylliannol

Wrth i gymdeithas newid, mae'r gyfraith yn newid hefyd.

NEWID

	Diffiniad	Enghraifft	Enghraifft gyfoes o ddatblygiad polisi
Gwerthoedd cymdeithasol	Rheolau sylfaenol y mae'r rhan fwyaf o bobl mewn diwylliant yn eu rhannu, neu'r syniadau maen nhw'n eu hystyried yn werthfawr. Maen nhw'n ganllawiau mwy cyffredinol na normau.	Mae'r rhan fwyaf o bobl yn credu y dylen ni barchu pobl hŷn.	**Olew canabis**: mae canabis yn gyffur rheoledig ar hyn o bryd, yn ôl Deddf Camddefnyddio Cyffuriau 1971. Ond ym mis Gorffennaf 2018, cyhoeddodd yr Ysgrifennydd Cartref Sajid Javid y byddai'n gyfreithlon i feddygon arbenigol yn y DU roi meddyginiaethau sy'n seiliedig ar ganabis ar bresgripsiwn.
Normau	Disgwyliadau cymdeithasol sy'n llywio ymddygiad ac sy'n esbonio pam mae pobl yn ymddwyn ac yn gweithredu fel y maen nhw. Maen nhw'n atal ymddygiad gwyrdroëdig. Dyma'r ymddygiad sydd i'w ddisgwyl gan bobl, ond gallai amrywio o un diwylliant i'r llall.	Er enghraifft, yn y DU mae pobl fel arfer yn gwisgo dillad tywyll mewn angladdau, ond yn China gwyn yw lliw galaru.	**Sylweddau seicoweithredol/ cyffuriau penfeddwol cyfreithlon (*legal highs*) newydd**: mae'r cemegion hyn yn cael eu gwerthu ag enwau fel 'spice' a 'black mamba', gyda'r bwriad o roi'r un effaith â chyffuriau fel canabis a chocên i'r defnyddwyr. Roedden nhw'n gyfreithlon nes cyhoeddwyd Deddf Sylweddau Seicoweithredol 2016.
Moesau	Ffyrdd da o ymddwyn yw moesau. Normau y byddai diwylliant yn eu hystyried yn rhy ddifrifol i'w torri ydyn nhw.	Enghraifft o hyn yw llofruddiaeth	***Upskirting***: tynnu lluniau o dan ddillad rhywun, heb ganiatâd a heb iddyn nhw wybod, am resymau rhywiol. Erbyn hyn mae wedi dod yn drosedd benodol, â chosb o hyd at ddwy flynedd yn y carchar.

Cwestiwn enghreifftiol

Roedd **papur arholiad Uned 2 2017** yn cynnwys y cwestiwn canlynol:

Trafodwch sut gall newidiadau cymdeithasol effeithio ar ddatblygiad polisi. [8 marc]

Mae'r math o wybodaeth fyddai'n cael ei gynnwys mewn ateb i'w weld ar dudalen 88.

Datblygu ymhellach

Ymchwiliwch i'r sefyllfa bresennol ar roi cynnyrch olew canabis ar bresgripsiwn. Yn benodol, nodwch yr amodau cyfyngedig lle mae'n debygol o gael ei roi ar bresgripsiwn. Byddai'n syniad da i chi ddarllen 'Medical Cannabis (and Cannabis Oils)' ar wefan y GIG (https://www.nhs.uk/conditions/medical-cannabis/).

Y gosb eithaf

- Yn y ddeunawfed ganrif, roedd cymdeithas yn cymeradwyo'r gosb eithaf gan ei bod yn diogelu'r dosbarthiadau uwch a'u heiddo. Ond wrth i amser fynd yn ei flaen, cafodd y gosb ei chyfyngu i bobl oedd yn euog o lofruddiaeth neu frad.

- Arweiniodd newidiadau pellach at ei dileu dros dro am lofruddiaeth yn 1965.

- Cafodd ei dileu'n barhaol am lofruddiaeth yn 1969, ond parhaodd am uchel frad tan 1999 oherwydd y Confensiwn Ewropeaidd ar Hawliau Dynol.

- Newidiodd y farn gyhoeddus yn sgil achosion o gamweinyddu cyfiawnder, fel rhai Derek Bentley a Timothy Evans.

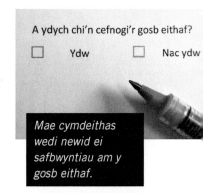

A ydych chi'n cefnogi'r gosb eithaf?

☐ Ydw ☐ Nac ydw

Mae cymdeithas wedi newid ei safbwyntiau am y gosb eithaf.

Cam-drin domestig

- Newid cymdeithasol yn ymwneud â safle a statws menywod mewn cymdeithas. Er enghraifft, ar ddechrau'r ugeinfed ganrif, ychydig iawn o hawliau oedd gan fenywod; ond yn 1918 enillon nhw yr hawl i bleidleisio.

- 'Synnwyr y fawd' – roedd cred gyffredinol ei bod yn iawn i ddyn guro ei wraig â ffon, ar yr amod nad oedd y ffon yn fwy trwchus na'i fawd.

- Agweddau cyfreithiol yn newid dros amser. Achosion fel *R* v *R*, a sefydlodd y posibilrwydd o dreisio o fewn priodas.

- Agweddau plismona yn newid dros amser o agwedd *laissez-faire* i sefydlu Unedau Trais Domestig arbenigol. Dilynwyd hyn gan ddeddfwriaeth yn 1996 (Deddf Cyfraith Teulu) ac yn 1997 (Deddf Diogelwch rhag Aflonyddu).

- Nifer o ddeddfau gwrthwahaniaethu.

- Cynllun Datgelu Trais Domestig (Deddf Clare).

Gweler tudalen 86 yn y gwerslyfr i gael manylion am achos Derek Bentley, a thudalen 200 am achos Timothy Evans.

Gweler tudalen 142 yn y gwerslyfr i ddarllen rhagor am ddeddf Clare.

Mae deddfau cam-drin domestig wedi newid yn sylweddol dros y 50 mlynedd diwethaf.

Hunanladdiad â chymorth

- Roedd hunanladdiad yn drosedd ac yn bechod marwol yn wreiddiol, gan olygu na fyddai person yn cael claddedigaeth Gristnogol os oedd wedi ei ladd ei hun.

- Newid mewn polisi cymdeithasol, pan gafodd y weithred ei dad-droseddoli gan Ddeddf Hunanladdiad 1961.

- Mae hunanladdiad â chymorth yn dal i fod yn drosedd. Y gosb yw hyd at 14 blynedd yn y carchar.

- Cyflwyno 'canllawiau' gan y Cyfarwyddwr Erlyniadau Cyhoeddus sy'n nodi pryd mae rhywun yn debygol ac yn annhebygol o gael ei erlyn. Cyfeirio at achos Debbie Purdy.

- Mae cynigion i gyfreithloni hunanladdiad â chymorth wedi methu. Yn fwyaf diweddar, methodd 'Mesur Marw â Chymorth' yr Arglwydd Falconer.

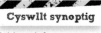

Cyswllt synoptig

I Uned 1 ac ymgyrchoedd dros newid.

Newidiadau demograffig

Mae troseddegwyr yn defnyddio demograffeg i ddeall y rhesymau dros droseddu, lleoliad troseddau a phwy yw'r troseddwyr. Mae'n bosibl astudio agweddau ar ddemograffeg fel oedran, hil, rhywedd a dosbarth cymdeithasol er mwyn rhoi gwybodaeth am ymddygiad troseddol.

Cyswllt synoptig

Gall yr ystadegau a roddwyd ar gyfer newidiadau demograffig gysylltu ag Uned 1 MPA1.6 'Gwerthuso dulliau o gasglu ystadegau am drosedd', sef tudalennau 43–45 yn y gwerslyfr.

Gall demograffeg helpu i esbonio troseddoldeb.

Cwestiwn enghreifftiol

Roedd papur arholiad **Uned 2 2018** yn gofyn y cwestiwn canlynol:

Esboniwch sut gall gwerthoedd cymdeithasol, normau a moesau effeithio ar ddatblygiad polisi. [7 marc]

Gan ddefnyddio'r cynllun marcio isod, penderfynwch faint o farciau byddech chi'n eu rhoi i Ateb B ar y dudalen nesaf.

0 marc: Does dim byd yn haeddu marc.

1–3 marc: Mae'r atebion yn esbonio sut gall gwerthoedd cymdeithasol, normau a moesau effeithio ar ddatblygiad polisi, ond does dim llawer o fanylion. Mae'r atebion yn cyfleu ystyr, ond does dim digon o fanylder. Ychydig/dim defnydd o eirfa arbenigol.

4–6 marc: Mae'r atebion yn esbonio yn eithaf manwl sut gall gwerthoedd cymdeithasol, normau a moesau effeithio ar ddatblygiad polisi. Mae'r atebion yn cyfleu ystyr gyda pheth defnydd o eirfa arbenigol.

7 marc: Mae'r atebion yn esbonio'n fanwl sut gall gwerthoedd cymdeithasol, normau a moesau effeithio ar ddatblygiad polisi. Mae'r atebion wedi'u strwythuro'n dda ac wedi'u mynegi'n glir. Defnyddir termau arbenigol mewn ffordd naturiol a chywir.

Term allweddol

Demograffeg: gwybodaeth am boblogaeth benodol.

Datblygu ymhellach

Mae'r Swyddfa Ystadegau Gwladol yn casglu ystadegau trosedd ar gyfer Cymru a Lloegr. Ewch i weld y datganiad bwletin canlynol, 'Crime in England and Wales: Year Ending March 2018' (https://www.ons.gov.uk/peoplepopulationand community/crimeandjustice/bulletins/crimeinenglandand wales/yearendingmarch 2018), a chofnodwch rai ystadegau ar gyfer y 12 mis blaenorol. Yna ystyriwch a allai demograffeg gynnig rhesymau dros yr ystadegau.

Mae'r MPA hwn wedi ymddangos mewn papurau arholiad diweddar.

Atebion enghreifftiol

Ateb A

Gall sut mae cymdeithas yn portreadu ymddygiad penodol gael effaith fawr ar y ffordd o ddelio â'r ymddygiad hwn. Gall normau a gwerthoedd cymdeithas gael effaith enfawr ar ddeddfu, diwygio deddfau neu ddileu deddfau drwy ddulliau fel ymgyrchu neu ddad-droseddoli. Roedd cyfunrywioldeb yn anghyfreithlon cyn 1967; ond dros amser, newidiodd pobl mewn cymdeithas eu hagweddau at y pwnc, gan ddod yn fwy parod i'w dderbyn. Arweiniodd hyn yn y pen draw at briodasau o'r un rhyw.

Yn achos ysmygu hefyd, roedd cymdeithas yn arfer bod yn eithaf agored i'r arfer hwnnw, ac yn ei dderbyn. Ond ers i dystiolaeth feddygol ddangos y cysylltiadau â chanser a mathau eraill o salwch, mae safbwyntiau cymdeithas wedi newid. Cafodd deddfau fel y rhai yn erbyn ysmygu mewn adeiladau cyhoeddus eu cyflwyno yn 2007. Mae deddfau newydd neu bolisïau newydd wedi cael eu rhoi ar waith i fynd i'r afael â throseddu, a gwneud cymdeithas yn lle mwy diogel. Hefyd, bydd rhai polisïau anffurfiol fel strategaethau cymunedol, yn hytrach na deddfau'r llywodraeth, yn cael eu siapio gan gymdeithas gan eu bod yn ddibynnol ar safbwyntiau cymdeithas.

Byddai'r ateb hwn yn cael 5/7. Mae'r ateb isod yn dangos sut gellir ei wella drwy ychwanegu'r darnau sydd mewn print trwm.

Ateb B

Gall sut mae cymdeithas yn portreadu ymddygiad penodol gael effaith fawr ar y ffordd o ddelio â'r ymddygiad hwn. Gall normau a gwerthoedd cymdeithas gael effaith enfawr ar ddeddfu, diwygio deddfau neu ddileu deddfau, a hynny drwy ddulliau fel ymgyrchu neu ddad-droseddoli. Roedd cyfunrywioldeb yn anghyfreithlon cyn 1967, **pan osodwyd 21 oed yn oed cydsynio ar gyfer cyfunrywioldeb. Yn y pen draw, cafodd yr oedran ei ostwng i 16 oed gan Ddeddf Troseddau Rhyw (Diwygio) 2000**. Ond dros amser, newidiodd pobl mewn cymdeithas eu hagweddau at y pwnc, gan ddod yn fwy parod i'w dderbyn. Arweiniodd hyn yn y pen draw at briodasau o'r un rhyw **yn 2014 gyda Deddf Priodasau (Cyplau o'r Un Rhyw) 2013**.

Cyngor

Ychwanegwch enghreifftiau bob amser mewn ateb arholiad i godi eich marciau. Gall hyn gynnwys enwi cyfreithiau neu Ddeddfau Seneddol i roi manylion.

Ni chaniateir ysmygu yn unman ar y safle

Smoking is not allowed anywhere on this site

Yn achos ysmygu hefyd, roedd cymdeithas yn arfer bod yn eithaf agored i'r arfer hwnnw, ac yn ei dderbyn. Ond ers i dystiolaeth feddygol, **yn enwedig Adroddiad y Llawfeddyg Cyffredinol (UDA) yn 1964**, ddangos y cysylltiadau â chanser a mathau eraill o salwch, mae safbwyntiau cymdeithas wedi newid. Cafodd deddfau fel y rhai yn erbyn ysmygu mewn adeiladau cyhoeddus eu cyflwyno yn 2007 **gan Ddeddf Iechyd 2006**. Mae deddfau newydd neu bolisïau newydd wedi cael eu rhoi ar waith i fynd i'r afael â throseddu, a gwneud cymdeithas yn lle mwy diogel. **Roedd deddfau o'r fath yn cynnwys Deddf Plant a Theuluoedd 2014; a oedd yn galluog'r llywodraeth i weithredu rheoliadau yn gwahardd ysmygu mewn cerbydau pan fydd plant yn bresennol.** Hefyd, bydd rhai polisïau anffurfiol fel strategaethau cymunedol, yn hytrach na deddfau'r llywodraeth, yn cael eu siapio gan gymdeithas gan eu bod yn ddibynnol ar safbwyntiau cymdeithas. **Gallai hyn gynnwys cynnig grwpiau ieuenctid, a chyrsiau cymunedol i addysgu pobl.**

Profi eich hun

1. Sut mae safbwyntiau cymdeithas am ysmygu wedi newid dros amser?
2. Rhowch ddwy enghraifft o newid yn y gyfraith ar ysmygu sigaréts.
3. Esboniwch sut mae'r gyfraith ar gyfunrywioldeb wedi newid, a phryd digwyddodd hyn.
4. Pryd a pham gwnaeth Cymru a Lloegr ddileu'r gosb eithaf?
5. Enwch Ddeddf Seneddol sy'n cefnogi hawliau menywod.
6. Fel cyswllt synoptig, enwch ymgyrch dros newid y gellir ei chysylltu â'r deddfau sy'n newid ynghylch cam-drin domestig.

RHESTR WIRIO – A YDYCH CHI'N GALLU:

☐ esbonio a rhoi enghreifftiau o'r termau 'gwerthoedd cymdeithasol', 'normau' a 'moesau'

☐ esbonio amrywiaeth o feysydd datblygu polisi sy'n gysylltiedig â newidiadau mewn cymdeithas

☐ deall y cysylltiadau synoptig ag Uned 1 a chanfyddiad y cyhoedd o drosedd, gan werthuso dulliau o gasglu ystadegau am drosedd ac ymgyrchu dros newid y gyfraith neu gyflwyno polisi newydd?

Chwilio'r we

Darllenwch yr erthygl gan Olivia Petter (2018, 29 Hydref) 'Upskirting: What is it and Why are People Trying to Make it Illegal?' a gwyliwch y clip fideo byr (y ddau yn https://www. independent.co.uk/life-style/ upskirting-explained-law-rules-criminal-offence-photos-skirt-consent-women-gina-martin-a8401011.html).

Nawr atebwch y cwestiynau:
1. Sut byddech chi'n diffinio 'upskirting'?
2. Faint o garchar gaiff pobl os ydyn nhw'n euog o'r drosedd?
3. Beth yw'r gwahaniaeth rhwng y ddeddf ar 'upskirting' yng Nghymru a Lloegr, ac yn yr Alban?
4. Esboniwch y dulliau ymgyrchu i hyrwyddo'r ymgyrch.
5. Er i'r cynnig hwn gael ei atal, ymchwiliwch i safbwynt presennol y llywodraeth ar y polisi.

Mae'r llywodraeth wedi ei gwneud yn drosedd i dynnu lluniau o dan ddillad rhywun heb ganiatâd (upskirting).

Cyswllt synoptig

Gallai'r ymgyrch gael ei hastudio o dan fwy nag un MPA yn Uned 1, gan ei bod yn ymgyrch dros newid.

MPA4.3 TRAFOD SUT MAE YMGYRCHOEDD YN EFFEITHIO AR Y BROSES O LUNIO POLISI

Gweler tudalennau 137–144 yn y gwerslyfr.

Cyswllt synoptig

Mae'r MPA hwn yn gyswllt synoptig allweddol i Uned 1. Ymgyrchoedd dros newid yw pwyslais Uned 1, ac mae'r MPA hwn yn canolbwyntio ar sut gall ymgyrchoedd effeithio ar ddatblygu polisi neu newid y gyfraith.

Cyngor

Yn eich ateb, gwnewch yn siŵr eich bod yn gallu cynnwys manylion y newidiadau polisi neu'r ddeddf y mae'r ymgyrchoedd wedi'u helpu i'w cyflwyno.

Gweithgaredd 2.23

Ymgyrch

Cysylltwch yr ymgyrch â'r datblygiad polisi:

A. Deddf Sarah ☐

B. Ymgyrch 'Equal Love' a grwpiau eraill sy'n cefnogi perthnasoedd o'r un rhyw ☐

C. Ymgyrch Bobby Turnbull ☐

CH. Ymgyrch Ann Ming/ymgyrch Stephen Lawrence ☐

D. Deddf Lillian ☐

DD. Deddf Clare ☐

E. Ymgyrch Brexit ☐

F. ASH/y British Lung Foundation, ac elusennau iechyd eraill ☐

Datblygiad polisi

1. Rheoliadau Gyrru ar Gyffuriau (Terfynau Penodedig) (Cymru a Lloegr) 2014
2. Diwygio Deddf Arfau Tanio 1968, gan atal unrhyw un sy'n cael dedfryd ohiriedig o dri mis neu ragor am unrhyw drosedd rhag prynu gwn neu fod ag un yn ei feddiant
3. Deddf Iechyd 2006, yn gwahardd ysmygu mewn mannau cyhoeddus ac mewn ardaloedd gwaith sy'n gaeedig neu'n sylweddol gaeedig
4. Deddf yr Undeb Ewropeaidd (Ymadael) 2018
5. Deddf Priodasau (Cyplau o'r un Rhyw) 2013 a chyfreithloni priodasau o'r un rhyw
6. Deddf Cyfiawnder Troseddol 2003 – dileu'r gyfraith ar erlyniad dwbl ar gyfer llofruddiaeth a throseddau difrifol eraill
7. Cynllun Datgelu Cam-drin Domestig
8. Cynllun Datgelu Troseddwyr Rhyw yn erbyn Plant

YMGYRCH

Mae ymgyrchoedd yn helpu i hyrwyddo datblygu polisi.

Cyngor

Ni fydd cwestiwn yn enwi ymgyrch ac yn gofyn i chi ei thrafod, ond efallai y bydd gofyn i chi drafod:
- ymgyrchoedd unigol a/neu
- ymgyrchoedd papur newydd a/neu
- ymgyrchoedd carfanau pwyso.

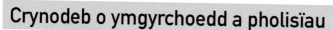

Crynodeb o ymgyrchoedd a pholisïau

Ymgyrch	Math o ymgyrch	Rheswm dros yr ymgyrch	Dulliau ymgyrchu	Polisi a gyflwynwyd
Deddf Sarah Cafodd Sarah Payne ei herwgydio a'i lladd yn 2000.	Papur newydd/ unigol. Roedd y *News of the World* yn cefnogi'r ymgyrch a gafodd ei harwain gan fam Sarah, Sara Payne. Roedd yr ymgyrch hon yn debyg i ymgyrch Americanaidd deddf Megan.	Herwgydio a llofruddio Sarah, oedd yn wyth oed, gan Roy Whiting, a oedd ar y Gofrestr Troseddwyr Rhyw am herwgydio ac ymosod yn anweddus ar ferch ifanc.	Casglwyd 700,000 o enwau ar ddeiseb a gafodd ei hyrwyddo gan y *News of the World*.	Cynllun Datgelu Troseddwyr Rhyw yn erbyn Plant. Mae'n rhoi cyfle i bobl sy'n gallu amddiffyn plant i wneud cais am fanylion pobl sy'n byw yn yr ardal os oes ganddyn nhw euogfarnau am droseddau rhyw yn erbyn plant. Cynllun peilot oedd hwn yn wreiddiol, ond cafodd ei gyflwyno a'i ymestyn i bob rhan o Gymru a Lloegr yn 2011.
Ymgyrch Bobby Turnbull Bobby Turnbull	Ymgyrch unigol. Dechreuodd Bobby Turnbull ymgyrch i newid y deddfau gynnau ar ôl i aelodau o'i deulu gael eu saethu a'u lladd.	Ar ddydd Calan 2012, lladdwyd mam, chwaer a modryb Bobby Turnbull gan Michael Atherton. Roedd gan Atherton hanes o drais domestig. Roedd ei ynnau wedi cael eu cymryd oddi arno ar un adeg, ond cawson nhw eu rhoi'n ôl iddo yn ddiweddarach.	Casglwyd 20,000 o enwau ar ddeiseb i newid y deddfau gynnau. Ymddangosodd Bobby Turnbull ar y cyfryngau yn rheolaidd hefyd, a bu'n lobïo ASau.	Diwygiad i Ddeddf Arfau Tanio 1968, yn atal unrhyw un sy'n derbyn dedfryd ohiriedig o dri mis neu ragor, am unrhyw drosedd, rhag prynu gwn na bod ag un yn ei feddiant. Hefyd, ar ôl pob achos o drais domestig, bydd yr heddlu yn adolygu tystysgrif gwn y person dan sylw.

(Parhad) ⟫⟫

Ymgyrch	Math o ymgyrch	Rheswm dros yr ymgyrch	Dulliau ymgyrchu	Polisi a gyflwynwyd
Deddf Lillian Lladdwyd Lillian Groves gan yrrwr oedd wedi cymryd cyffuriau.	Ymgyrch unigol. Arweiniwyd yr ymgyrch gan deulu Lillian, gan nad oedd troseddau penodol i ymdrin â gyrru ar gyffuriau, yn wahanol i yfed a gyrru.	Roedd Lillian Groves yn 14 oed pan gafodd ei lladd gan yrrwr car oedd wedi cymryd canabis. Arweiniodd mam a thad Lillian yr ymgyrch dros newid y deddfau yn ymwneud â gyrru ar gyffuriau.	Llofnodwyd deiseb gan dros 22,000 o bobl. Ysgrifennodd Mrs Natasha Groves at bob AS, yn eu hannog i gefnogi'r newidiadau yn y Senedd. Ymddangosodd hi ar raglen deledu *This Morning* gyda modryb Lillian hefyd.	Daeth Rheoliadau Gyrru ar Gyffuriau (Terfynau Penodedig) (Cymru a Lloegr) 2014 i rym ym mis Mawrth 2015. Roedd y newidiadau'n cynnwys gwneud gyrru ar gyffuriau yn drosedd benodol, a chyflwyno archwiliadau cyffuriau ar hap.

Cwestiynau enghreifftiol

Mae cwestiynau arholiad blaenorol ar y MPA hwn yn cynnwys y canlynol:

Papur arholiad Uned 2 2017 *Esboniwch sut gallai ymgyrchoedd fel un i ailgyflwyno'r gosb eithaf gael dylanwad ar lunio polisi. [5 marc]*

Papur arholiad Uned 2 2018 *Trafodwch ymgyrchoedd sydd wedi arwain at newid yn y gyfraith. [8 marc]*

Gan ddefnyddio'r cynllun marcio isod, ystyriwch faint o farciau mae'r ateb enghreifftiol i **gwestiwn arholiad Uned 2 2018** uchod yn eu haeddu. Mae'r ateb i'w weld ar dudalen 95. Yna gwiriwch eich barn yn erbyn yr atebion posibl ar-lein.

1–3 marc: Mae'r atebion yn trafod ymgyrchoedd sydd wedi arwain at newid yn y gyfraith, ond does dim llawer o fanylion. Mae'r atebion yn cyfleu ystyr, ond does dim digon o fanylder. Ychydig/dim defnydd o eirfa arbenigol.

4–6 marc: Mae'r atebion yn trafod yn eithaf manwl rai ymgyrchoedd sydd wedi arwain at newid yn y gyfraith. Os cafodd un ymgyrch yn unig ei thrafod yn fanwl, uchafswm o 5 marc gaiff ei roi. Mae'r atebion yn cyfleu ystyr gyda pheth defnydd o eirfa arbenigol.

7–8 marc: Mae'r atebion yn trafod yn fanwl ymgyrchoedd sydd wedi arwain at newid yn y gyfraith. Mae'r atebion wedi'u strwythuro'n dda ac wedi'u mynegi'n glir. Defnyddir termau arbenigol mewn ffordd naturiol a chywir.

Chwilio'r we

Darllenwch 'How We Changed the Law on Stalking' (2012, 10 Ebrill) gan Harry Fletcher a Laura Richards ar wefan y *Guardian* (https://www.theguardian.com/society/2012/apr/10/how-we-changed-stalking-law), yna ymchwiliwch i'r ymgyrch i wneud stelcian yn drosedd. Cofnodwch fanylion tebyg i'r rhai yn y tabl uchod.

Ateb enghreifftiol

Un enghraifft o ymgyrch sydd wedi arwain at newid yn y gyfraith yw ymgyrch Deddf Sarah. Roedd Sarah yn ferch ifanc a gafodd ei threisio a'i lladd gan droseddwr rhyw hysbys yn yr ardal. Ymgyrchodd rhieni Sarah i gyflwyno deddf (yn debyg i ddeddf Megan yn UDA) fyddai'n gadael i rieni a gofalwyr holi'r heddlu a oedd unrhyw droseddwyr rhyw hysbys yn byw yn yr ardal. Ymgyrch arall a arweiniodd at newid y gyfraith oedd yr ymgyrch i ddileu'r gyfraith ar erlyniad dwbl. Cafodd Julie Hogg ei llofruddio gan ei chyn-gariad, Billy Dunlop. Daeth Dunlop o flaen y llys ddwywaith a'i gael yn ddieuog, ac felly cafodd ei adael yn rhydd. Ond ymgyrchodd rhieni Julie i ddileu'r gyfraith ar erlyniad dwbl. Drwy hynny, pe bai tystiolaeth newydd a grymus yn dod i law, yna byddai'n bosibl i'r sawl a ddrwgdybir wynebu treial arall. Cafodd Billy Dunlop ei gyhuddo, ei roi ar brawf a'i gael yn euog o lofruddio Julie o ganlyniad i'r newid yn y ddeddf. Ymgyrch arall yw ymgyrch gwrthysmygu ASH. Llwyddodd yr ymgyrch i wahardd oedolion rhag ysmygu mewn car os oes plentyn yn bresennol.

Cyngor ✓

Wrth ateb cwestiwn ar y MPA hwn, cofiwch esbonio pwy oedd yn hyrwyddo'r ymgyrch dros newid, a'r dulliau ymgyrchu a gafodd eu defnyddio. Yn ogystal, dylech chi ychwanegu enw'r newid – boed yn ddeddf, polisi, cynllun, ac ati. Ceisiwch gynnwys esboniad byr o'r newid gafodd ei gyflwyno hefyd.

Ymgyrch ddiweddar, sydd wedi helpu i gyflwyno gweinidog newydd yn y llywodraeth, yw'r un a sefydlwyd gan Matthew Smith, ar ôl i'w frawd Dan ei ladd ei hun. Ymunodd ag ymgyrch CALM (*Campaign Against Living Miserably*) a oedd wedi sefydlu Project 84. Cafodd y project yr enw hwnnw gan fod 84 o ddynion yn eu lladd eu hunain bob wythnos. Roedd eu dulliau ymgyrchu yn cynnwys deiseb a lwyddodd i gasglu bron 400,000 o enwau. At hynny, aethon nhw ati i godi 84 cerflun o ddynion ar ben to adeilad rhaglen deledu *This Morning*. O ganlyniad i'r ymgyrch, penodwyd gweinidog newydd, Jackie Doyle-Price, ym mis Hydref 2018. Enw'r swydd newydd yw'r Gweinidog dros Iechyd Meddwl, Anghydraddoldeb ac Atal Hunanladdiad.

CAMPAIGN AGAINST LIVING MISERABLY
CALM

Helpodd ymgyrch Matthew Smith i newid polisi'r llywodraeth ar atal hunanladdiad.

Profi eich hun

1. Rhowch enghraifft o ymgyrch unigol dros newid.
2. Rhowch enghraifft o ymgyrch bapur newydd dros newid.
3. Rhowch enghraifft o ymgyrch dros newid gan garfan bwyso.
4. Pa bapur newydd wnaeth gefnogi ymgyrch deddf Sarah?
5. Enwch y cynllun a gafodd ei gyflwyno o ganlyniad i ymgyrch deddf Sarah.
6. Pa ddeddf wnaeth Ann Ming geisio ei diddymu?
7. Pam dechreuodd Ann Ming ei hymgyrch?
8. Enwch y ddeddf a gafodd ei chyflwyno gan ymgyrchoedd fel un Ann Ming.
9. Pam gwnaeth Bobby Turnbull ymgyrchu i newid y deddfau gynnau?
10. Esboniwch y newidiadau cyfreithiol a gyflwynwyd o ganlyniad i ymgyrch deddf Lillian.
11. Enwch ddwy ymgyrch dros newid a gafodd eu cefnogi gan garfanau pwyso.

Ann Ming

RHESTR WIRIO – A YDYCH CHI'N GALLU:

☐ trafod sut mae ymgyrchoedd yn effeithio ar y broses o ddatblygu polisi

☐ ystyried amrywiaeth o ymgyrchoedd drwy esbonio sut cafodd y gyfraith ei newid

☐ trafod ymgyrchoedd papurau newydd

☐ trafod ymgyrchoedd unigol

☐ trafod ymgyrchoedd carfanau pwyso?

Syniadau am ymgyrchoedd

Os hoffech chi ymchwilio i rai ymgyrchoedd cyfredol, ewch i https://www.change.org/ lle gallwch ddod o hyd i sawl enghraifft a'u defnyddio yn eich astudiaethau.

UNED 3

O LEOLIAD Y DROSEDD I'R LLYS

MPA1.1 GWERTHUSO EFFEITHIOLRWYDD ROLAU PERSONÉL SY'N CYMRYD RHAN MEWN YMCHWILIADAU TROSEDDOL

Gwnewch yn siŵr eich bod yn cynnwys o leiaf pedair rôl, ynghyd â gwerthusiad manwl.

Gweler tudalennau 146–151 yn y gwerslyfr.

Rolau personél

Gweithgaredd 3.1

Ychwanegwch gryfderau a chyfyngiadau pob rôl at y map meddwl ar y dudalen nesaf.

Cyngor asesiad dan reolaeth

Dylai eich gwerthusiad ganolbwyntio bob amser ar ba mor effeithiol yw'r rolau hyn mewn ymchwiliad troseddol. Er enghraifft, ddylech chi ddim rhestru nodweddion cadarnhaol bod yn batholegydd neu swyddog yr heddlu yn unig. Yn hytrach, dylech chi nodi pa mor effeithiol (neu aneffeithiol) gall y rolau hyn fod mewn ymchwiliadau troseddol. Wrth ganolbwyntio ar gyfyngiadau, dylech chi ystyried cost, arbenigedd ac argaeledd.

Cyngor asesiad dan reolaeth

Mae'r MPA hwn yn werth 10 marc, ac mae'n gofyn i chi werthuso'r rolau. I gyrraedd y band marciau uchaf, dylech gynnwys gwerthusiad clir a manwl o effeithlonrwydd pob rôl mewn ymchwiliadau troseddol. Dylech gynnwys cryfderau, cyfyngiadau ac enghreifftiau o achosion i gefnogi eich gwerthusiad.

Angen rhai awgrymiadau? Cyfeiriwch at dudalennau 146–151 yn y gwerslyfr.

Swyddogion lleoliad y drosedd	
Cryfderau	Cyfyngiadau

Swyddogion heddlu	
Cryfderau	Cyfyngiadau

Gwerthuso effeithiolrwydd y rolau

Patholegwyr	
Cryfderau	Cyfyngiadau

Gwyddonwyr fforensig	
Cryfderau	Cyfyngiadau

Chwilio'r we

Ymchwiliwch i'r enghreifftiau canlynol o achosion, a chofnodwch eich ymchwil ar gyfer pob achos drwy ateb y cwestiynau isod:

Achosion
- Stephen Lawrence 1993
- Trychineb bêl-droed Hillsborough 1989
- Adam Scott 2011
- Ymchwiliad i Laddfa'r Alpau yn 2012.

1. Pa rolau personél sy'n gallu cael eu gwerthuso yn yr achos hwn?
2. A gafodd y personél eu defnyddio'n effeithiol neu'n aneffeithiol yn yr achos hwn? Sut?

Gweithgaredd 3.2

Amser i wella

Darllenwch y darn o MPA1.1 isod. Dyma un paragraff, wedi'i gymryd o MPA1.1, sy'n gwerthuso effeithiolrwydd swyddogion heddlu mewn ymchwiliadau troseddol.

Swyddogion heddlu

Mae swyddogion heddlu yn bwysyg iawn mewn ymchwiliadau troseddol.

Yn gyntaf, cyflog cychwynol swyddogion heddlu yw rhwng £19,971 a £23,000. Mae hyn yn cymell llawer o bobl i ymuno â'r proffessiwn, ac mae hyn yn golygu bydd llawer o swyddogion i helpu mewn ymchwiliadau troseddol. Gall swyddogion heddlu arbennigo yn yr heddlu mewn unedau/adranau fel arfau tanio neu'r CID (yr Adran Ymchwiliad Troseddol). Mae hyn yn golygu os ydych yn ymuno â'r heddlu mae llawer o lwybrai gallwch eu dilyn o ran gyrfa.

Fodd bynnag, ar adegau, gall yr heddlu wneud camgymeriadau yn ystod ymchwiliadau troseddol. Weithiau gall yr heddlu ddod o dan bwysau mawr iawn i atal troseddu neu arsetio troseddwyr a gall hyn arwain at camgymeriadau yn ystod ymchwiliadau.

Roedd swyddogion heddlu yn bresenol yn ystod achos Gareth Hughes.

Gallwch chi ddewis gwerthuso rôl swyddogion heddlu mewn ymchwiliadau troseddol fel rhan o MPA1.1.

Darllenwch sylwadau'r aseswr isod am ansawdd y paragraff hwn.

Sylwadau'r aseswr

- Mae'r ymgeisydd wedi dewis rôl personél berthnasol.

- Nid yw'r cryfderau yn canolbwyntio ar effeithiolrwydd swyddogion heddlu mewn ymchwiliadau troseddol, ond yn hytrach ar effeithiau cadarnhaol ymuno â'r heddlu. Byddai angen newid hyn a'i ddatblygu er mwyn ennill marciau uchel. Dylai'r ymgeisydd ychwanegu mwy o gryfderau at y paragraff hwn hefyd.

- Mae'r cyfyngiadau yn canolbwyntio ar effeithiolrwydd swyddogion heddlu yn ystod ymchwiliadau, ond does dim digon o drafod y cyfyngiadau. Byddai angen gwerthusiad manwl o bob rôl.

- Dylai'r cyfyngiadau gynnwys cost, arbenigedd ac argaeledd pob rôl er mwyn ennill marciau uchel. Does dim ystyriaeth o hyn yma.

(Parhad)

- Does dim cyfeiriad yma at enghraifft o achos sy'n bodoli'n barod i gefnogi'r gwerthusiad, fel Stephen Lawrence, neu Drychineb Hillsborough etc.

- Mae'n dda gweld cysylltiad â briff yr aseiniad, ond yr unig beth mae'r ymgeisydd yn ei ddweud yw bod swyddogion heddlu yn bresennol yn ystod achos Gareth Hughes. Yma, gallai'r ymgeisydd werthuso effeithiolrwydd y rolau yn achos Gareth Hughes er mwyn cefnogi ei sylwadau gwerthusol cyffredinol. Byddai hyn yn dystiolaeth o arfer da.

Eich tro chi yw hi nawr i wella'r paragraff hwn. Cywirwch unrhyw gamgymeriadau o ran llythrennedd, a defnyddiwch sylwadau'r aseswr i greu'r paragraff perffaith am swyddogion heddlu.

Gweithgaredd 3.3

Sut byddai'r pwyntiau yn yr adran 'Cysylltu â'r briff' ar y dudalen hon yn dangos pa mor effeithiol neu aneffeithiol oedd y swyddogion heddlu ym mriff Gareth Hughes?

RHESTR WIRIO – A YDYCH CHI WEDI CYNNWYS:

☐ amrywiaeth o bersonél – mae angen pedwar o leiaf

☐ gwerthusiad clir a manwl o effeithiolrwydd rolau personél mewn ymchwiliadau troseddol; mae angen cynnwys cryfderau a chyfyngiadau

☐ cyfyngiadau sy'n canolbwyntio ar gost, argaeledd ac arbenigedd

☐ enghreifftiau (achosion i gefnogi'r gwerthusiad)

☐ cysylltiadau â briff yr aseiniad lle mae hynny'n berthnasol?

Cysylltu â'r briff

Gareth Hughes

Ystyriwch rôl swyddogion yr heddlu yn achos Gareth Hughes:

- Roedd yr heddlu yn awyddus i'r wasg fod yn rhan o'r ymdrech i ddal y llofrudd, felly cafodd newyddiadurwr o bapur lleol ganiatâd gan yr heddlu i gael mynediad i'r ardal i dynnu lluniau o safle'r drosedd. Rhoddwyd pwysau aruthrol ar yr heddlu o'r cychwyn cyntaf i ddal y llofrudd.

- I adeiladu achos yn erbyn Hughes, defnyddiodd yr heddlu dîm o swyddogion i fod yn ffrind iddo ar Facebook. Ymgais i wneud iddo gyfaddef oedd hyn.

- Traws-halogi tystiolaeth, ar ôl i'r ddwy eitem (esgidiau ymarfer Hughes a'r sgarff goch) gael eu storio yn yr un bag tystiolaeth. Swyddog cyfweld: 'Rwyf nawr yn rhoi'r eitemau yn ôl yn y bag tystiolaeth.'

Gweler tudalennau 152–160 yn y gwerslyfr.

MPA1.2 ASESU DEFNYDDIOLDEB TECHNEGAU YMCHWILIOL MEWN YMCHWILIADAU TROSEDDOL

Technegau ymchwiliol

Gweithgaredd 3.4

Cwblhewch y pedwar tabl canlynol ar gyfer pob techneg ymchwiliol. Mae awgrymiadau wedi'u rhoi ar gyfer yr achosion, yn ogystal â chysylltiadau â briff yr aseiniad. Ond bydd angen esbonio'r rhain yn fanwl. Cofiwch mai awgrymiadau yn unig yw'r achosion hyn, a gallwch chi ddefnyddio enghreifftiau o achosion eraill os ydych chi'n dymuno gwneud hynny.

Gellid defnyddio'r tablau hyn i'ch helpu chi i strwythuro eich gwybodaeth yn yr asesiad dan reolaeth ar gyfer MPA1.2; ond cofiwch fod rhaid i chi gyflwyno eich gwaith ar ffurf paragraffau manwl, ac nid ar ffurf tabl.

Cyngor asesiad dan reolaeth

Mae'r MPA hwn yn werth 20 marc, felly dylech chi neilltuo llawer o amser ar ei gyfer yn ystod asesiad dan reolaeth Uned 3. Y MPA hwn sydd â'r nifer mwyaf o farciau.

Term allweddol

Asesu: dod i gasgliad am ansawdd neu werth rhywbeth. Mewn geiriau eraill, a yw'r dechneg ymchwiliol yn ddefnyddiol wrth ymchwilio i droseddau, ac os felly, ar gyfer pa fathau o ymchwiliadau troseddol?

Techneg ymchwiliol	Cronfeydd data cuddwybodaeth sy'n storio tystiolaeth fforensig (DNA neu dystiolaeth deocsiriboniwcleig)
Esboniad (byr iawn) o'r dechneg	
Cryfderau'r dechneg (sut mae'n ddefnyddiol mewn ymchwiliadau troseddol)	
Cyfyngiadau'r dechneg (sut gall beidio â bod yn ddefnyddiol mewn ymchwiliadau troseddol)	
Ar gyfer pa ymchwiliadau troseddol mae'r dechneg yn fwyaf defnyddiol, a pham? Er enghraifft: sefyllfaoedd fel lleoliad y drosedd, y labordy, gorsaf yr heddlu neu'r stryd. Neu fathau o drosedd fel: troseddau treisgar, e-droseddau, troseddau eiddo, etc.	
Enghreifftiau o achosion i gefnogi'r asesiad	Colin Pitchfork, Colette Aram, David Butler, etc.
Cysylltu â briff yr aseiniad (dim ond os yw'n berthnasol) **A gafodd y dechneg ei defnyddio yn effeithiol neu beidio?**	Gareth Hughes: traws-halogi tystiolaeth (esgidiau hyfforddi a sgarff) ar ôl eu rhoi yn yr un bag.

Techneg ymchwiliol	Gwyliadwriaeth (teledu cylch cyfyng, cuddwybodaeth ddynol, cofnodion ffôn.
Esboniad (byr iawn) o'r dechneg	
Cryfderau'r dechneg (sut mae'n ddefnyddiol mewn ymchwiliadau troseddol)	
Cyfyngiadau'r dechneg (sut gall beidio â bod yn ddefnyddiol mewn ymchwiliadau troseddol)	
Ar gyfer pa ymchwiliadau troseddol mae'r dechneg yn fwyaf defnyddiol, a pham? Er enghraifft: lleoliad y drosedd, labordy, gorsaf heddlu neu'r stryd. Neu fathau o droseddau: troseddau treisgar, e-droseddau, troseddau eiddo, etc.	
Enghreifftiau o achosion i gefnogi'r asesiad	Terfysgoedd Llundain, James Bulger, Colin Stagg, etc.
Cysylltu â briff yr aseiniad (os yw'n berthnasol) A gafodd y dechneg ei ddefnyddio yn effeithiol neu beidio?	Gareth Hughes: defnyddio Facebook i geisio cael Hughes i gyfaddef.

Chwilio'r we

Defnyddio teledu cylch cyfyng (CCTV) mewn ymchwiliadau troseddol

Darllenwch 'The High Street Abduction' ar wefan BBC News (https://www.bbc.co.uk/news/resources/idt-5667c315-a69c-4e5d-a683-e4e7771eb04d) i asesu defnyddioldeb teledu cylch cyfyng yn ystod achos o herwgydio yng nghanol dinas Newcastle 2016.

Gallech ddefnyddio hwn fel enghraifft i gefnogi eich asesiad o wyliadwriaeth.

Gall teledu cylch cyfyng (CCTV) gael ei ddefnyddio fel techneg ymchwiliol mewn achosion troseddol.

Techneg ymchwiliol	Technegau proffilio (proffilio teipolegol, seicoleg ymchwiliol a phroffilio daearyddol)
Esboniad (byr iawn) o'r dechneg	
Cryfderau'r dechneg (sut mae'n ddefnyddiol mewn ymchwiliadau troseddol)	

(Parhad) ⟫

Cyfyngiadau'r dechneg (sut gall beidio â bod yn ddefnyddiol mewn ymchwiliadau troseddol)	
Ar gyfer pa ymchwiliadau troseddol mae'r dechneg yn fwyaf defnyddiol, a pham? Er enghraifft: lleoliad y drosedd, labordy, gorsaf heddlu neu'r stryd. Neu fathau o droseddau: troseddau treisgar, e-droseddau, troseddau eiddo, etc.	
Enghreifftiau o achosion i gefnogi'r asesiad	John Duffy, Yorkshire Ripper, Colin Stagg, ac ati.
Cysylltu â briff yr aseiniad (os yw'n berthnasol) **A gafodd y dechneg ei defnyddio yn effeithiol neu beidio?**	Gareth Hughes: 'Gofynnon nhw hefyd am gymorth seicolegydd troseddol i greu proffil troseddwr o'r llofrudd. Arweiniodd hyn at arestio dyn lleol, Gareth Hughes, a oedd yn cyfateb i broffil y troseddwr ac a oedd ag euogfarnau blaenorol yn erbyn menywod.'

Techneg ymchwiliol	Cyfweliad: • Tystiolaeth llygad-dyst ac arbenigwyr
Esboniad (byr iawn) o'r dechneg	
Cryfderau'r dechneg (sut mae'n ddefnyddiol mewn ymchwiliadau troseddol)	
Cyfyngiadau'r dechneg (sut gall beidio â bod yn ddefnyddiol mewn ymchwiliadau troseddol)	

(Parhad) ⟩⟩

Ar gyfer pa ymchwiliadau troseddol mae'r dechneg yn fwyaf defnyddiol, a pham? Er enghraifft: lleoliad y drosedd, labordy, gorsaf heddlu neu'r stryd. Neu fathau o droseddau: troseddau treisgar, e-droseddau, troseddau eiddo, etc.	
Enghreifftiau o achosion i gefnogi'r asesiad	Llygad-dyst: Ronald Cotton Arbenigwyr: Leanne Tiernan, Alice Ruggles, etc.
Cysylltu â briff yr aseiniad (os yw'n berthnasol) **A gafodd y dechneg ei defnyddio yn effeithiol neu beidio?**	Gareth Hughes: 'Cyflwynodd tyst ei hun hefyd pan oedd yr heddlu yn y parc. Dywedodd wrth y swyddogion yno ei fod wedi gweld dyn yn ymddwyn yn amheus yn gynharach y noswaith honno ger y parc.' 'Yn dilyn apêl gan Crime Watch bythefnos ar ôl y llofruddiaeth, daeth ail lygad-dyst i'r amlwg. Roedd y person hwn yn honni ei fod wedi gweld dyn yn ymddwyn yn amheus ar y noson dan sylw.'

Angen rhai awgrymiadau? Cyfeiriwch at dudalennau 152–160 yn y gwerslyfr.

Cyngor asesiad dan reolaeth

Rhaid i'ch asesiad o'r technegau fod yn glir ac yn fanwl er mwyn cyrraedd y band marciau uchaf. Cofiwch: wrth gynnwys enghreifftiau o achosion i gefnogi eich asesiad, ddylech chi ddim disgrifio'r achosion yn unig. Yn hytrach, dylech chi ganolbwyntio ar sut cafodd y dechneg ei defnyddio yn yr achos hwnnw. A gafodd y dechneg ei defnyddio'n effeithiol neu'n aneffeithiol?

Efallai bydd gofyn i lygad-dystion roi tystiolaeth mewn llys.

RHESTR WIRIO – A YDYCH CHI WEDI CYNNWYS:

- [ ] amrywiaeth eang o dechnegau ymchwiliol (mae'r tablau ar dudalennau 101–104 wedi'u rhannu yn bedwar prif faes; ond mae pob un o'r pedwar maes hefyd yn cynnwys technegau ychwanegol, yn unol â'r fanyleb)
- [ ] asesiad clir a manwl o ddefnyddioldeb y technegau ymchwiliol mewn ymchwiliadau troseddol
- [ ] enghreifftiau (achosion i gefnogi'r asesiad)
- [ ] cysylltiadau â briff yr aseiniad os yw hynny'n berthnasol?

MPA1.3 ESBONIO SUT Y CAIFF TYSTIOLAETH EI PHROSESU

Gweler tudalennau 161–165 yn y gwerslyfr.

Mathau o dystiolaeth

Tystiolaeth ffisegol	Tystiolaeth gan dyst
Mae 'tystiolaeth ffisegol' yn cyfeirio at dystiolaeth go iawn. Gall hyn gynnwys gwrthrychau diriaethol fel blew, ffibrau ac olion bysedd, neu ddeunydd biolegol fel gwaed.	Mae 'tystiolaeth gan dyst' yn cyfeirio at ddatganiadau neu'r hyn sy'n cael ei ddweud gan y diffynnydd (y sawl a ddrwgdybir), gan ddioddefwr neu gan dystion.

Gall gwaed gael ei ganfod yn lleoliad y drosedd, a byddai'n cael ei ystyried yn dystiolaeth ffisegol. Byddai'r gwaed yn cael ei gasglu, a gallai gael ei ddefnyddio fel tystiolaeth yn ystod treial troseddol.

Tystiolaeth ffisegol

Gweithgaredd 3.5

Mae'r pedwar diagram canlynol yn dangos mathau gwahanol o dystiolaeth yn eu canol. Mae termau/ymadroddion pwysig wedi'u gosod o amgylch y mathau gwahanol o dystiolaeth, ac mae'r rhain yn ymwneud â'r dulliau o gasglu, trosglwyddo, storio a dadansoddi'r dystiolaeth honno.

Defnyddiwch y termau pwysig i greu pedwar paragraff sy'n esbonio sut mae'r dystiolaeth ffisegol yn cael ei phrosesu mewn ymchwiliad troseddol. Mae croeso i chi ychwanegu rhagor o dermau ar sail eich gwybodaeth neu'ch ymchwil personol.

Cyngor asesiad dan reolaeth

Mae MPA1.3 yn canolbwyntio ar sut y caiff tystiolaeth ei phrosesu. Mae'n gofyn am esboniad clir a manwl o'r ffordd y caiff tystiolaeth ei phrosesu, gan gynnwys casglu, trosglwyddo, storio a dadansoddi tystiolaeth. Rhaid i chi ystyried y personél sy'n cymryd rhan hefyd. Er enghraifft, dylech ystyried sut gall tystiolaeth gael ei chasglu gan swyddogion lleoliad y drosedd, a'i dadansoddi gan wyddonwyr/arbenigwyr fforensig.

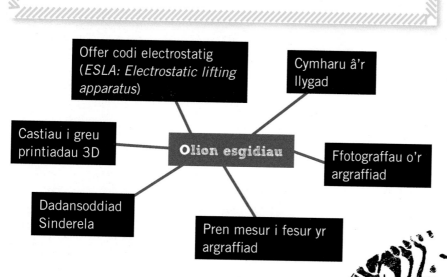

Offer codi electrostatig (*ESLA: Electrostatic lifting apparatus*)

Cymharu â'r llygad

Castiau i greu printiadau 3D

Olion esgidiau

Ffotograffau o'r argraffiad

Dadansoddiad Sinderela

Pren mesur i fesur yr argraffiad

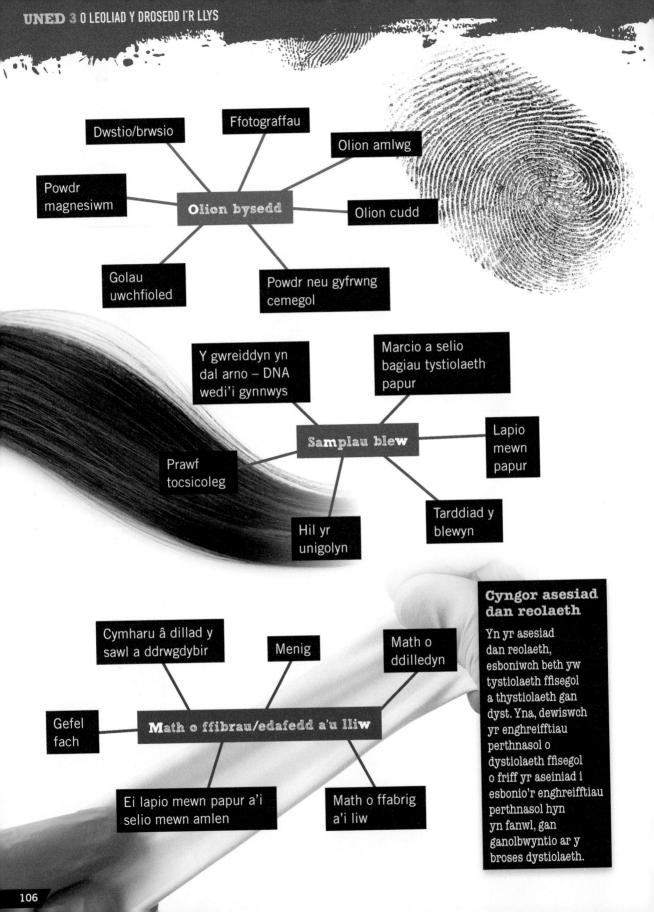

Dwstio/brwsio

Ffotograffau

Olion amlwg

Powdr magnesiwm

Olion bysedd

Olion cudd

Golau uwchfioled

Powdr neu gyfrwng cemegol

Y gwreiddyn yn dal arno – DNA wedi'i gynnwys

Marcio a selio bagiau tystiolaeth papur

Samplau blew

Lapio mewn papur

Prawf tocsicoleg

Tarddiad y blewyn

Hil yr unigolyn

Cymharu â dillad y sawl a ddrwgdybir

Menig

Math o ddilledyn

Gefel fach

Math o ffibrau/edafedd a'u lliw

Ei lapio mewn papur a'i selio mewn amlen

Math o ffabrig a'i liw

Cyngor asesiad dan reolaeth

Yn yr asesiad dan reolaeth, esboniwch beth yw tystiolaeth ffisegol a thystiolaeth gan dyst. Yna, dewiswch yr enghreifftiau perthnasol o dystiolaeth ffisegol o friff yr aseiniad i esbonio'r enghreifftiau perthnasol hyn yn fanwl, gan ganolbwyntio ar y broses dystiolaeth.

Tystiolaeth gan dyst

Mae 'tystiolaeth gan dyst' yn cyfeirio at ddatganiadau neu'r hyn sy'n cael ei ddweud gan y diffynnydd (y sawl a ddrwgdybir), gan ddioddefwr neu gan dystion.

Rhaid i'r dystiolaeth fod yn dderbyniol – hynny yw, rhaid iddi gydymffurfio â rheolau tystiolaeth yn y llys.
Yn achos Colin Stagg, cafodd y dystiolaeth yn ymwneud â 'Lizzie' ei gwahardd.

Mae tystiolaeth gan dyst fel arfer yn cael ei rhoi yn y bocs tystio yn y llys.

Bydd datganiadau'r tystion yn cael eu casglu cyn yr achos troseddol, a'u datgelu cyn yr achos llys. Yn y llys, mae'r dystiolaeth gan dyst yn cael ei chyflwyno yn y bocs tystio. Bydd tîm yr erlyniad a thîm yr amddiffyniad yn cael cyfle i holi'r tystion. Weithiau, gall datganiadau tystion gael eu darllen allan yn y llys, a does dim rhaid i'r tyst fod yn bresennol.

Gall tystion agored i niwed, fel plant, roi tystiolaeth drwy gyswllt fideo.

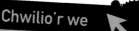

Chwilio'r we

Ymchwiliwch i'r tri achos isod, ac atebwch y cwestiynau canlynol ar gyfer pob achos. Gallwch eu hychwanegu at MPA1.3 fel eich enghreifftiau o achosion.

Achosion: Barry George, Amanda Knox a Sally Clark
1. Rhowch amlinelliad byr o ffeithiau'r achos.
2. Esboniwch sut cafodd y dystiolaeth ei defnyddio yn yr achos, a pha fath o dystiolaeth oedd i'w chael (eitemau ffisegol fel gwaed, olion traed, etc., neu dystiolaeth gan dystion).
3. Esboniwch a oes unrhyw bryderon ynglŷn â'r dystiolaeth a gafodd ei defnyddio yn yr achos hwn, a pham.

Cyngor asesiad dan reolaeth

I gael marciau uchel, bydd angen i chi gynnwys enghreifftiau o achosion, gan esbonio'r dystiolaeth gafodd ei defnyddio a'r materion sy'n ymwneud â hi. Peidiwch ag anghofio cynnwys hyn.

Cysylltu â'r briff

Mewn parau, nodwch y mathau o dystiolaeth ffisegol sydd i'w cael ym mriff yr aseiniad. Esboniwch hefyd sut bydd tystiolaeth gan dyst yn cael ei defnyddio ym mriff yr aseiniad.

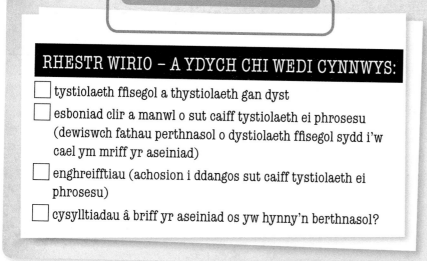

RHESTR WIRIO – A YDYCH CHI WEDI CYNNWYS:

☐ tystiolaeth ffisegol a thystiolaeth gan dyst

☐ esboniad clir a manwl o sut caiff tystiolaeth ei phrosesu (dewiswch fathau perthnasol o dystiolaeth ffisegol sydd i'w cael ym mriff yr aseiniad)

☐ enghreifftiau (achosion i ddangos sut caiff tystiolaeth ei phrosesu)

☐ cysylltiadau â briff yr aseiniad os yw hynny'n berthnasol?

MPA1.4 ARCHWILIO HAWLIAU UNIGOLION MEWN YMCHWILIADAU TROSEDDOL

Gweler tudalennau 166–168 yn y gwerslyfr.

Hawliau'r sawl a ddrwgdybir

Mae hawliau'r sawl a ddrwgdybir yn cynnwys y canlynol:

- Gall yr heddlu arestio rhywun heb warant os oes ganddyn nhw sail resymol dros gredu bod y person yn cyflawni trosedd neu ar fin cyflawni un.
- Rhaid i'r arestio fod yn angenrheidiol.
- Rhaid rhoi gwybod i'r sawl a ddrwgdybir ei fod yn cael ei arestio, a beth yw'r rheswm dros ei arestio (adran 24, Deddf yr Heddlu a Thystiolaeth Droseddol 1984 (PACE), fel y'i diwygiwyd gan Ddeddf Troseddu Trefnedig Difrifol a'r Heddlu 2005 (SOCPA)).
- Rhaid i'r heddlu roi rhybudd i'r sawl a ddrwgdybir, ac mae hyn yn cynnwys yr hawl i aros yn ddistaw.
- Mae swyddog y ddalfa yn gyfrifol am sicrhau bod y sawl a ddrwgdybir yn derbyn ei holl hawliau pan fydd yn y ddalfa.
- Mae swyddog y ddalfa yn adolygu hyd y cyfnod cadw.
- Rhaid rhyddhau'r sawl a ddrwgdybir o fewn 24 awr ar ôl iddo gyrraedd gorsaf yr heddlu. Ond gall hyn gael ei ymestyn i 36 awr gyda chaniatâd yr arolygydd, neu hyd at 96 awr gyda chymeradwyaeth yr ynadon.

Yn y ddalfa, mae'r hawliau allweddol yn cynnwys y canlynol:

- A. 56 DEDDF YR HEDDLU A THYSTIOLAETH DROSEDDOL 1984 – hawl i roi gwybod i rywun ei fod wedi cael ei arestio.
- A. 58 DEDDF YR HEDDLU A THYSTIOLAETH DROSEDDOL 1984 – hawl i ymgynghori'n breifat â chyfreithiwr.
- Hawl i ddarllen y Codau Ymarfer.
- Gellir cymryd olion bysedd a thystiolaeth ar ffurf swab ceg (DNA), a hynny â grym rhesymol, heb gydsyniad.
- Dylai cyfweliadau gael eu recordio ar dâp (neu ar fideo).
- Mae gan y rhai a ddrwgdybir hawl i gael cyngor cyfreithiol yn ystod y cyfweliad, gyda chyfreithiwr yn bresennol.
- Caniateir cyfweliadau 'dim sylw' ('no comment').

Yn ystod y treial neu ar ei ôl:

- Mae gan y rhai a ddrwgdybir hawl i dreial teg: Erthygl 6, Deddf Hawliau Dynol 1998.
- Mae gan y rhai a ddrwgdybir hawl i apelio yn erbyn yr euogfarn a/ neu'r ddedfryd.

Cyngor asesiad dan reolaeth

Er mwyn ennill y marciau uchaf yn MPA1.4, mae angen i chi gynnwys hawliau'r rhai a ddrwgdybir, y dioddefwyr a'r tystion.

Mae gan unigolion lawer o hawliau yn ystod ymchwiliadau troseddol, yn enwedig y sawl a ddrwgdybir. Bydd yr hawliau hyn yn gymwys o gyfnod yr arestiad ymlaen.

Llwybrau apêl

Gweithgaredd 3.6

Mewn parau, defnyddiwch y siartiau llif isod i esbonio'r gwahanol lwybrau apêl sydd ar gael i'r sawl a ddrwgdybir (sydd hefyd yn cael ei alw'n ddiffynnydd).

- Mae'r llwybr apêl cyntaf ar gyfer achosion lle cafodd y treial ei glywed yn y Llys Ynadon.
- Mae'r ail lwybr apêl ar gyfer achosion lle cafodd y treial ei glywed yn Llys y Goron.

Ychwanegwch esboniadau at y siartiau llif hyn.

Treial yn cael ei glywed yn y Llys Ynadon

Y Goruchaf Lys

▲

Y Llys Apêl

▲

Llys y Goron

▲

Y Llys Ynadon

Treial yn cael ei glywed yn Llys y Goron

Y Goruchaf Lys

▲

Y Llys Apêl

▲

Llys y Goron

Llys Ynadon Dinas Llundain

Llys y Goron Caerdydd

Hawliau dioddefwyr a thystion

Hawliau dioddefwyr	Cod Ymarfer Dioddefwyr Trosedd – sefydlwyd hwn gan Ddeddf Trais Domestig, Troseddu a Dioddefwyr 2004: • Yr hawl i gael gwybod sut mae'r achos yn dod yn ei flaen. • Yr hawl i gael gwybod pan fydd y sawl a ddrwgdybir yn cael ei arestio, ei gyhuddo, ei fechnïo neu ei ddedfrydu. • Yr hawl i gael cymorth ychwanegol wrth roi tystiolaeth yn y llys os ydych chi'n agored i niwed, yn cael eich bygwth, yn blentyn neu'n unigolyn ifanc (mesurau arbennig). • Yr hawl i wneud cais am iawndal. • Yr hawl i wneud Datganiad Personol y Dioddefwr yn esbonio effaith y drosedd.
Hawliau tystion	Siarter Tystion: • Yr hawl i gael prif fan cyswllt i gael gwybodaeth am yr achos. • Yr hawl i hawlio treuliau teithio a chostau am golli enillion yn ystod yr achos llys. • Yr hawl i dderbyn mesurau arbennig os ydych chi'n dyst agored i niwed neu'n cael eich bygwth. Gall hyn gynnwys rhoi tystiolaeth drwy gyswllt fideo, etc.

Cysylltu â'r briff

Cyfeiriwch at friff yr aseiniad, a nodwch pa rai o hawliau'r sawl a ddrwgdybir sydd heb gael eu parchu yn yr achos hwn.

Mae dioddefwyr yn cael gwybod y newyddion diweddaraf, o'r adeg pan fydd rhywun yn cael ei gyhuddo hyd at ddiwedd yr achos.

RHESTR WIRIO – A YDYCH CHI WEDI CYNNWYS:

☐ hawliau'r sawl a ddrwgdybir, dioddefwyr a thystion

☐ archwiliad clir o hawliau'r holl unigolion mewn ymchwiliadau troseddol

☐ cysylltiadau â briff yr aseiniad os yw hynny'n berthnasol?

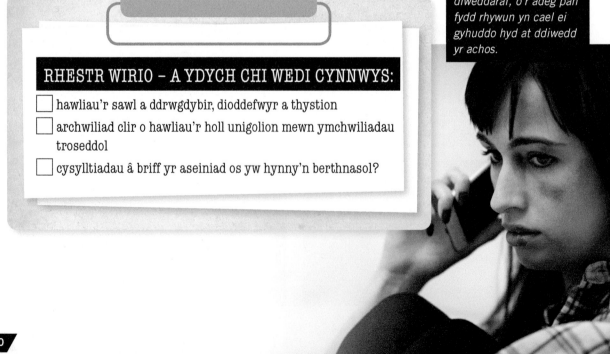

DEILLIANT DYSGU 2 DEALL Y BROSES O ERLYN Y SAWL A DDRWGDYBIR

MPA2.1 ESBONIO GOFYNION GWASANAETH ERLYN Y GORON (CPS) AR GYFER ERLYN Y SAWL A DDRWGDYBIR

Gweler tudalennau 169–172 yn y gwerslyfr.

Chwilio'r we

Beth yw rôl Gwasanaeth Erlyn y Goron mewn achosion troseddol?

Darllenwch am Wasanaeth Erlyn y Goron ar ei wefan (https://www.cps.gov.uk) er mwyn eich helpu chi i esbonio rôl y Gwasanaeth mewn achosion troseddol.

Ystyriwch y canlynol:
- Pwy sy'n gweithio i Wasanaeth Erlyn y Goron?
- Beth mae Gwasanaeth Erlyn y Goron yn ei wneud?

Datblygu ymhellach

Gwyliwch 'What the CPS Does, and What Happens at Court' ar YouTube (https://www.youtube.com/watch?v=i5zn2cbIai8) i gael rhagor o wybodaeth fanwl am rôl Gwasanaeth Erlyn y Goron mewn achosion troseddol ac ym mhroses y llysoedd.

Mae band marciau 2 yn gofyn yn benodol am enghreifftiau clir a pherthnasol; felly gwnewch yn siŵr bod profion Gwasanaeth Erlyn y Goron yn fanwl, a chofiwch gynnwys ystyriaethau allweddol o dan bob prawf. Mae'n syniad da hefyd i gynnwys enghreifftiau o achosion yma, i gefnogi'r esboniad. Bydd hyn yn eich helpu chi i gael 4 marc.

Mae gwefan Gwasanaeth Erlyn y Goron yn cynnwys gwybodaeth allweddol am ei rôl wrth erlyn y sawl a ddrwgdybir.

Cyngor asesiad dan reolaeth

Mae'r MPA hwn yn werth 4 marc, ac mae'n gofyn am esboniad manwl o ofynion Gwasanaeth Erlyn y Goron wrth erlyn y sawl a ddrwgdybir. Dylech chi ddechrau'r MPA drwy roi cyflwyniad byr am rôl Gwasanaeth Erlyn y Goron mewn achosion troseddol. Yna bydd angen i chi esbonio'r gofynion ar gyfer erlyn y sawl a ddrwgdybir. Mae hyn yn cyfeirio at brofion Gwasanaeth Erlyn y Goron, a dylech fod yn fanwl iawn.

Gweithgaredd 3.7

Darllenwch yr ymateb ar y dudalen nesaf ar gyfer MPA2.1, yn ogystal â sylwadau'r aseswr.

Lluniwch restr o welliannau fyddai eu hangen er mwyn i'r ymateb hwn ennill 4 marc. Beth allai gael ei ychwanegu at yr ateb hwn? Cywirwch unrhyw gamgymeriadau yn yr ymateb o ran llythrennedd.

Sefydlwyd Gwasanaeth Erlyn y Goron yn 1986 er mwyn creu corff annibynol. Cyn hyn, yr heddlu fyddai'n arestio, yn ymchwilio ac yn erlun y sawl a ddrwgdybid. Cafodd Gwasanaeth Erlyn y Goron ei sefydlu gan Ddeddf erlyn troseddau 1985.

Rôl Gwasanaeth Erlyn y Goron yw darparu cyngor i'r swyddogion heddlu sy'n ymchwilio i achos, gan benderfynu am yr achosion sydd angen eu herlyn, a phenderfynu ar y cyhuddiad cywir. Mae erlynwyr y Goron hefyd yn paratoi achosion ar gyfer y llys, ac yn cyflwyno'r achosion yn y llys. Gall Erlynwyr y Goron fod yn fargyfreithwyr ac yn gyfreithwyr hefyd.

Mae'n rhaid i Wasanaeth Erlyn y Goron ddefnyddio dau brawf wrth benderfynu a yw am erlyn y sawl a ddrwgdybir: y prawf tystiolaethol, a phrawf budd y cyhoedd.

Sylwadau'r aseswr

Mae'r ymateb wedi dechrau gyda throsolwg byr o rôl Gwasanaeth Erlyn y Goron, ac mae'n cyfeirio at y ddeddfwriaeth a'i sefydlodd.

Ond nid yw'r ymateb yn llwyddo i esbonio'r gofynion ar gyfer erlyn y sawl a ddrwgdybir mewn ffordd fanwl. Yn hytrach, mae'n enwi dau brawf yn unig: y prawf tystiolaethol a phrawf budd y cyhoedd. Does dim esboniad o'r materion na'r cwestiynau sy'n cael eu hystyried o dan bob prawf, ac nid yw'r ateb yn cyfeirio at y prawf trothwy o gwbl.

Does dim enghreifftiau o achosion, a dim cyfeirio at friff yr aseiniad.

Byddai'r ateb wedi'i gyfyngu i fand marciau 1 (1–2 marc).

Cysylltu â'r briff

A ydych chi'n cytuno â phenderfyniad Gwasanaeth Erlyn y Goron i erlyn ym mriff yr aseiniad? Os felly, pam?

Ystyriwch y canlynol:

Prawf tystiolaethol: cafwyd y dystiolaeth ganlynol yn achos Gareth Hughes: tystiolaeth llygad-dyst, DNA ar y sgarff, tystiolaeth olion esgidiau, proffil troseddwr a'r cyfweliad 'dim sylw'.

Prawf budd y cyhoedd: roedd achos Hughes yn ymwneud â llofruddiaeth menyw ifanc. Llofruddiwyd y fenyw â chyllell yn ystod ymosodiad gwyllt mewn parc.

RHESTR WIRIO – A YDYCH CHI WEDI CYNNWYS:

☐ cyflwyniad byr yn sôn am rôl Gwasanaeth Erlyn y Goron

☐ esboniad manwl o ofynion Gwasanaeth Erlyn y Goron ar gyfer erlyn y sawl a ddrwgdybir – manylion yr holl brofion

☐ enghreifftiau o achosion (i gefnogi'r esboniad)

☐ cysylltiadau â briff yr aseiniad os yw hynny'n berthnasol?

MPA2.2 DISGRIFIO PROSESAU TREIAL

Gweler tudalennau 173–177 yn y gwerslyfr.

Mathau o droseddau

Troseddau ynadol	Troseddau neillffordd profadwy	Troseddau ditiadwy
Y troseddau lleiaf difrifol, gan gynnwys mân droseddau fel ymosod a churo. Mae'r troseddau hyn yn mynd ar brawf yn y Llys Ynadon.	Mae'r troseddau hyn yn mynd ar brawf naill ai yn y Llys Ynadon neu yn Llys y Goron. Mae dwyn a bwrgleriaeth yn enghreifftiau o droseddau sy'n brofadwy neillffordd.	Y troseddau mwyaf difrifol, gan gynnwys troseddau fel llofruddiaeth, treisio a dynladdiad. Mae'r troseddau hyn yn mynd ar brawf yn Llys y Goron.

Llysoedd troseddol

 Gweithgaredd 3.8

Cwblhewch y tabl isod i esbonio'r gwahanol lysoedd troseddol yng Nghymru a Lloegr.

Dylech chi gynnwys:

- y personél sydd ym mhob llys
- pwerau dedfrydu'r llys
- prosesau cyffredinol y llys.

Y Llys Ynadon	Llys y Goron	Llys Apêl (Adran Droseddol)	Y Goruchaf Lys

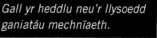
Gall yr heddlu neu'r llysoedd ganiatáu mechnïaeth.

Mechnïaeth

Crynodeb o brosesau mechnïaeth

- Mae bod ar fechnïaeth yn golygu bod yr unigolyn yn rhydd tan y cam nesaf yn yr achos. Gellir caniatáu mechnïaeth ar unrhyw adeg ar ôl yr arestiad.

- Gall yr heddlu neu'r llysoedd ganiatáu mechnïaeth.

- Gall mechnïaeth fod yn ddiamod, heb unrhyw amodau. Neu gall fod yn fechnïaeth amodol. Gall amodau gynnwys cyrffyw, ymbresenoli, neu fyw mewn man penodol, etc.

- Y rhesymau dros osod yr amodau hyn yw sicrhau: bod yr unigolyn yn ildio i fechnïaeth; na fydd yn cyflawni trosedd tra bydd ar fechnïaeth; ac na fydd yn ymyrryd â thystion.

- Mae pwerau i ganiatáu mechnïaeth gan y Llys Ynadon wedi'u cynnwys yn Neddf Mechnïaeth 1976.

- Mae Deddf Mechnïaeth 1976, Adran 4, yn rhoi hawl cyffredinol i fechnïaeth, oherwydd y rhagdybiaeth bod rhywun yn ddieuog nes bydd yn cael ei brofi'n euog. Gall y Llys Ynadon wrthod caniatáu mechnïaeth os oes sail gadarn dros gredu y byddai'r person, pe bai mechnïaeth yn cael ei chaniatáu, yn methu ag ildio i fechnïaeth; yn cyflawni trosedd tra bydd ar fechnïaeth; yn ymyrryd â thystion; neu'n rhwystro cyfiawnder.

- Gall y llysoedd hefyd wrthod mechnïaeth er mwyn amddiffyn yr unigolyn.

- Dyma rai o'r ffactorau sy'n cael eu hystyried wrth benderfynu ynghylch mechnïaeth: natur a difrifoldeb y drosedd; cymeriad, hanes blaenorol, cysylltiadau a chysylltiadau cymunedol y diffynnydd; record y diffynnydd o fechnïaeth flaenorol; a chryfder y dystiolaeth.

Bargeinio ple

Bargeinio ple yw trefniant sy'n cael ei gytuno gan yr erlyniad a'r amddiffyniad fel cymhelliant i'r diffynnydd bledio'n euog. Gall ymwneud â'r cyhuddiad neu'r ddedfryd. Er enghraifft, gall y diffynnydd gytuno i bledio'n euog i gyhuddiad llai (dynladdiad yn hytrach na llofruddiaeth), neu bydd y diffynnydd yn cael gwybod ymlaen llaw beth fydd ei ddedfryd os bydd yn pledio'n euog.

Cysylltu â'r briff

Mae briff yr aseiniad yn achos Gareth Hughes yn nodi'r canlynol:

Cadwyd Hughes yn y ddalfa am dri diwrnod, ac yno honnodd ei fod dramor ar adeg y llofruddiaeth; gwrthododd wneud unrhyw sylwadau eraill yn ystod y cyfweliad. Heb unrhyw dystiolaeth fforensig i'w gysylltu ef â'r drosedd, cafodd ei ryddhau ar fechnïaeth.

1. Pam cafodd Hughes ei ryddhau ar fechnïaeth yn wreiddiol?
2. A ydych chi'n cytuno â'r penderfyniad i ganiatáu mechnïaeth?

Mae briff yr aseiniad yn parhau drwy nodi'r canlynol:

Sawl mis yn ddiweddarach, cafodd Hughes ei arestio eto a'i gyfweld drachefn.

Ar gyngor Gwasanaeth Erlyn y Goron, cafodd Hughes ei gyhuddo o lofruddiaeth gan yr heddlu. Cafodd ei gadw ar remand yn y ddalfa.

3. Pam na chafodd Hughes ei ryddhau ar fechnïaeth y tro hwn?
4. A ydych chi'n cytuno â'r penderfyniad i wrthod mechnïaeth?

Apeliadau

Dyma'r llwybrau apêl:

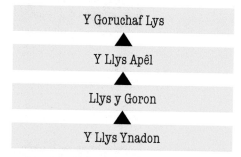

Cyngor asesiad dan reolaeth

Mae'n bwysig eich bod yn ymdrin â phob cam ym mhroses y treial yma, gan gynnwys rolau'r personél sy'n gysylltiedig. Ond cofiwch reoli eich amser wrth roi sylw i'r MPA hwn. Mae angen rhoi disgrifiad manwl o'r camau ym mhroses y treial, er mai 4 marc yn unig sydd ar gael.

RHESTR WIRIO – A YDYCH CHI WEDI CYNNWYS:

- [ ] disgrifiad manwl o gamau proses y treial
- [ ] y personél sy'n gysylltiedig â phroses y treial
- [ ] cysylltiadau â briff yr aseiniad os yw hynny'n berthnasol?

MPA2.3 DEALL RHEOLAU O RAN DEFNYDDIO TYSTIOLAETH MEWN ACHOSION TROSEDDOL

Gweler tudalennau 178–181 yn y gwerslyfr.

Defnyddio tystiolaeth mewn llys

Gweithgaredd 3.9

Mae'r diagram isod yn cynnwys rheolau tystio allweddol sy'n berthnasol i'r MPA hwn. Copïwch hwn, ac yna gwnewch y canlynol:

1. Ychwanegwch esboniadau manwl o'r rheolau hyn at y diagram.
2. Ychwanegwch y ddeddfwriaeth yn y rhestr at y rheol dystio briodol.

- Deddf Cyfiawnder Troseddol 2003
- A78 Deddf yr Heddlu a Thystiolaeth Droseddol 1984 (PACE 1984)
- A103 Deddf Cyfiawnder Troseddol 2003
- Deddf Gweithdrefn ac Ymchwiliadau Troseddol 1996 (CIPA)
- Erthygl 6 y Confensiwn Ewropeaidd ar Hawliau Dynol
- Deddf Cyfiawnder Troseddol a'r Drefn Gyhoeddus 1994
- A114 (1) Deddf Cyfiawnder Troseddol 2003.

Cyngor asesiad dan reolaeth

Mae'r MPA hwn yn canolbwyntio ar sut gall tystiolaeth gael ei defnyddio mewn llys. Mae'r pwyslais ar reolau tystio fel perthnasedd a derbynioldeb, datgeliad, tystiolaeth ail law ac eithriadau, a deddfwriaeth a chyfraith achosion. Mae angen dealltwriaeth fanwl o'r rheolau sy'n ymwneud â defnyddio tystiolaeth er mwyn ennill 4 marc; ond cofiwch mai myfyriwr Troseddeg ydych chi, ac nid myfyriwr y Gyfraith o reidrwydd. Gofalwch reoli eich amser, gan fod y MPA hwn yn werth 4 marc.

Tystiolaeth wedi'i chael yn amhriodol – endrapiad

Datgeliad

Tystiolaeth ail-law

Rheolau tystio

Aros yn dawel cyn y treial

Tystiolaeth o gymeriad ac euogfarnau blaenorol

Angen rhai awgrymiadau? Cyfeiriwch at dudalennau 178–181 yn y gwerslyfr i gael cymorth cyn dechrau llenwi'r diagram hwn.

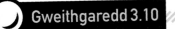

Gweithgaredd 3.10

Pa reolau tystio mae'r achosion canlynol yn ymwneud â nhw, a pham?

- Colin Stagg
- Sally Clark

Ychwanegwch y ddau achos hwn at eich diagram ar y dudalen flaenorol.

Cysylltu â'r briff

Ym mriff yr aseiniad (Gareth Hughes) gall y dystiolaeth ganlynol fod dan sylw:

- yr ymgyrch Facebook
- y cyfweliad 'dim sylw' – roedd Hughes 'yn honni ei fod dramor ar adeg y llofruddiaeth; gwrthododd wneud unrhyw sylwadau eraill yn ystod y cyfweliad.'
- Atodiad 2 – y rhestr o euogfarnau blaenorol.

A ddylai'r dystiolaeth hon fod yn dderbyniol? Cyflawnhewch eich ateb.

RHESTR WIRIO – A YDYCH CHI WEDI CYNNWYS:

☐ y rheolau o ran defnyddio tystiolaeth mewn achosion troseddol

☐ cyfeiriad at ddeddfwriaeth neu gyfraith achosion/ enghreifftiau o achosion

☐ cysylltiadau â briff yr aseiniad, os yw hynny'n berthnasol?

Gall tystiolaeth gael ei hystyried yn dderbyniol neu'n annerbyniol mewn llys gan y gall rheolau penodol gael eu cymhwyso.

MPA2.4 ASESU DYLANWADAU ALLWEDDOL SY'N EFFEITHIO AR GANLYNIADAU ACHOSION TROSEDDOL

Gweler tudalennau 182–186 yn y gwerslyfr.

Cyngor asesiad dan reolaeth

Mae'r MPA hwn yn werth 10 marc, felly dylech chi neilltuo mwy o amser i hwn o'i gymharu â'r rhai llai. Mae'n canolbwyntio ar asesu dylanwadau allweddol sy'n effeithio ar ganlyniadau achosion troseddol. Bydd gofyn am ddealltwriaeth glir a manwl o'r effaith er mwyn ennill y marciau uchaf. Mae'r MPA yn gofyn am fwy na disgrifiad o'r dylanwadau, a bydd disgrifio yn unig yn cyfyngu'r ateb i fand marciau 1.

Chwilio'r we

Ymchwiliwch i achos Oscar Pistorius yn 2013.

Gallech chi wylio'r ddau fideo canlynol ar YouTube hefyd:
- 'Oscar Pistorius Trial: The Ballistics Evidence' (https://www.youtube.com/watch?v=8NrfoR9sMu)
- '"Blade Runner" Oscar Pistorius' Prison Sentence More than Doubles After Appeal' (https://www.youtube.com/watch?v=p4-9aWK5MNI).

Ystyriwch y ddau gwestiwn canlynol:
1. A oedd unrhyw ddylanwadau allweddol yn ystod y treial hwn? (Tystiolaeth/y cyfryngau, etc.)
2. Esboniwch sut byddai'r dylanwadau allweddol hyn yn effeithio ar ganlyniad y treial. Yn eich barn chi, a wnaeth y dylanwadau hyn gyfrannu at yr euogfarn?

Oscar Pistorius yn gadael y llys yn 2014.

Sut mae dylanwadau allweddol yn effeithio ar ganlyniadau achosion troseddol?

Dewiswyd pum dylanwad allweddol ar gyfer y tabl ar y dudalen nesaf o'r rhestr o ddylanwadau sydd yn y fanyleb. Mae'r tabl crynhoi yn canolbwyntio ar effaith y dylanwadau allweddol hyn yn unig. Bydd yn cyfeirio at enghreifftiau o achosion allai gael eu defnyddio i gefnogi'r asesiad sy'n ystyried sut maen nhw'n effeithio ar ganlyniadau achosion troseddol.

Cofiwch mai awgrymiadau yn unig yw'r enghreifftiau hyn o achosion, a'i bod yn bosibl defnyddio enghreifftiau o achosion eraill/ychwanegol.

Dylanwad allweddol	Effaith	Enghreifftiau o achosion
Y Cyfryngau	<ul><li>Does dim rhagdybiaeth o fod yn ddieuog, oherwydd gall adroddiadau yn y cyfryngau ddylanwadu ar y rheithgor.</li><li>Rhagdybiaeth o euogrwydd, yn hytrach na rhagdybiaeth o fod yn ddieuog, oherwydd gall y cyhoedd neu'r rheithgor gredu'r pethau sy'n cael eu hargraffu yn y cyfryngau.</li><li>Gall y rheithgor ddefnyddio tystiolaeth o'r tu allan i'r llys, neu ffactorau allanol eraill, a fydd yn dylanwadu ar eu dyfarniad – byddai hyn yn cael ei ystyried yn annerbyniol fel tystiolaeth. Ond mae'n debygol y bydd y rheithgor wedi darllen neu weld yr adroddiadau yn y cyfryngau, a bydd hyn yn dylanwadu ar eu penderfyniad.</li><li>Gall hyn gael effaith ar degwch, oherwydd gall greu rhagfarn ym meddyliau'r rheithgor.</li><li>Gall y rheithgor fod yn ddiduedd.</li><li>Treial gan y cyfryngau, yn hytrach na threial gan y rheithgor. Gall hyn arwain at achos llys annheg sy'n mynd yn groes i Erthygl 6 y Confensiwn Ewropeaidd ar Hawliau Dynol (sef yr hawl i gael treial teg).</li></ul>	<ul><li>Christopher Jefferies</li><li>Colin Stagg</li></ul>
Arbenigwyr	<ul><li>Gall tystiolaeth arbenigwyr ddwyn cryn ddylanwad a pherswâd yn y llys.</li><li>Mae'n bosibl na fydd gan aelodau'r rheithgor ymwybyddiaeth neu ddealltwriaeth o dystiolaeth ystadegol arbenigol, felly fyddan nhw ddim yn amau ei dilysrwydd na'i chywirdeb.</li><li>Gallai'r rheithgor ddangos ffafriaeth at dystiolaeth arbenigol ac arbenigwyr (ar sail ystadegau/tystiolaeth wyddonol) a bod yn fwy tebygol o ddwyn rheithfarn euog.</li><li>Mae yna ragdybiaeth bod arbenigwyr ac ystadegau yn gywir.</li><li>Yn aml bydd tystiolaeth arbenigol yn gwneud argraff fawr ar y rheithgor.</li><li>Gall hyn arwain at gamweinyddiad cyfiawnder.</li></ul>	<ul><li>Sally Clark</li><li>Angela Cannings</li></ul>
Y Farnwriaeth	<ul><li>Gall barnwr ddylanwadu ar reithgor. Os bydd barnwr yn ymddangos fel pe bai'n dangos tuedd neu'n ffafrio un ochr, gall y rheithgor dueddu i ddilyn y farn honno. Mae'r barnwr yn swyddog cyfreithiol proffesiynol a phrofiadol gyda dealltwriaeth o'r gyfraith, ac felly gall y rheithgor gael ei berswadio gan hyn, yn hytrach nag ystyried y ffeithiau.</li><li>Gall barnwr glywed achos heb reithgor hefyd, os yw'r achos yn rhy hir neu'n rhy gymhleth, neu os yw'n debygol y bydd rhywun yn ymyrryd â'r rheithgor. Mae hyn yn golygu bod yr achos yn colli barn ddiduedd rheithgor o 12 person.</li></ul>	<ul><li>*R* v *Ponting*</li><li>*R* v *Wang*</li><li>Twomey 2009</li></ul>

(Parhad) ▶▶▶

Dylanwad allweddol	Effaith	Enghreifftiau o achosion
Tystion	• Mae'n bosibl y byddai'n well gan aelodau'r rheithgor glywed gan dystion, oherwydd gallai eu tystiolaeth argyhoeddi a theimlo'n realistig a chredadwy. Gallai hyn ddylanwadu ar y rheithgor i roi llawer o bwys ar y tyst hwnnw, ac i ffafrio naill ai'r erlyniad neu'r amddiffyniad – pa bynnag ochr sy'n cael ei chynrychioli gan y tyst. • Ond gall rhai tystion fod yn annibynadwy neu'n anghredadwy, ac felly gallai eu tystiolaeth godi amheuon a chael effaith niweidiol ar ganlyniad achos. Unwaith eto, gallai hyn arwain at dreial annheg, a gallai hynny fod yn anghyfiawn.	• Damilola Taylor – hygrededd y tyst
Gwleidyddiaeth	• Gall gwleidyddiaeth gael dylanwad mawr ar ganlyniad achosion troseddol. • Bydd gwleidyddiaeth yn dylanwadu ar y deddfau sy'n cael eu gorchymyn gan ddeddfwriaethau. Er enghraifft, os oes pwyslais gwleidyddol ar gael mesurau mwy cadarn i ddelio â throseddu, yna gellir pasio deddfau i gynyddu dedfrydau. Yn yr un modd, os yw atal troseddau penodol yn rhan o'r agenda gwleidyddol, yna efallai y cyflwynir canllawiau mwy llym ar ddedfrydu i atal troseddau yn y dyfodol. Bydd hyn yn effeithio ar ganlyniad achosion troseddol, oherwydd gall diffynyddion gael eu trin yn ôl canllawiau mwy llym ar ddedfrydu nag achosion blaenorol. • Yn yr un modd, gall gwleidyddiaeth effeithio ar ddeddfau sy'n ymwneud â hawliau unigolion, gan olygu mewn achosion troseddol y gall hawliau'r diffynnydd gael eu cyfyngu – fel sy'n digwydd mewn achosion o derfysgaeth. Mae hyn yn effeithio ar ganlyniadau achosion troseddol, oherwydd gall unigolion gael eu trin yn wahanol yn ôl natur y drosedd.	• Terfysgoedd Llundain 2011 • Mechnïaeth • Troseddau terfysgaeth

Terfysgoedd Llundain

Cofiwch fod rhaid i chi ysgrifennu MPA2.4 ar ffurf paragraffau manwl yn yr asesiad dan reolaeth. Dylech chi osgoi tablau a phwyntiau bwled, oherwydd y perygl o beidio â chynnwys digon o fanylion.

Er mwyn cyrraedd band marciau 3 (8–10 marc), gwnewch yn siŵr eich bod yn sôn am amrywiaeth o ddylanwadau allweddol (pedwar neu bump). Ond gwnewch yn siŵr hefyd fod eich asesiad o'u heffaith mewn achos troseddol yn fanwl.

Defnyddiwch enghreifftiau o achosion i gefnogi eich asesiad, gan ganolbwyntio ar sut yr effeithiodd y dylanwad ar ganlyniad yr achos penodol hwnnw.

Gweithgaredd 3.11

1. Dewiswch un o'r dylanwadau allweddol o'r tabl ar dudalennau 119–120, ac ysgrifennwch baragraff manwl yn asesu effaith y dylanwad hwn ar ganlyniad achos troseddol. Ceisiwch gynnwys enghraifft o achos (neu ddwy enghraifft) a chyfeiriwch at friff yr aseiniad (os yw'n berthnasol yn unig).
2. Mewn parau, cyfnewidiwch eich paragraffau gan asesu paragraff eich partner.
3. Ysgrifennwch beth yw cryfderau ateb eich partner, yn ogystal â meysydd i'w gwella.

Cysylltu â'r briff

Gareth Hughes
· Sut byddai'r adroddiadau yn y cyfryngau yn achos Gareth Hughes yn effeithio ar ganlyniad ei achos?
· Sut byddai'r dystiolaeth gan dyst yn achos Gareth Hughes yn effeithio ar ganlyniad ei achos?

RHESTR WIRIO – A YDYCH CHI WEDI CYNNWYS:

☐ asesiad clir a manwl o'r dylanwadau allweddol sy'n effeithio ar ganlyniadau achosion troseddol

☐ enghreifftiau o achosion i gefnogi'r asesiad

☐ cysylltiadau â briff yr aseiniad os yw hynny'n berthnasol?

MPA2.5 TRAFOD Y DEFNYDD A WNEIR O LEYGWYR MEWN ACHOSION TROSEDDOL

Gweler tudalennau 187–191 yn y gwerslyfr.

Gweithgaredd 3.12

Gweithiwch mewn parau, gydag un ohonoch yn cymryd rôl y rheithiwr, a'r llall yn cymryd rôl yr ynad.

Eich tasg yw rhoi esboniad byr o'ch rôl mewn achos troseddol. Dylech roi sylw i'r canlynol:

1. Pwy ydych chi?
2. Sut cawsoch chi eich dewis?
3. I ba lys byddech chi'n mynd?
4. Pa achosion troseddol byddai disgwyl i chi ymdrin â nhw?
5. Beth yw eich rôl mewn achos troseddol?

Cyngor asesiad dan reolaeth

Mae'r MPA hwn yn werth 6 marc; ond cofiwch fod y pwyslais ar drafod cryfderau a gwendidau rheithgorau ac ynadon mewn achosion troseddol.

Mae rheithgor treial yn cynnwys 12 o reithwyr.

Gwerthuso rheithgorau ac ynadon

Gweithgaredd 3.13

Darllenwch y tablau sy'n nodi cryfderau a gwendidau rheithgorau ac ynadon ar y dudalen nesaf. Eich tasg chi yw datblygu'r tablau hyn, gan ychwanegu mwy o gryfderau a gwendidau.

Rheithgorau

Cryfderau	Gwendidau
• Ecwiti'r rheithgor – mae rheithwyr yn bobl gyffredin sy'n gallu dod â'u 'cyfiawnder' eu hunain i'r achos. Yn aml, mae rheithgorau'n poeni mwy am degwch neu foesoldeb nag am egwyddorion cyfreithiol cymhleth. • Mae gan y cyhoedd hyder yn system y rheithgor, gan ei bod yn eu galluogi i chwarae rhan bwysig yn y System Cyfiawnder Troseddol. • Mae'n golygu y gall diffynyddion gael treial gan eu cymheiriaid, ac mae hyn yn cael ei ystyried yn hawl democrataidd.	• Gall y rheithgor gynnwys aelodau fydd yn dod â rhagfarn neu duedd i'r penderfyniad. Mae hyn yn cynnwys tuedd ar sail hil. • Gall rhai treialon fod yn rhy gymhleth i'r rheithgor, gan gyfyngu ar eu dealltwriaeth o'r achos a'r dystiolaeth sydd ar gael. Gall hyn fod yn wir mewn achosion sy'n ymwneud â thwyll. • Gall rheithwyr fod yn agored i ymyrraeth neu i gael eu 'noblo'. Mewn geiriau eraill, byddai'n bosibl 'prynu' neu fygwth rheithwyr i roi rheithfarn ffafriol.

Ynadon

Cryfderau	Gwendidau
• Gwirfoddolwyr yw ynadon, felly dim ond treuliau gawn nhw am eu gwaith. Mae hyn yn arbed ar gostau'r System Cyfiawnder Troseddol. • Bydd gan ynadon wybodaeth am yr ardal leol ac anghenion y gymuned, a gall hyn gael ei gymhwyso at achosion. • Gan fod ynadon yn eistedd fesul tri, maen nhw'n debygol o lunio barn gytbwys. At hynny, os na fydd y tri'n gallu cytuno, bydd barn y mwyafrif yn cael ei derbyn, gan sicrhau tegwch.	• Mae ynadon wedi cael eu beirniadu oherwydd y diffyg amrywiaeth ar y meinciau. Dydy ynadon ddim yn cynrychioli trawstoriad digonol o gymdeithas gan fod y mwyafrif yn tueddu i fod yn ganol oed a dosbarth canol, ac yn aml yn dod o gefndir proffesiynol neu reolaethol. • Mae ynadon hefyd wedi'u cyhuddo o ddangos tuedd o blaid yr erlyniad, ac o dueddu i gredu tystiolaeth yr heddlu. • Dydy ynadon ddim yn cael hyfforddiant cyfreithiol, a gallan nhw ddibynnu llawer iawn ar y clerc cyfreithiol.

Cofiwch ysgrifennu eich trafodaeth am gryfderau a gwendidau ar ffurf paragraffau yn yr asesiad dan reolaeth.

CRYFDER

GWENDID

RHESTR WIRIO – A YDYCH CHI WEDI CYNNWYS:

☐ trafodaeth fanwl o gryfderau a gwendidau lleygwyr (rheithgorau ac ynadon) mewn achosion troseddol

☐ enghreifftiau o achosion i gefnogi'r drafodaeth os yw hynny'n berthnasol

☐ cysylltiadau â briff yr aseiniad os yw hynny'n berthnasol?

Chwilio'r we

Ymchwiliwch i'r achosion canlynol, ac yna ychwanegwch nhw at y golofn berthnasol yn eich tabl ar reithgorau ar dudalen 123.

Ystyriwch: a yw'r achos yn dangos cryfder neu wendid rheithgorau? Os felly, esboniwch sut.
- *R* v *Owen*
- *R* v *Ponting*
- *R* v *Young*
- *R* v *Kronlid and Others*
- Theodora Dallas
- Joanne Fraill.

Cysylltu â'r briff

Gareth Hughes
- Cafodd nodyn ei basio gan reithiwr i farnwr y treial, yn dweud bod aelod arall o'r rheithgor yn ymchwilio i hanes y diffynnydd.
- Sut byddai hyn yn effeithio ar dreial Gareth Hughes?

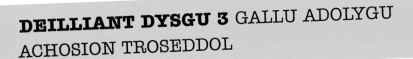

DEILLIANT DYSGU 3 GALLU ADOLYGU
ACHOSION TROSEDDOL

MPA3.1 ARCHWILIO GWYBODAETH I SICRHAU EI BOD YN DDILYS

 Gweler tudalennau 192–197 yn y gwerslyfr.

Rheithfarnau a dyfarniadau

Jeremy Bamber

Cafwyd Jeremy Bamber yn euog o lofruddio pum aelod o'i deulu yn 1985, yn White House Farm yn Essex.

Chwilio'r we

Ymchwiliwch i achos Jeremy Bamber. Gallai'r erthyglau canlynol fod yn ddefnyddiol:

- J B Campaign Ltd (http://www.jeremy-bamber.co.uk).
- 'Scientist's Report Casts Doubt on Jeremy Bamber Trial Evidence', Eric Allison a Simon Hattenstone (2018, 21 Medi), *The Guardian* (https://www.theguardian.com/uk-news/2018/sep/21/scientists-report-casts-doubt-on-jeremy-bamber-trial-evidence).
- 'Jeremy Bamber Still Waits for the Evidence that Might Clear His Name', Simon Hattenstone ac Eric Allison (2017, 24 Mawrth), *The Guardian* (https://www.theguardian.com/commentisfree/2017/mar/24/jeremy-bamber-waits-evidence-clear-name-essex-police).

Lluniwch dabl yn cynnwys tystiolaeth neu ffeithiau achos sy'n ymddangos yn ddilys, a rhai sy'n ymddangos yn annilys.

Dilysrwydd	Diffyg dilysrwydd

Nawr mae'n amser i chi ddod i gasgliad. A yw'r dyfarniad yn achos Jeremy Bamber yn ddilys neu beidio? Dylech chi gyfiawnhau eich ateb gyda phwyntiau allweddol o'ch tabl.

Termau allweddol

Archwilio: arolygu, craffu neu arsylwi.

Dilysrwydd: a oes awdurdod, grym, cryfder neu gywirdeb yn perthyn iddo? Mewn geiriau eraill, a yw'n fanwl gywir? Er enghraifft, gofynnwch a yw'r rheithfarn mewn achos troseddol yn benderfyniad dilys ai peidio?

Cyngor asesiad dan reolaeth

Mae'r MPA hwn yn werth 15 marc, gan ofyn i chi archwilio amrywiaeth berthnasol o ffynonellau gwybodaeth. Ar ôl yr archwiliad, dylech allu cynnwys adolygiad clir a manwl o'u haddasrwydd o ran eu dilysrwydd. Mae angen cofio nad yw popeth yn ddilys nac yn gywir. Efallai na fydd rhai ffynonellau gwybodaeth yn ddilys, neu gallan nhw ddangos tuedd. Gall rhai ffynonellau gynnwys barn oddrychol, neu fod yn hen ffasiwn.

Ar ôl archwilio pob ffynhonnell wybodaeth, dylech ddod i gasgliad ynghylch dilysrwydd neu gynnwys y ffynhonnell honno.

Gweithgaredd 3.14

Ymchwiliwch i achos Siôn Jenkins, a gafwyd yn euog o lofruddio Billie-Jo Jenkins a'i ryddhau yn ddiweddarach yn 1997.

1. A yw'r dyfarniad hwn yn ddilys? Cyfiawnhewch eich ateb.

Tystiolaeth

Cyflwynodd Syr Roy Meadow dystiolaeth arbenigol yn ymwneud â thebygolrwydd ac achosion syndrom marwolaeth sydyn babanod (SIDS) yn achosion Sally Clark ac Angela Cannings. Cafwyd y ddwy fenyw yn euog o lofruddio eu plant, a'u rhyddhau yn ddiweddarach.

Gweithgaredd 3.15

Mewn parau, ymchwiliwch i'r dystiolaeth arbenigol a gyflwynwyd gan Sir Roy Meadow yn achosion Sally Clark ac Angela Cannings, ac archwiliwch y dystiolaeth.

1. A oedd y dystiolaeth arbenigol hon yn ddilys? Cyfiawnhewch eich ateb.

Adroddiadau yn y cyfryngau

Dylai adroddiadau yn y cyfryngau a'r papurau newydd fod yn wrthrychol a diduedd er mwyn bod yn ddilys. Ond ar adegau, mae'n bosibl nad yw'r adroddiadau wedi bod yn ddiduedd neu eu bod wedi cynnwys barn oddrychol neu duedd wleidyddol.

Dylai adroddiadau yn y cyfryngau fod yn wrthrychol a diduedd.

Chwilio'r we

Defnyddiwch y cysylltiadau canlynol, a'ch ymchwil personol ychwanegol, i gynnal dadl mewn grwpiau bach.

Bydd un grŵp yn cyflwyno dadl o blaid dilysrwydd adroddiadau yn y cyfryngau, a bydd y grŵp arall yn cyflwyno dadl yn honni bod adroddiadau yn y cyfryngau yn annilys ac yn dangos tuedd neu farn.

Edrychwch ar yr erthyglau canlynol i gael cymorth i lunio eich dadl:

· 'BBC Accused of Political Bias – on the Right, Not the Left', Ian Burrell (2014, 14 Chwefror), *The Independent* (https://www.independent.co.uk/news/uk/politics/bbc-accused-of-political-bias-on-the-right-not-the-left-9129639.html).

· 'BBC Accused of Brexit Bias by More than 70 MPs in Open Letter', Ashley Cowburn (2017, 21 Mawrth), *The Independent* (https://www.independent.co.uk/news/uk/politics/over-70-mps-write-open-letter-to-bbc-accusing-broadcaster-of-bias-a7640756.html).

· 'BBC Rated Most Accurate and Reliable TV News, Says Ofcom Poll', Jasper Jackson (2015, 16 Rhagfyr), BBC News (https://www.theguardian.com/media/2015/dec/16/bbc-rated-most-accurate-and-reliable-tv-news-says-ofcom-poll).

Dyfarniad ymchwiliad swyddogol

Trychineb Hillsborough

Ar 15 Ebrill 1989, ar ddechrau gêm bêl-droed gynderfynol cwpan FA rhwng Lerpwl a Nottingham Forest yn stadiwm Hillsborough (sef stadiwm Sheffield Wednesday), arweiniodd panig at wasgfa yn erbyn y terasau dur, a marwolaeth 96 o gefnogwyr Lerpwl. Anafwyd cannoedd yn fwy.

Blodau i gofio am y 96 o gefnogwyr fu farw yn ystod trychineb bêl-droed Hillsborough yn 1989.

Chwilio'r we

Darllenwch yr erthyglau canlynol, a gwnewch eich ymchwil eich hun i archwilio dilysrwydd yr Ymchwiliad gwreiddiol i drychineb Hillsborough. A oedd yn ddilys neu beidio?
Cyflawnhewch eich ateb.
- 'The Long Road to Justice: Hillsborough Disaster Timeline', David Conn (2017, 28 Mehefin), *The Guardian* (https://www.theguardian.com/football/2017/jun/28/long-road-justice-hillsborough-inquest-timeline).
- 'Hillsborough Inquests: What You Need to Know' (2016, 26 Ebrill), BBC News (https://www.bbc.co.uk/news/uk-england-merseyside- 35383110).
- 'Hillsborough Disaster: CPS Will Not Charge Five Police Officers Over Deaths of 96 Liverpool Fans', Lizzie Dearden (2018, 14 Mawrth), *The Independent* (https://www.independent.co.uk/news/uk/crime/hillsborough-disaster-cps-liverpool-police-officers-fan-deaths-prosecutions-david-duckenfield-a8255081.html).

Cyngor asesiad dan reolaeth

Cofiwch, mae'n rhaid i'ch archwiliad fod yn fanwl, a chynnwys adolygiad clir o ran dilysrwydd er mwyn cyrraedd y band marciau uchaf ac ennill 11–15 o farciau.

RHESTR WIRIO – A YDYCH CHI WEDI CYNNWYS:

- ☐ archwiliad manwl o amrywiaeth o ffynonellau gwybodaeth
- ☐ adolygiad clir o addasrwydd y ffynonellau gwybodaeth o ran eu dilysrwydd
- ☐ enghreifftiau o achosion i gefnogi'r archwiliad a'r adolygiad
- ☐ cysylltiadau â briff yr aseiniad os yw hynny'n berthnasol?

MPA3.2 TYNNU CASGLIADAU AR SAIL Y WYBODAETH

Gweler tudalennau 198–202 yn y gwerslyfr.

Cofiwch, dylech chi fod yn tynnu casgliadau gwrthrychol ar friff yr asesiad yma. Ond RHAID i chi ystyried achosion troseddol eraill hefyd. Wedi'r cyfan, mae'r MPA hwn yn werth 15 marc.

Casgliadau

Gan fod tua 130,000 o achosion troseddol yn cael eu cynnal yn Llys y Goron bob blwyddyn, does dim syndod y bydd mwyafrif helaeth yr achosion yn arwain at reithfarn gyfiawn a diogel. Mae'r rhan fwyaf o achosion yn cynnwys rheithfarn sy'n cael ei hystyried yn gyfiawn, lle cafodd y gyfraith ei chymhwyso'n briodol ac, ar sail y dystiolaeth, lle mae'r rheithfarn yn un deg.

Fodd bynnag, mae rhai enghreifftiau wedi bod lle na chafwyd cyfiawnder, gan arwain at achosion lle mae camweinyddu cyfiawnder wedi digwydd.

Ar gyfer y MPA hwn, dylech chi dynnu casgliadau gwrthrychol am y System Cyfiawnder Troseddol yng Nghymru a Lloegr drwy ddadansoddi gwybodaeth o achosion troseddol.

Camweinyddu cyfiawnder

Gweithgaredd 3.16

Dewiswch **dri** achos o'r rhestr o achosion isod. Gallai pob un o'r achosion hyn gael ei ystyried yn enghraifft o gamweinyddu cyfiawnder.

Eich tasg yw gwneud gwaith ymchwil unigol i'r achosion hyn, ac ateb y cwestiynau canlynol am bob achos:

1. Beth ddigwyddodd yn yr achos hwn?
2. Pam roedd yr achos hwn yn cael ei ystyried yn achos o gamweinyddu cyfiawnder? Dylech gynnwys tystiolaeth i gefnogi eich ymresymu.
3. Tynnwch gasgliadau gwrthrychol ar sail yr achos troseddol hwn. Dylech gynnwys tystiolaeth i gefnogi eich casgliadau. Er enghraifft, a yw'r System Cyfiawnder Troseddol yn cymryd llawer iawn o amser i sicrhau cyfiawnder? A yw'r System Cyfiawnder Troseddol yn amddiffyn hawliau diffynyddion neu'r rhai a ddrwgdybir yn ddigonol?

Achosion:
- Derek Bentley
- Stefan Kiszko
- Timothy Evans
- Stephen Downing
- Sean Hodgson
- Chwech Birmingham
- Sally Clark
- Pedwar Guildford.

Mae'n bosibl defnyddio achosion troseddol eraill.

Cyngor asesiad dan reolaeth

Mae'r MPA hwn yn werth 15 o farciau, ac mae angen i chi dynnu casgliadau gwrthrychol ar achosion troseddol, gan ddefnyddio tystiolaeth a rhesymu clir i ategu'r casgliadau hyn.

Term allweddol

Camweinyddu cyfiawnder: achos troseddol lle mae'r diffynnydd wedi ei gael yn euog am drosedd na wnaeth ei chyflawni. Hynny yw, cael rhywun dieuog yn euog.

Ystyr camweinyddu cyfiawnder yw cael rhywun yn euog am drosedd na wnaeth ei chyflawni.

Rheithfarnau cyfiawn

Stephen Lawrence

Cymerodd dros 18 mlynedd i gael cyfiawnder yn achos Stephen Lawrence.

Angen rhai awgrymiadau? Cyfeiriwch at dudalen 199 yn y gwerslyfr.

Chwilio'r we

Gan ddefnyddio eich ymchwil annibynnol a'r cysylltau isod o'r we, atebwch y cwestiynau canlynol:

- 'Stephen Lawrence Murder: A Timeline of How the Story Unfolded' (2018, 13 Ebrill), BBC News (https://www.bbc.co.uk/news/uk-26465916).
- 'Stephen Lawrence 25 Years on: What Happened and Was this Really a Murder that Changed a Nation?', Adam Luscher (2018, 15 Ebrill), *The Independent* (https://www.independent.co.uk/news/uk/home-news/stephen-lawrence-murder-25-years-changed-a-nation-police-institutional-racism-macpherson-anniversary-a8307871.html).

1. Beth ddigwyddodd yn achos Stephen Lawrence (1993)?
2. A gafwyd rheithfarn gyfiawn yn y pen draw? Os felly, pryd? Os felly, pwy a beth a gyfrannodd at yr erlyniad llwyddiannus hwn?
3. Pa gasgliadau gallwn ni eu tynnu o ymchwiliad yr heddlu? Dylech gynnwys tystiolaeth i gefnogi eich casgliadau.

Stephen Lawrence

Dedfrydu cyfiawn

Yn y rhan fwyaf o achosion, bydd y diffynnydd yn cael dedfryd gyfiawn.

Ond yn debyg i reithfarn anghyfiawn neu anniogel, ar adegau mae'n bosibl beirniadu dedfrydau am ymddangos yn rhy drugarog neu'n annheg. Os yw dedfryd yn cael ei hystyried yn rhy drugarog, gall gael ei hadolygu fel rhan o'r Cynllun Dedfrydau Rhy Drugarog, ac yna gall dedfrydau gael eu cynyddu.

Dyma rai enghreifftiau o ddedfrydau rhy drugarog:

- Ian Paterson 2017: llawfeddyg fu'n cynnal llawdriniaethau diangen ar y fron; cafodd ei ddedfryd ei chynyddu o 15 i 20 mlynedd.
- Stuart Hall: cyflwynydd y BBC; cafodd ei ddedfryd am ymosodiadau rhywiol ei dyblu o 15 mis i 30 mis yn 2013.
- Rhys Hobbs: diffynnydd a laddodd ei gyn-gariad; cafodd ei ddedfryd o garchar ei chynyddu o 8 mlynedd i 12½ o flynyddoedd yn 2016.

Cafodd dedfryd Stuart Hall am ymosodiadau rhyw ei dyblu.

Darllenwch yr erthygl ganlynol, ac atebwch y cwestiynau isod:

'Scores of Prison Sentences Declared "Unduly Lenient" After Victims Complain', Fiona Keating (2017, 30 Gorffennaf), *The Independent* (https://www.independent.co.uk/news/uk/home-news/prison-sentences-attorney-general-unduly-lenient-sentence-scheme-rapist-murderer-terror-offences-a7867351.html).

1. Beth yw'r Cynllun Dedfrydau Rhy Drugarog?
2. Faint o gyfnodau o garchar gafodd eu hymestyn yng Nghymru a Lloegr yn 2016 o ganlyniad i'r cynllun hwn? A yw'r ffigurau hyn yn uwch neu'n is na'r flwyddyn flaenorol?
3. Ysgrifennwch enghreifftiau o'r erthygl o ddedfrydau rhy drugarog.
4. Pa gasgliadau o ran dedfrydu y gallwn ni eu tynnu ar sail hyn?

Cysylltu â'r briff

Gareth Hughes

Eich tasg yw tynnu casgliadau gwrthrychol ar y ddedfryd ym mriff yr aseiniad. Cyfeiriwch at friff yr aseiniad a'r ffynonellau gwybodaeth sydd ynghlwm â'r briff i ystyried yr holl faterion.

RHESTR WIRIO – A YDYCH CHI WEDI CYNNWYS:

- [ ] casgliadau gwrthrychol ar achosion troseddol, gan ddefnyddio tystiolaeth a rhesymu/dadleuon clir i'w hategu
- [ ] rheithfarnau cyfiawn, camweinyddu cyfiawnder, rheithfarnau diogel a dedfrydu cyfiawn
- [ ] enghreifftiau o achosion
- [ ] cysylltiadau â briff yr aseiniad os yw hynny'n berthnasol?

Cofiwch dynnu casgliadau gwrthrychol drwy gydol y MPA hwn.

CASGLIAD

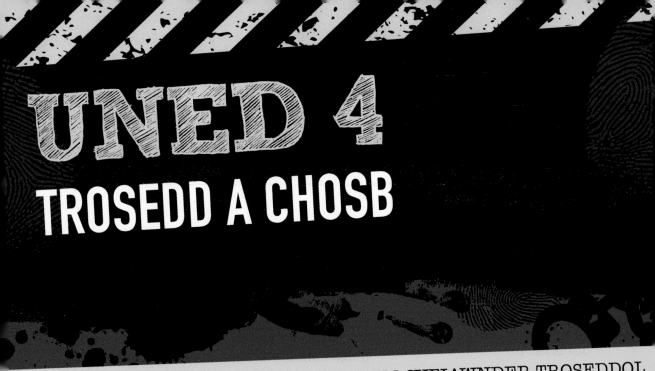

UNED 4
TROSEDD A CHOSB

MPA1.1 DISGRIFIO PROSESAU A DDEFNYDDIR AR GYFER DEDDFU

Yn y MPA hwn, mae'n bwysig gwerthfawrogi rôl y llywodraeth a'r farnwriaeth yn y broses ddeddfu. Mae'r deddfau sy'n cael eu llunio ganddyn nhw yn creu rheolau ein cyfraith trosedd.

> Gweler tudalennau 204–207 yn y gwerslyfr.

> **Cyngor** ✓
>
> Mae myfyrwyr y Gyfraith yn aml yn dysgu am y broses o lunio deddfau domestig, a byddan nhw'n rhoi llawer o fanylion am y camau gwahanol yn y broses seneddol. Does dim angen y fath fanylder ar gyfer y cymhwyster hwn.

> **Chwilio'r we** ◤
>
> Gwyliwch y clip fideo YouTube '6 Legislation and Judge Made Law' gan Victorian Law Reform (https://www.youtube.com/watch?v=x0e8cJkUTEU) i ddeall y gwahaniaethau rhwng y broses ddeddfu seneddol a deddfau sy'n cael eu llunio gan farnwyr.

Prosesau'r llywodraeth

> **Chwilio'r we** ◤
>
> Gwyliwch y clip fideo 'Making Laws' ar wefan parliament.uk (https://www.parliament.uk/education/about-your-parliament/how-laws-are-made/) a lluniwch grynodeb byr o'r broses ddeddfu Seneddol.

> *Mae Senedd y DU wedi'i chyfansoddi o Dŷ'r Cyffredin, Tŷ'r Arglwyddi a'r Brenin neu'r Frenhines.*

Gweithgaredd 4.1

Er mwyn eich helpu chi i ddeall rhai termau pwysig ym mhroses ddeddfu'r llywodraeth, ysgrifennwch frawddeg gan ddefnyddio pob un o'r termau canlynol:

Mesur   dadl

cynnig   Tŷ'r Arglwyddi

  Tŷ'r Cyffredin

deddfwriaeth Brenin/Brenhines

  democrataidd Deddf

> Mae rôl y Frenhines yn y broses ddeddfu yn un symbolaidd yn bennaf.

Cyngor ✓

Wrth ateb cwestiwn arholiad am ddeddfu gan y llywodraeth, ceisiwch gynnwys o leiaf un neu ddau o'r camau deddfu seneddol – fel y darlleniad cyntaf, yr ail ddarlleniad, y cyfnod pwyllgor neu'r cyfnod adrodd.

Datblygu ymhellach

Os oes gennych chi ddiddordeb yn y broses ddeddfu seneddol, yn enwedig o safbwynt cyfansoddiadol, gwyliwch 'An Introduction to Parliament' ar YouTube (https://www.youtube.com/embed/RAMbIz3Y2JA) i ddeall sut cafodd Senedd y DU ei sefydlu, a sut mae'n cael ei threfnu a'i dal yn atebol.

Proses farnwrol deddfu

Er bod y rhan fwyaf o'n deddfau yn cael eu llunio yn y Senedd, gall uwch farnwyr fod â rhan yn y broses ddeddfu hefyd. Mae barnwr yn cyfrannu at ddeddfu drwy (i) cynsail farnwrol a (ii) dehongli statudol. Mae pwyntiau allweddol y rhain i'w gweld yn y tabl canlynol.

> Mae barnwyr yn chwarae rhan yn y broses ddeddfu.

Termau allweddol

Cynsail: penderfyniad mewn achos cyfreithiol y mae'n rhaid ei ddilyn mewn achosion tebyg yn y dyfodol.

Barnwrol: yn perthyn i farnwr neu'n ymwneud â barnwr.

Cyngor ✓

Darllenwch bob cwestiwn arholiad yn ofalus, i weld a yw'n ymwneud â barnwr yn cymryd rhan mewn deddfu neu rôl gyffredinol barnwr. Ar gyfer yr olaf bydd angen cynnwys dedfrydu a dyfarnu ar faterion yn ymwneud â'r gyfraith. Ni fyddai gwybodaeth o'r fath yn ennill marciau yn y MPA hwn.

Math o ddeddfu	Cynsail farnwrol	Dehongli statudol
Sut mae'n gweithio	Mae'n rhaid i farnwyr ddilyn penderfyniadau achosion blaenorol tebyg; yr enw ar hyn yw 'cyfraith gwlad'. Mae dilyn penderfyniad llys uwch yn orfodol. Os nad oes penderfyniad blaenorol tebyg, mae'n rhaid i'r barnwr benderfynu'r achos a gosod cynsail wreiddiol. Wrth wneud hyn, bydd yn deddfu.	Os yw gair neu ymadrodd yn aneglur, rhaid i farnwr benderfynu ar ei ystyr. Mae barnwyr y llysoedd uwch yn rhwymo barnwyr y llysoedd is (hynny yw, yn eu gorfodi i ddilyn). Mae'n rhaid i lysoedd is ddilyn dehongliad barnwyr uwch.
Enghreifftiau	Dilynwyd *Donoghue* v *Stevenson* gan *Daniels* v *White*.	Cafodd achos *Whiteley* v *Chappell* ei benderfynu gan ddefnyddio'r rheol lythrennol.
Technegau a ddefnyddir	Gall barnwyr hefyd osgoi gorfod dilyn cynsail o dan rai amodau – fel gwahaniaethu, dirymu a gwrthdroi.	Gall barnwyr ddefnyddio rheolau dehongli gwahanol a sefydlu deddfau newydd drwy wneud hynny. Er enghraifft, mae'r rheolau llythrennol, y rheol aur a rheol drygioni yn rheolau dehongli.

Cwestiynau enghreifftiol

Mae cwestiynau arholiad blaenorol ar y MPA hwn yn cynnwys y canlynol:

Amlinellwch y broses sy'n cael ei defnyddio gan y llywodraeth i lunio deddfau fel Deddf Dwyn 1968. [3 marc]
Papur arholiad Uned 4 2018

Disgrifiwch rôl y farnwriaeth yn y broses ddeddfu. [4 marc]
Papur arholiad Uned 4 2018

Gan ddefnyddio'r cynllun marcio isod, ystyriwch faint o farciau dylid eu rhoi i'r ateb ar y dudalen nesaf. Yna gwiriwch eich barn yn erbyn yr ateb posibl ar y we.

0 marc: Does dim byd yn haeddu marc.

1–2 marc: Mae'r atebion yn rhoi disgrifiad sylfaenol o rôl y farnwriaeth yn y broses ddeddfu. Mae'r atebion yn cyfleu ystyr, ond does dim digon o fanylder. Ychydig/dim defnydd o eirfa arbenigol.

3–4 marc: Mae'r atebion yn rhoi disgrifiad manwl o rôl y farnwriaeth yn y broses ddeddfu. Mae'r atebion yn cyfleu ystyr gyda pheth defnydd o eirfa arbenigol.

I wybod rhagor am *Whiteley* v *Chappell*, gweler t. 207 y gwerslyfr.

I wybod rhagor am *Donoghue* v *Stevenson* a *Daniels* v *White*, gweler t. 206 y gwerslyfr.

Cyngor

Does dim angen esbonio cynsail farnwrol a dehongli statudol yn fanwl, yn wahanol i arholiad y Gyfraith.

Cyngor

Dysgwch y gwahaniaeth rhwng deddfu gan y llywodraeth a deddfu gan y farnwriaeth. Os ysgrifennwch am yr un anghywir, ni chewch farc.

Atebion enghreifftiol

Ateb 1

Rhaid i farnwyr ddilyn penderfyniadau blaenorol gan lysoedd blaenorol. Rhaid i lysoedd is ddilyn llysoedd uwch a dod i'r un penderfyniad mewn achosion tebyg. Dim ond pan nad oes penderfyniad blaenorol tebyg yn bodoli y gall llys lunio deddf newydd.

Ateb 2

Gall barnwyr osod cynsail, neu ddeddf sy'n cael ei llunio gan farnwyr, mewn achosion cyfreithiol. Bydd dyfarniadau o'r fath yn cael eu dilyn mewn achosion yn y dyfodol. Er enghraifft, roedd camwedd esgeuluster yn ddeddf a gafodd ei llunio gan farnwyr, ac roedd yn nodi bod angen i gwmnïau gymryd cyfrifoldeb am esgeuluster a chadw llygad am safonau diogelwch sy'n hawdd eu cael.

Datblygu ymhellach

Ewch i wefan LawTeacher a darllenwch 'Judicial Precedent Lecture 1' (https://www. lawteacher.net/ lecture-notes/judicial-precedent-1.php), yna ysgrifennwch frawddeg i esbonio'r termau *ratio decidendi* ac *obiter dicta*.

Profi eich hun

1. Allwch chi nodi'r ddau gam yn y broses ddeddfu seneddol?
2. Beth yw'r enw sy'n cael ei roi i ddarn o ddeddf arfaethedig?
3. Enwch achos sy'n dangos cynsail farnwrol.
4. Enwch achos lle defnyddiwyd dehongli statudol.
5. Ym mha lysoedd mae dehongli statudol yn digwydd?

Cyngor

Os bydd yn rhaid i chi ateb cwestiwn ar ddeddfu gan farnwyr, ceisiwch gyfeirio at gynsail farnwrol a dehongli statudol.

Mae'r farnwriaeth yn dilyn strwythur hierarchaidd.

RHESTR WIRIO – A YDYCH CHI'N GALLU:

☐ disgrifio sut mae'r llywodraeth/Senedd yn deddfu

☐ disgrifio sut mae barnwyr yn deddfu drwy gynsail farnwrol a dehongli statudol?

MPA1.2 DISGRIFIO TREFNIADAETH Y SYSTEM CYFIAWNDER TROSEDDOL YNG NGHYMRU A LLOEGR

Ar gyfer y MPA hwn, mae angen i chi wybod am y canlynol:

- Yr asiantaethau sy'n ymwneud â'r System Cyfiawnder Troseddol.
- Sut maen nhw'n rhan o drefniadaeth y system cyfiawnder troseddol.
- Y berthynas rhwng asiantaethau gwahanol.
- I ba raddau mae'r asiantaethau gwahanol yn cydweithio.

Y llysoedd

Gweithgaredd 4.2

Gwyliwch 'How Does Britain Work? – the Justice System' ar YouTube (https://www.youtube.com/watch?v=aL4ENsRhWzw) ac atebwch y cwestiynau canlynol:

1. Ble gallwn ni ddod o hyd i'r rhan fwyaf o'n cyfraith?

2. Pam gallai'r gyfraith beidio ag arwain at ganlyniad cyfiawn?

3. Pa fath o achosion troseddol mae ynadon yn delio â nhw?

4. Faint o achosion troseddol sy'n dechrau yn y Llys Ynadon?

5. Pa ganran o achosion sy'n mynd ar brawf yn y Llys Ynadon?

6. Beth sydd o'i le â'r gosodiad hwn: 'Mae ynadon wedi cymhwyso yn y gyfraith ac maen nhw'n derbyn cyflog'?

7. Pa fathau o farnwyr sy'n eistedd yn Llys y Goron?

8. Beth yw enwau tair adran yr Uchel Lys?

9. Ble mae'r Llys Apêl?

10. Beth yw enw'r llys uchaf yn y DU?

Cyngor

Mae angen i chi allu dangos sut mae'r asiantaethau yn gysylltiedig â'i gilydd. Peidiwch â'u trin fel asiantaethau digyswllt ac ar wahân. Yn hytrach, canolbwyntiwch ar y berthynas neu'r cysylltiadau rhyngddyn nhw.

Mae'n bwysig dangos sut mae'r asiantaethau yn y system cyfiawnder troseddol yn gysylltiedig â'i gilydd.

Chwilio'r we

Darllenwch y wybodaeth yn y datganiad i'r wasg 'Minister Announces "10 Prisons Project" to Develop New Model of Excellence' ar wefan gov.uk (https://www.gov.uk/government/news/minister-announces-10-prisons-project-to-develop-new-model-of-excellence) i ddarganfod cynlluniau'r llywodraeth i ddatblygu model rhagoriaeth newydd ar gyfer carchardai y DU. Ewch ati i grynhoi'r cynlluniau a'r camau maen nhw'n bwriadu eu rhoi ar waith mewn perthynas â phroblemau'r gwasanaeth carchardai wrth geisio sicrhau rheolaeth gymdeithasol.

Yr heddlu

Mae'r berthynas rhwng yr heddlu ac asiantaethau eraill yn y System Cyfiawnder Troseddol wedi'i dangos yn y tabl isod.

Yr heddlu				
Gwasanaeth Erlyn y Goron	Gwasanaeth carchardai	Llysoedd	Trefniadau amlasiantaethol i amddiffyn y cyhoedd	Y gwasanaeth prawf
Mae'r heddlu yn gofyn am gyngor gan Wasanaeth Erlyn y Goron ar gyhuddo'r sawl a ddrwgdybir. Mae'r ddwy asiantaeth yn gweithio gyda'i gilydd i erlyn troseddwyr. Mae Gwasanaeth Erlyn y Goron yn cynnig llinell gyngor 24 awr i'r heddlu – 'CPS Direct'.	Cynorthwyo â'r trefniadau i sicrhau bod y rhai sy'n cael rheithfarn o garchar yn cael eu cludo yno. Bydd yr heddlu'n arestio carcharor os yw'n cael ei alw yn ôl yn ystod ei gyfnod prawf (hynny yw, mae'n torri amodau ei ryddhau, a bydd rhaid iddo ddychwelyd i'r carchar). Asiantaeth annibynnol sy'n hebrwng carcharorion i'r carchar fel rheol, e.e. G4S.	Sicrhau bod diffynyddion sy'n cael eu cadw gan yr heddlu yn dod gerbron y llys. Mae'r heddlu yn dod i'r llys i roi tystiolaeth. Mae'r heddlu yn gwneud cais i'r llysoedd am warant chwilio ac arestio.	Mae'r heddlu yn gweithio gyda'r gwasanaeth prawf a'r gwasanaeth carchardai, gan rannu gwybodaeth ag asiantaethau eraill i asesu a rheoli troseddwyr treisgar a throseddwyr rhyw, er mwyn amddiffyn y cyhoedd rhag niwed.	Mae'r ddwy asiantaeth yn gweithio gyda'i gilydd i reoli troseddwr. Mae hyn yn cynnwys rhannu gwybodaeth a mynychu cyfarfodydd.

Datblygu ymhellach

Ymchwiliwch i'r Trefniadau Amlasiantaethol ar gyfer Amddiffyn y Cyhoedd i ddysgu sut mae'r asiantaethau yn y System Cyfiawnder Troseddol yn dod at ei gilydd i amddiffyn y cyhoedd.

Cyngor ✓

Gallai'r cwestiwn arholiad ganolbwyntio ar asiantaethau penodol yn y System Cyfiawnder Troseddol, neu gallai adael i chi ddewis yr asiantaethau.

Mae'r heddlu yn brif asiantaeth yn nhrefniadaeth y System Cyfiawnder Troseddol, ac mae ganddo gysylltiadau â'r holl asiantaethau eraill.

Cwestiynau enghreifftiol

Disgrifiwch berthynas y gwasanaeth carchardai ag asiantaethau eraill yn y System Cyfiawnder Troseddol. [7 marc] **Papur arholiad Uned 4 2017**

Mae'r cwestiwn hwn yn gadael i chi ddewis pa asiantaethau rydych chi eisiau eu hystyried fel rhai sy'n gweithio ochr yn ochr â'r gwasanaeth carchardai.

Disgrifiwch y berthynas rhwng yr heddlu, Gwasanaeth Erlyn y Goron a'r llysoedd wrth i achos fynd drwy'r System Cyfiawnder Troseddol. [6 marc] **Papur arholiad Uned 4 2018**

Mae'r cwestiwn hwn yn fanwl iawn o ran yr asiantaethau mae angen i chi ysgrifennu amdanyn nhw.

PRISON REFORM TRUST

Mae elusennau yn asiantaethau eraill fyddai'n gallu cael eu hystyried yn y MPA hwn.

Ateb enghreifftiol

Yn ôl y cynllun marcio ar gyfer cwestiwn 2018, dyma'r math o wybodaeth mae'n rhaid ei chynnwys mewn ateb:

Bydd yr heddlu yn ymchwilio i drosedd bosibl, ac yn cysylltu â Gwasanaeth Erlyn y Goron i drafod y cyhuddiad. Bydd yr heddlu yn sicrhau bod y rhai a ddrwgdybir, sydd wedi eu harestio ac yn y ddalfa, yn dod gerbron y llysoedd. Bydd yr heddlu hefyd yn arestio carcharor a gafodd ei alw yn ôl tra oedd ar gyfnod prawf, ac yn sicrhau ei fod yn dychwelyd i'r carchar.

Bydd Gwasanaeth Erlyn y Goron yn cynghori'r heddlu ar y camau cyntaf mewn ymchwiliad. Bydd yn adolygu achosion a gyflwynwyd gan yr heddlu ar gyfer eu herlyn, yn paratoi achosion ar gyfer y llys, ac yn cyflwyno'r achosion hynny yn y llys. Ym mhob achos a adolygir, bydd yr erlynydd yn ystyried a oes digon o dystiolaeth ac os felly, a oes angen erlyn er budd y cyhoedd.

Bydd Gwasanaeth Erlyn y Goron hefyd yn gwneud gwaith eiriolwyr mewn achosion yn y Llys Ynadon neu Llys y Goron.

Bydd pob achos yn dechrau yn y Llys Ynadon, a bydd troseddau ynadol yn aros yno i gael eu penderfynu. Bydd achosion neillffordd — sef pan ddewisir treial gan reithgor — a throseddau ditiadwy yn mynd ymlaen i Lys y Goron.

Cyswllt synoptig

Yn Uned 3, 'O Leoliad y Drosedd i'r Llys', byddwch chi wedi astudio asiantaethau sy'n gysylltiedig ag ymchwiliadau troseddol. Gallwch dynnu ar y wybodaeth honno i'ch helpu chi i ateb cwestiwn ar y MPA hwn.

Cosbau ffurfiol

Mae Cyngor Dedfrydu Cymru a Lloegr yn llunio canllawiau ar ddedfrydu ar gyfer y farnwriaeth a gweithwyr proffesiynol eraill ym maes cyfiawnder troseddol. Mae'r canllawiau hyn yn ceisio sicrhau bod y gosb yn addas i'r drosedd, a bod dedfrydau yn gyson ar draws y wlad. Mae amrywiaeth o ddedfrydau ar gael ar gyfer pob trosedd, ac mae'n rhaid i farnwr neu ynad benderfynu ar y ddedfryd gywir drwy ystyried ffactorau fel y canlynol:

- difrifoldeb y drosedd
- y niwed a achoswyd i'r dioddefwr
- faint o fai sydd ar y troseddwr
- euogfarnau blaenorol y troseddwr
- amgylchiadau personol y troseddwr, gan gynnwys ple euog.

A ydych chi'n cofio Uned 1 a'r ymgyrchoedd dros newid? Mae rhai ymgyrchoedd yn canolbwyntio ar ddiwygio'r System Cyfiawnder Troseddol, neu ar adsefydlu troseddwyr. Mae gan grwpiau ymgyrchu o'r fath berthynas neu gysylltiadau â gwahanol asiantaethau. Un elusen sy'n ymgyrchu i wella'r system garchardai yw Ymddiriedolaeth Diwygio'r Carchardai. Yn ôl ei gwefan, mae hi'n 'elusen annibynnol sy'n gweithio i greu system gosbi gyfiawn, drugarog ac effeithiol. Mae'n gwneud hyn drwy ymchwilio i'r ffordd mae'r drefn yn gweithio; rhoi gwybodaeth i garcharorion, staff a'r cyhoedd; a dylanwadu ar lywodraeth a swyddogion er mwyn diwygio.' Bydd gwaith elusennau ym maes rheolaeth gymdeithasol yn cael ei ddatblygu ymhellach yn yr uned hon; ond gall y rhain gael eu cynnwys mewn ateb i'r MPA hwn hefyd.

Sentencing Council

Mae'r Cyngor Dedfrydu yn ceisio gwella dealltwriaeth y cyhoedd o ddedfrydu.

Chwilio'r we

Ewch i wefan y Cyngor Dedfrydu (https://www.sentencingcouncil.org.uk/offences/) a chwiliwch am y canllawiau ar gyfer ymosod cyffredin, twyll a niwed corfforol difrifol (a. 20). Cymharwch a chyferbynnwch y canllawiau.

Cyswllt synoptig

Elusennau ac asiantaethau eraill yn y System Cyfiawnder Troseddol

---

RHESTR WIRIO – A YDYCH CHI'N GALLU:

☐ disgrifio trefniadaeth y System Cyfiawnder Troseddol

☐ disgrifio sut mae'r asiantaethau yn gysylltiedig â'i gilydd, neu esbonio eu perthynas wrth i achos fynd drwy'r llys?

MPA1.3 DISGRIFIO MODELAU CYFIAWNDER TROSEDDOL

Mae'r MPA hwn yn gofyn am ddealltwriaeth o ddau fodel cyfiawnder: y model trefn briodol a'r model rheoli troseddau. Cafodd y modelau hyn eu cynnig gan Herbert Packer, athro'r Gyfraith ym Mhrifysgol Stanford. Mae'n rhaid i chi allu disgrifio pob model, a disgrifio sut mae'n esbonio cyfiawnder. Byddai cynnwys achosion go iawn i gefnogi'r pwyntiau yn cryfhau unrhyw ateb.

Y model rheoli troseddau

Mae'r model hwn yn rhoi pwyslais ar leihau troseddu drwy roi mwy o bwerau a chamau gweithredu i'r heddlu, gan ganolbwyntio ar sicrhau cyfiawnder i'r dioddefwr.

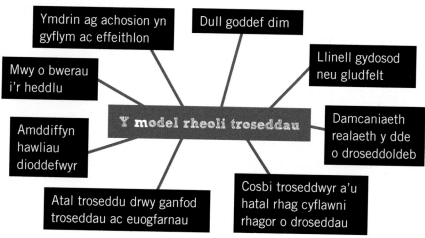

- Ymdrin ag achosion yn gyflym ac effeithlon
- Dull goddef dim
- Mwy o bwerau i'r heddlu
- Llinell gydosod neu gludfelt
- Amddiffyn hawliau dioddefwyr
- **Y model rheoli troseddau**
- Damcaniaeth realaeth y dde o droseddoldeb
- Atal troseddu drwy ganfod troseddau ac euogfarnau
- Cosbi troseddwyr a'u hatal rhag cyflawni rhagor o droseddau

Y model trefn briodol

Mae'r model hwn yn canolbwyntio ar ryddid yr unigolyn, ac ar amddiffyn ei hawliau. Byddai'n awgrymu lleihau pwerau'r heddlu a'r llywodraeth.

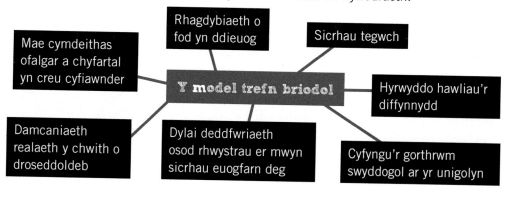

- Mae cymdeithas ofalgar a chyfartal yn creu cyfiawnder
- Rhagdybiaeth o fod yn ddieuog
- Sicrhau tegwch
- **Y model trefn briodol**
- Hyrwyddo hawliau'r diffynnydd
- Damcaniaeth realaeth y chwith o droseddoldeb
- Dylai deddfwriaeth osod rhwystrau er mwyn sicrhau euogfarn deg
- Cyfyngu'r gorthrwm swyddogol ar yr unigolyn

Gweler tudalennau 213–216 yn y gwerslyfr.

Term allweddol

Model: system neu weithdrefn a ddefnyddir fel enghraifft i'w dilyn.

Cyngor

Nid yw'r manylebau yn gofyn i chi werthuso'r modelau na phenderfynu pa un yw'r gorau. Ond efallai bydd gofyn i chi ddisgrifio model o'r testun a roddwyd mewn cwestiwn arholiad.

Cyswllt synoptig

A ydych chi'n cofio achos Colin Stagg neu Friff Gareth Hughes o Uned 3? Ystyriwch a allai unrhyw un o'r pwyntiau hyn fod yn berthnasol iddyn nhw.

Cwestiwn enghreifftiol

Mae Colin Chesterton o Newcastle yn honni ei fod wedi'i gael yn euog ar gam ar gyhuddiad o lofruddiaeth. Cafodd ei ddyfarnu'n euog gan reithgor yn Llys y Goron gyda rheithfarn unfrydol. Mae'n bwriadu apelio yn erbyn ei euogfarn, ac mae ei deulu wedi dechrau ymgyrch o'r enw 'Rhyddhewch Unigolyn Newcastle'. Mae Colin yn honni bod yr heddlu wedi methu ystyried unrhyw un arall a ddrwgdybid, a bod y rheithgor wedi cael ei 'brynu' i'w gael yn euog. Mae'n credu hefyd fod y barnwr yn perthyn i'r troseddwr, ac mai dyma pam cafodd ddedfryd o garchar am oes gydag argymhelliad ei fod yn bwrw dedfryd o 70 mlynedd.

Disgrifiwch sut gallai un model o gyfiawnder troseddol fod yn gymwys i achos Colin. [6 marc] **Papur arholiad Uned 4 2018**

Mae'r cynllun marcio yn nodi'r canlynol:
0 marc: Does dim byd yn haeddu marc.
1–3 marc: Mae'r atebion yn disgrifio sut gallai un model o gyfiawnder troseddol fod yn gymwys i achos Colin, ond does dim llawer o fanylion. Mae'r atebion yn cyfleu ystyr, ond does dim digon o fanylder. Ychydig/dim defnydd o eirfa arbenigol.
4–6 marc: Mae'r atebion yn disgrifio'n fanwl sut gallai un model o gyfiawnder troseddol fod yn gymwys i achos Colin. Mae'r atebion yn cyfleu ystyr gyda pheth defnydd o eirfa arbenigol.

Gall atebion gynnwys y canlynol:
• Y model mwyaf priodol ar gyfer achos Colin yw'r model rheoli troseddau.
• Mae hyn yn golygu mai atal trosedd yw swyddogaeth bwysicaf cyfiawnder troseddol, gan fod trefn yn amod angenrheidiol ar gyfer cymdeithas rydd. Byddai honiadau Colin am weithredoedd yr heddlu yn berthnasol yma.
• Dylai cyfiawnder troseddol ganolbwyntio ar hyrwyddo hawliau dioddefwyr, yn hytrach nag amddiffyn hawliau diffynyddion. Gallai hyn esbonio pam rhoddodd y barnwr ddedfryd mor llym, oherwydd yn ôl Colin, mae'n perthyn i'r dioddefwr.

Datblygu ymhellach

Ystyriwch rai o'r achosion troseddol sydd wedi ymddangos yn y tair uned blaenorol, a phenderfynwch pa rai fyddai'n gallu perthyn i'r model cyfiawnder rheoli troseddu, a pha rai sy'n perthyn i'r model trefn briodol.

Cyngor ✓

Ceisiwch gysylltu'r modelau cyfiawnder â damcaniaeth droseddegol. Er enghraifft, mae model rheoli troseddau yn cysylltu â realaeth y dde, ac mae trefn briodol yn cysylltu â realaeth y chwith.

Enw'r fenyw yn y ddelwedd hon yw 'Arglwyddes Cyfiawnder', ac mae hi'n enwog am sefyll ar ben llys yr Old Bailey yn Llundain. Mae hi'n symbol o foesoldeb a chyfiawnder y system gyfreithiol.

- Dylai'r broses cyfiawnder troseddol weithio fel cludfelt llinell gydosod, gan symud achosion yn eu blaen yn gyflym nes iddyn nhw gael eu penderfynu. Gallai hyn gyfrif am honiad Colin bod yr heddlu wedi methu ystyried y gallai rhywun arall fod wedi cyflawni'r drosedd.
- Os bydd yr heddlu yn arestio rhywun a bod erlynydd yn penderfynu ei gyhuddo o drosedd, dylid rhagdybio bod y cyhuddedig yn euog, gan fod dulliau'r heddlu ac erlynwyr o ddod o hyd i ffeithiau yn ddibynadwy iawn. Gallai hyn esbonio honiadau Colin am ei achos.
- Mae cysylltiad rhwng y model trefn briodol ac achos Colin.

Ateb enghreifftiol

Faint o farciau byddech chi'n eu rhoi i'r ateb canlynol? Cymharwch eich barn yn erbyn yr ateb sydd ar y we.

Gall model cyfiawnder rheoli troseddau gael ei gymhwyso at achos Colin. Mae'r model hwn yn hawlio bod pob diffynnydd yn euog oni bai ei fod yn gallu profi ei fod yn ddieuog. Dylai'r heddlu ac asiantaethau eraill yn y System Cyfiawnder Troseddol gael rhagor o bwerau i brofi bod y diffynnydd yn euog, dim ots beth yw'r dystiolaeth. Mae hyn i'w weld yn achos Colin gan ei bod yn amlwg i'r holl asiantaethau wneud popeth o fewn eu gallu i sicrhau rheithfarn euog. Mae hyn yn gymwys, er gwaethaf y ffaith ei fod yn honni ei fod yn ddieuog. Mae'r model hwn yn rhoi mwy o bwyslais ar ddwyn rheithfarn euog cyn gynted â phosibl, yn eithaf tebyg i linell gydosod. Mae'r model rheoli troseddau yn canolbwyntio ar hawliau'r dioddefwr yn hytrach na hawliau'r diffynnydd. Mae'n dilyn dull 'goddef dim', lle dylai'r diffynnydd gael ei gosbi am bob trosedd, dim ots pa mor fach yw hi.

Mae'r model rheoli troseddau a'r model trefn briodol yn ddwy ddamcaniaeth gyfiawnder wrthgyferbyniol.

Gweithgaredd 4.3
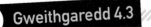

Mae'r canlynol yn feysydd y gyfraith sy'n cefnogi naill ai'r model rheoli troseddau neu'r model trefn briodol. Mae angen i chi benderfynu pa un sy'n perthyn i bob damcaniaeth o gyfiawnder.

1. Ymestyn y cyfnod pan ellir cadw'r rhai a ddrwgdybir o droseddau terfysgaeth yn y ddalfa.
2. Cydnabod yr angen am ragofalon gweithdrefnol gan yr heddlu yn sgil cyflwyno Deddf yr Heddlu a Thystiolaeth Droseddol (PACE) 1984.
3. Mae Deddf Hawliau Dynol 1998 yn golygu bod modd archwilio arferion cyfiawnder troseddol yn drylwyr o safbwynt hawliau dynol.
4. Dileu'r rheol ar 'erlyniad dwbl' am lofruddiaeth a throseddau difrifol eraill.
5. Caniatáu cyflwyno tystiolaeth 'cymeriad gwael' a gwybodaeth am euogfarnau blaenorol i'r llysoedd eu hystyried wrth drafod eu rheithfarn.
6. Mae cyfweliadau'r heddlu bellach yn cael eu recordio ac mae gan y rhai a ddrwgdybir yr hawl i gael cynrychiolaeth gyfreithiol.

> Mae'r atebion i'r gweithgaredd hwn i'w gweld yn y gwerslyfr ar dudalennau 214–215.

Gweithgaredd 4.4

Yn y dosbarth, ceisiwch actio golygfa lle mae'r heddlu yn arestio ac yn cyfweld rhywun. Ond cyn hynny, ysgrifennwch sgript sy'n dangos y model rheoli troseddau, ac yna ail sgript debyg sy'n pwysleisio yn hytrach ar gamau gweithredu'r model trefn briodol.

Profi eich hun

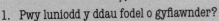

1. Pwy luniodd y ddau fodel o gyfiawnder?
2. Esboniwch feysydd o'r gyfraith sy'n dangos y model trefn briodol o gyfiawnder.
3. Nodwch ddamcaniaeth droseddegol sy'n gysylltiedig â'r model trefn briodol o gyfiawnder.
4. Nodwch ddamcaniaeth droseddegol sy'n gysylltiedig â rheoli troseddau.
5. Nodwch achos sy'n dangos agweddau ar y model rheoli troseddau.

RHESTR WIRIO – A YDYCH CHI'N GALLU:

☐ disgrifio'r model rheoli troseddau o gyfiawnder

☐ disgrifio'r model trefn briodol o gyfiawnder

☐ disgrifio model cyfiawnder ar sail testun?

TREFN BRIODOL

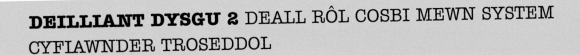

MPA2.1 ESBONIO MATHAU O REOLAETH GYMDEITHASOL

Gall rheolaeth gymdeithasol fod yn fewnol neu'n allanol, ac mae'r ddau fath yn ceisio rheoli faint o droseddau sy'n cael eu cyflawni. Bydd hyn yn cael ei wneud drwy gynnig mesurau a dylanwadau i reoli gweithredoedd anghyfreithlon pobl.

Mathau mewnol o reolaeth gymdeithasol

Mae'r rhain yn ymwneud â'n meddyliau a'n safbwyntiau ni mewn perthynas â throsedd. Wrth i ni dyfu, ac wrth i bobl a sefyllfaoedd ddylanwadu arnon ni, rydyn ni'n datblygu moesau a chodau ymddygiad sy'n pennu'n hymateb ni i drosedd. Ein cydwybod, neu ein 'cwmpawd moesol', sy'n pennu a fyddwn ni'n ufuddhau i'r gyfraith, neu'n troseddu.

Gweler tudalennau 217–221 yn y gwerslyfr.

Rheolaeth

Mae dau fath o reolaeth gymdeithasol: (i) mewnol ac (ii) allanol.

Mathau mewnol o reolaeth gymdeithasol					
Crefydd	Magwraeth	Traddodiadau	Cydwybod	Ideoleg rhesymegol	Mewnoli rheolau cymdeithasol
Mae crefydd yn cael dylanwad mawr ar y ffordd rydyn ni'n ymddwyn, gan ein bod ni'n cael ein harwain gan y codau moesol mae'n ein hannog i'w dilyn.	Mae magwraeth, yn enwedig awdurdod rhieni, yn cael dylanwad mawr ar ein rhesymau dros ufuddhau i'r gyfraith.	Mae traddodiadau yn gysylltiedig â'n magwraeth, ac maen nhw wedi ein cyflyru ni i wybod sut i ymddwyn ac i beidio â throseddu.	Mae ein cwmpawd moesol neu'n cydwybod yn dweud wrthym ni na ddylen ni droseddu, gan ei fod yn anghywir. Mae cysylltiad hefyd rhwng ein cydwybod a chrefydd, ein magwraeth a'n traddodiadau.	Mae gan bobl syniad o'r hyn sy'n dda a'r hyn sy'n ddrwg, ac felly maen nhw'n ufuddhau i'r gyfraith. Maen nhw'n gallu mewnoli rheolau cymdeithasol.	Gall pobl feddwl drostyn nhw eu hunain beth yw eu gwerthoedd cymdeithasol a beth sy'n annerbyniol mewn cymdeithas, ac felly maen nhw'n peidio â throseddu.

Gweithgaredd 4.5

Mewn parau, ystyriwch pam rydych chi'n teimlo y dylech chi ddilyn rheolau a pheidio â thorri'r gyfraith, drwy esbonio pa ddylanwadau mewnol sy'n gwneud i chi ymddwyn fel hyn.

Cyswllt synoptig

Mae magwraeth yn gysylltiedig â'r ddamcaniaeth dysgu cymdeithasol ac â Bandura.

Mathau allanol o reolaeth gymdeithasol

Rheolaeth allanol yw dylanwadau o'r tu allan sy'n gwneud i ni ddilyn y rheolau a pheidio â throseddu. Mae'r dylanwadau hyn yn ein perswadio neu'n ein gorfodi ni i gydymffurfio â'r rheolau. Dyma rai enghreifftiau o reolaeth allanol:

- heddlu
- rhieni
- athrawon
- barnwyr
- ynadon
- wardeiniaid traffig
- carchardai
- arweinwyr crefyddol
- staff diogelwch
- teledu cylch cyfyng.

Mae carchardai a'r heddlu yn amlwg yn rymoedd rheolaeth gymdeithasol allanol.

Cyngor ✓

Os defnyddiwch chi eirfa arbenigol, mae'n bosibl ennill marciau uwch yn yr arholiad. Yn y MPA hwn ceisiwch gynnwys y termau canlynol:
- ideoleg rhesymegol
- traddodiad
- mewnoli rheolau cymdeithasol a moesoldeb.

Cwestiwn enghreifftiol ?

Mae'r cwestiwn hwn o **bapur arholiad Uned 4 2017** yn gofyn:

Esboniwch pam mae carcharu yn gweithredu fel ffurf allanol o reolaeth gymdeithasol. [4 marc]

Mae'r math o wybodaeth ddylai gael ei gynnwys mewn ateb i'w weld yn y cynllun marcio canlynol:

0 marc: Does dim byd yn haeddu marc.

1–2 marc: Mae'r atebion yn rhoi esboniad sylfaenol/cyfyngedig sy'n nodi pam mae carcharu yn gweithredu fel ffurf allanol o reolaeth gymdeithasol. Mae'r atebion yn cyfleu ystyr, ond does dim digon o fanylder. Ychydig/dim defnydd o eirfa arbenigol.

3–4 marc: Mae'r atebion yn rhoi esboniad manwl sy'n nodi pam mae carcharu yn gweithredu fel ffurf allanol o reolaeth gymdeithasol. Mae'r atebion yn cyfleu ystyr gyda pheth defnydd o eirfa arbenigol.

Gall yr atebion tebygol gynnwys y canlynol:
- Mae'r bygythiad o garchar yn perswadio neu'n gorfodi aelodau o'r gymdeithas i gydymffurfio â'r rheolau.
- Gall ofn cosb/carchariad posibl atal pobl rhag troseddu.
- Gall y syniad o golli rhyddid sicrhau rheolaeth gymdeithasol.
- Gall y posibilrwydd o gyfnod hir yn y carchar atal pobl rhag cyflawni troseddau difrifol.
- Wrth ofni canlyniadau dedfryd o garchar ar fywyd yn y dyfodol, fel colli gwaith, gall hyn weithredu fel mecanwaith rheolaeth gymdeithasol.

Cyngor ✓

Os byddwch chi'n cael cwestiwn am reolaeth gymdeithasol allanol, ceisiwch sicrhau eich bod yn esbonio sut mae'n gweithredu fel gorfodaeth neu rym gorfodol. Nodwch hefyd sut mae'n creu ofn cosb ac yn fath o ataliaeth i'r cyhoedd a'r unigolyn.

Damcaniaeth rheoli

Mae'r ddamcaniaeth rheoli yn esbonio pam nad yw pobl yn troseddu. Yn ôl y ddamcaniaeth hon, dydy pobl ddim yn cyflawni gweithredoedd troseddol neu wyrdroëdig gan fod ffactorau sy'n rheoli eu hymddygiad a'u dyhead neu eu hawydd i dorri'r rheolau. Y ddau ddamcaniaethwr i'w hystyried yw Walter C. Reckless a Travis Hirschi.

Gweithgaredd 4.6

Isod mae crynodeb o bob damcaniaeth. Llenwch y bylchau, gan gyfeirio at y gwerslyfr.

> I gael rhagor o wybodaeth am Reckless a Hirschi, gweler tudalennau 220–221 yn y gwerslyfr.

Walter C. Reckless

Datblygodd Reckless un fersiwn o ddamcaniaeth rheoli, sef
_____. Dadleuodd ein bod yn gallu _____
_____ _____ oherwydd cyfyngiant mewnol ac
_____. Daw cyfyngiant mewnol o'n _____ ac yn
benodol o ddylanwad ein _____. Mae cyfyngiant allanol
yn cyfeirio at ddylanwad _____ _____, gan gynnwys
cyfreithiau'r gymdeithas rydyn ni'n byw ynddi. Mae cyfuniad o
gyfyngiant seicolegol _____ a chyfyngiant cymdeithasol
_____ yn atal pobl rhag gwyro oddi wrth _____
_____.

Travis Hirschi

Roedd Hirschi'n credu bod yn rhaid i bobl _____
_____ i atal ymddygiad troseddol. Dywedodd fod pedwar
rhwymyn, sef _____, _____, cysylltiad a
_____, a bod yn rhaid i'r rhain ymffurfio'n gywir er mwyn
atal rhywun rhag bod â thuedd i droseddu.   Roedd ymchwil Hirschi
yn honni bod ymlyniadau _____ at rieni, ysgol a _____
_____ yn bwysig i hyrwyddo ymddygiad o blaid cymdeithas.
Hefyd, roedd angen ymrwymiad i gyflawni _____
_____ fel cael swydd dda a thŷ braf,
etc. Ochr yn ochr â hyn, mae angen cymryd rhan mewn rhyw fath o
weithgaredd cymdeithasol fel chwarae mewn tîm chwaraeon neu fod
yn aelod o grŵp cymunedol er mwyn _____ _____

_____.

Yn olaf, i sicrhau bod pobl yn cydymffurfio â rheolau cymdeithas,
mae angen credu yng ngwerthoedd y gymdeithas, fel _____
a _____.

Mae ymlyniadau sydd wedi'u ffurfio'n gywir, yn enwedig at rieni, yn bwysig yn namcaniaeth rheoli Travis Hirschi.

Gweithgaredd 4.7

Gan ddefnyddio'r wybodaeth yn yr adran hon a'r wybodaeth yn y gwerslyfr, atebwch y cwestiwn canlynol. Bydd ateb da yn ddefnyddiol iawn wrth adolygu.

Trafodwch resymau unigolion dros ufuddhau i'r gyfraith. [8 marc]

Cyngor ✔

Os defnyddiwch chi eirfa arbenigol, mae'n bosibl ennill marciau uwch yn yr arholiad. Yn y MPA hwn ceisiwch gynnwys y termau canlynol:
- gorfodaeth
- ofn cosb
- ataliaeth unigol
- ataliaeth gyffredinol
- damcaniaeth rheoli.

RHESTR WIRIO – A YDYCH CHI'N GALLU:

☐ rhoi enghreifftiau o reolaeth gymdeithasol fewnol

☐ esbonio sut mae rheolaeth gymdeithasol fewnol yn atal trosedd, gan ddefnyddio termau fel ideoleg rhesymegol, traddodiad a mewnoli rheolau a moesoldeb cymdeithasol

☐ rhoi enghreifftiau o reolaeth gymdeithasol allanol

☐ esbonio sut mae rheolaeth gymdeithasol allanol yn atal trosedd, gan ddefnyddio termau fel gorfodaeth, ofn cosb, ataliaeth a damcaniaeth rheoli

☐ esbonio'n fyr y damcaniaethau a gynigiwyd gan Walter C. Reckless a Travis Hirschi?

Cydwybod

MPA2.2 TRAFOD NODAU COSBI

Yn y MPA hwn, mae'n rhaid i chi allu trafod y nodau cosbi canlynol:

- ad-dalu
- adsefydlu
- ataliaeth, gan gynnwys atal unigolion rhag aildroseddu ac atal eraill rhag cyflawni troseddau tebyg
- amddiffyn y cyhoedd
- gwneud iawn.

Gweler tudalennau 222–228 yn y gwerslyfr.

Ad-dalu

Ceisiwch roi enghreifftiau o gosbau allai gael eu hystyried yn rhai sy'n bodloni'r nod dan sylw. Bydd hyn yn cael ei ddatblygu ymhellach yn y MPA nesaf. Yn achos ad-dalu, mae cosbau fel y gosb eithaf ar gyfer llofruddiaeth neu ddedfrydau hir o garchar am droseddau difrifol yn briodol. Dydy ad-dalu ddim yn golygu cosbi er mwyn cosbi. Yn hytrach, mae'n ymwneud â'r awydd i sicrhau bod y troseddwr yn cael cosb briodol a dim mwy na hynny. Nid yw'n ceisio newid ymddygiad, ac mae'n aml yn cael ei ystyried yn nod hen ffasiwn.

Mae ad-dalu, fel nod cosbi, yn cynnwys elfen sylweddol o ddial.

Chwilio'r we

Darllenwch yr erthygl 'David Cameron: All Sentences Must Have Element of "Punishment"' gan Rosa Prince (2012, 22 Hydref), *The Telegraph* (https://www.telegraph.co.uk/news/politics/david-cameron/9625660/David-Cameron-all-sentences-must-have-element-of-punishment.html), ac ysgrifennwch grynodeb byr o safbwyntiau David Cameron ar nodau cosbi.

Gall safbwyntiau a syniadau o'r fath gael eu cynnwys mewn unrhyw gwestiwn am ad-dalu. Byddai dyfynnu safbwynt cyn-Brif Weinidog Prydain yn cael ei ganmol mewn sefyllfa arholiad.

Cyngor

Mae ad-dalu yn gofyn am gosbi ar y lefel cywir. Wrth drafod y nod hwn, ceisiwch gynnwys y termau canlynol:
- haeddiant
- dial
- rhoi cosb sy'n addas i'r drosedd
- llygad am lygad.

Cyswllt synoptig Wrth ystyried ad-dalu, ceisiwch ei gysylltu â damcaniaeth droseddegol y gwnaethoch chi ei hastudio yn Uned 2. O ystyried mai cosbi yw nod ad-dalu, mae yma gysylltiad â realaeth y dde a'r syniad o ymdrin yn gadarn â throseddu.

Mae realaeth y dde yn honni bod bondiau cymdeithasol y troseddwr yn wan, a'i bod yn bosibl iawn bod cefndir economaidd gwael yn golygu nad yw'r troseddwr yn gallu rheoli ei ysfa i droseddu. Felly, mae angen cosbi er mwyn atal troseddu.

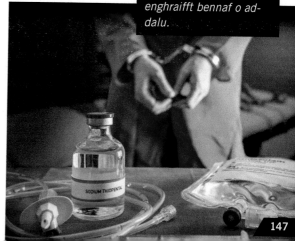

Mae'n debyg mai'r gosb eithaf ar gyfer llofruddiaeth yw'r enghraifft bennaf o ad-dalu.

Adsefydlu

Mae nod adsefydlu bron iawn yn union i'r gwrthwyneb i nod ad-dalu. Mae'r nod hwn yn ceisio newid y troseddwr, gan wneud iddo ddefnyddio ewyllys rydd neu ei feddwl ei hun i ddewis peidio â throseddu. Yn hytrach, bydd am gydymffurfio â rheolau cymdeithas. Felly mae hwn yn cael ei ystyried yn nod blaengar. Wrth ystyried adsefydlu, ceisiwch gynnwys y termau canlynol:

- diwygio
- ewyllys rydd
- gorchmynion cymunedol.

Ceisiwch gynnwys cosbau sy'n ceisio adsefydlu troseddwyr – fel gorchymyn prawf gydag amodau. Gallai'r rhain gynnwys gwaith di-dâl, neu gael triniaeth am broblemau fel cyffuriau neu alcohol. Mae'r gorchmynion hyn yn ceisio addysgu a newid safbwyntiau'r troseddwyr, fel na fyddan nhw eisiau troseddu. Mae cyfiawnder adferol yn enghraifft dda o droseddwyr yn cydnabod bod troseddu yn anghywir, ac yn newid eu meddylfryd wrth sylweddoli canlyniadau eu troseddau.

Cyswllt synoptig Ceisiwch gysylltu adsefydlu â damcaniaeth droseddegol o Uned 2. Ystyriwch sut mae rhai damcaniaethau unigolyddol yn hyrwyddo technegau addasu ymddygiad, er mwyn newid y ffordd mae troseddwr yn meddwl ac yn ymddwyn.

Datblygu ymhellach

Ymchwiliwch i 'The Woolf Within' ac yna defnyddiwch hwn fel enghraifft o adsefydlu llwyddiannus.

Cafodd Peter Woolf ei adsefydlu gan ddefnyddio cyfiawnder adferol.

Cwestiwn enghreifftiol

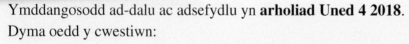

Ymddangosodd ad-dalu ac adsefydlu yn **arholiad Uned 4 2018**. Dyma oedd y cwestiwn:

Trafodwch ad-dalu ac adsefydlu fel nodau dedfrydu.
[10 marc]

Roedd y cwestiwn hwn yn gofyn am drafod y ddau nod, a gallai gynnwys gwybodaeth fel hyn:

- Esbonio ystyr pob term.
- Enghreifftiau o gosbau sy'n ceisio cyflawni'r nod.
- Terminoleg arbenigol allweddol.
- Cysylltiadau â damcaniaethau troseddegol.
- Enghreifftiau o achosion os yw hynny'n bosibl.

Ateb enghreifftiol

Isod mae ateb enghreifftiol a chynllun marcio. Faint o farciau byddech chi'n eu rhoi i'r ateb hwn?

Mae ad-dalu'n nod sy'n ceisio rhoi'r ddedfryd fwyaf addas i'r drosedd. Mewn geiriau eraill, rhaid i'r gosb fod yn addas i'r drosedd. Mae hyn i'w weld yn yr ymadrodd beiblaidd, 'llygad am lygad'. Felly, mae troseddau llai yn cael cosbau llai. Er enghraifft, gall ymddygiad gwrthgymdeithasol gael ei gosbi â Gorchymyn Ymddygiad Troseddol. Ar y llaw arall, mae'n debyg bydd lladrad arfog yn cael dedfryd hir o garchar. Byddai llofruddiaeth yn cael dedfryd oes, oherwydd yr angen i amddiffyn cymdeithas. Dydy ad-dalu ddim yn ceisio newid ymddygiad troseddwr, ac mae'n bolisi hen ffasiwn. Mae'n ceisio dial ar y troseddwr ar ran y dioddefwr ac ar ran cymdeithas. Mae'r gosb eithaf ar gyfer llofruddiaeth yn enghraifft o ad-dalu.

Mae lladron arfog fel arfer yn cael dedfryd hir o garchar.

Mae adsefydlu, ar y llaw arall, yn ceisio newid ymddygiad a meddylfryd troseddwr. Felly, mae'n cael ei ystyried yn nod blaengar. Byddai cosbau sy'n ceisio diwygio troseddwr yn cael eu hystyried yn rhai adferol. Gall y rhain gynnwys gorchmynion cymunedol, gyda'r amod o dderbyn triniaeth yn ymwneud â materion fel camddefnyddio alcohol neu gyffuriau.

Cynllun marcio

0 marc: Does dim byd yn haeddu marc.

1–4 marc: Mae'r atebion yn trafod ad-dalu ac adsefydlu fel nodau dedfrydu ond does dim llawer o fanylion. Mae'r atebion yn cyfleu ystyr, ond does dim digon o fanylder. Ychydig/dim defnydd o eirfa arbenigol.

5–8 marc: Mae'r atebion yn trafod ad-dalu ac adsefydlu fel nodau dedfrydu yn eithaf manwl. Mae'r atebion yn cyfleu ystyr, gyda pheth defnydd o eirfa arbenigol.

9–10 marc: Mae'r atebion yn trafod ad-dalu ac adsefydlu fel nodau dedfrydu yn fanwl. Mae'r atebion wedi'u strwythuro'n dda ac wedi'u mynegi'n glir. Defnyddir termau arbenigol mewn ffordd naturiol a chywir.

Cyngor

Dylech chi bob amser geisio rhoi enghraifft o gosb wirioneddol sy'n cysylltu â'r nod rydych yn ei ystyried.

Condemniad yw ffordd cymdeithas o ddangos ei bod yn anghymeradwyo'r drosedd.

Ataliaeth, amddiffyn y cyhoedd, gwneud iawn a chondemniad

Mae'r tabl canlynol yn cynnwys y prif bwyntiau am yr amcanion ar y dudalen flaenorol. Gwnewch yn siŵr eich bod yn deall y crynodebau ac y gallwch chi gynnwys y wybodaeth o bob colofn mewn ateb arholiad.

Nod	Esboniad	Enghreifftiau o gosb	Cysylltu â damcaniaeth	Geirfa
Ataliaeth	Ceisio perswadio'r troseddwr i beidio â throseddu drwy fod ofn cosb gyffredinol ac unigol.	Cyffredinol – dedfrydau hir o garchar, e.e. terfysgoedd Llundain yn 2011. Unigol – dedfryd ohiriedig.	Damcaniaeth dysgu cymdeithasol – ceisio dysgu sut i beidio ag aildroseddu, neu weithiau ddysgu gan eraill er mwyn gwella nodweddion troseddol.	Ofn cosb
Amddiffyn y cyhoedd	Cadw cymdeithas yn ddiogel rhag pobl beryglus.	Fel rheol, dedfrydau o garchar yn cynnwys dedfryd oes. Ond gall hefyd gynnwys gwaharddiad rhag gyrru, cyfnod prawf ac ysbaddu cemegol.	Realaeth y dde yn delio â throseddu mewn ffordd gadarn.	Analluogi
Gwneud iawn	Rhoi iawndal am y drosedd, neu unioni'r cam a gafodd ei wneud.	Gorchmynion cymunedol yn cynnwys elfen o waith di-dâl, neu iawndal am droseddau fel difrod troseddol neu ymosod.	Realaeth y chwith a'r defnydd o fesurau ymarferol i atal troseddu.	Edifeirwch Talu'n ôl i'r gymuned
Condemniad	Atgyfnerthu rheolau, gan gynnwys syniadau moesol a moesegol. E.e. daeth y gymuned ynghyd yn dilyn herwgydio Shannon Matthews.	Dedfrydau o garchar am droseddau rhyw neu droseddau treisgar, i ddangos na fydd cymdeithas yn goddef ymddygiad o'r fath.	Swyddogaetholdeb i ddangos bod diben i droseddu.	Cynnal ffiniau Anghymeradwyaeth

 Gweithgaredd 4.8

Ewch ar y we i ddarllen yr erthygl 'UK Knife Crime Offenders Getting Longer Jail Sentences', o *The Guardian*, gan Damien Gayle (2018, 8 Mawrth) (https://www.theguardian.com/uk-news/2018/mar/08/uk-knife-crime-offenders-longer-jail-sentences). Ystyriwch pa nodau cosbi allai gael eu cyflawni gan y dedfrydau dan sylw.

Profi eich hun

1. Nodwch gosb sy'n ceisio sicrhau adsefydlu.
2. Pa nod cosbi sy'n enghraifft o'r dywediad 'llygad am lygad'?
3. Pa nod cosbi sy'n gallu bod yn gyffredinol ac yn unigol?
4. Gallai'r ddamcaniaeth dysgu cymdeithasol gysylltu â pha nod cosbi?
5. Nodwch achos lle dangosodd cymdeithas ei chondemniad.
6. Esboniwch beth yw ystyr gwneud iawn.
7. A yw ad-dalu yn nod blaengar neu'n nod hen ffasiwn?
8. Pa nodau cosbi gallai dedfryd o garchar eu cyflawni?

Datblygu ymhellach

Darllenwch yr erthygl 'Why Doesn't Prison Work for Women' ar wefan BBC News (https://www.bbc.co.uk/news/uk-england-45627845) ac ystyriwch effaith dedfrydau o garchar tymor byr. Mae hyn yn arwain at y MPA nesaf.

RHESTR WIRIO – A YDYCH CHI'N GALLU:

☐ trafod y nodau cosbi canlynol:

- ad-dalu
- adsefydlu
- ataliaeth
- amddiffyn y cyhoedd
- gwneud iawn

☐ cysylltu nodau cosbi â damcaniaethau troseddegol o Uned 2?

MPA2.3 ASESU SUT MAE MATHAU O GOSBAU YN CYFLAWNI NODAU COSBI

Gweler tudalennau 229–234 yn y gwerslyfr.

Gweithgaredd 4.9

Cysylltwch y gosb â'r disgrifiad.

A Rhyddhau
B Carcharu
C Dirwyon
CH Gwasanaeth cymunedol

1. Gall fod yn orchymyn cyfuno, fel gwaith di-dâl, cyrffyw neu oruchwyliaeth.
2. Mae hyn yn dibynnu ar amgylchiadau ariannol y troseddwr.
3. Amodol fel rheol, ond gall fod yn ddiamod.
4. Am gyfnod penodol fel rheol, ond gall fod yn ohiriedig neu am oes.

Carcharu

Mae sawl nod i garcharu, gan gynnwys:

- **Ad-dalu**: dial am y drosedd. Mae llofruddiaeth, er enghraifft, yn arwain at ddedfryd oes orfodol, gan ddangos bod y gosb yn addas i'r drosedd.

- **Adsefydlu**: y gobaith yw bod meddylfryd y troseddwr yn newid, ac na fydd eisiau troseddu eto.

- **Ataliaeth**: os yw troseddwr wedi bod i'r carchar, efallai na fydd eisiau dychwelyd yno – ac felly bydd hyn yn ei atal rhag troseddu. Gall carchardai fod yn ataliaeth gyffredinol i gymdeithas hefyd, oherwydd gall pobl gael eu perswadio i beidio â throseddu gan na allan nhw wynebu mynd i'r carchar.

- **Amddiffyn y cyhoedd/analluogi**: mae'r carchardai fel arfer ar gyfer y troseddwyr mwyaf peryglus, oherwydd drwy eu carcharu, maen nhw'n cael eu cadw ar wahân i'r cyhoedd. Mae hyn felly yn amddiffyn y cyhoedd.

- **Condemniad**: pan fydd troseddwr yn cael ei anfon i'r carchar, gall hyn gael ei ystyried yn weithred ar ran cymdeithas i ddangos nad yw'n cymeradwyo'r drosedd, a'i bod yn haeddu dedfryd ddifrifol.

Nawr ein bod yn gwybod pa nodau gall carcharu eu cyflawni, mae angen i ni benderfynu a yw'r nodau yn cael eu cyflawni mewn gwirionedd neu beidio.

Chwilio'r we

Darllenwch 'Can Prison Work?' gan Prisoner Ben (2015, 21 Rhagfyr) ar wefan *The Guardian* (https://www. theguardian.com/ commentisfree/2015/ dec/21/can-prison-work-crime), ac ysgrifennwch grynodeb o safbwynt yr awdur am garchar mewn pum brawddeg neu lai.

Gall dedfryd o garchar gyflawni llawer o nodau cosbi.

Daw'r ffeithiau canlynol o'r ddogfen 'Prison: The Facts: Bromley Briefings Summer 2018' gan Ymddiriedolaeth Diwygio'r Carchardai / Prison Reform Trust (http://www.prisonreformtrust.org.uk/Portals/0/Documents/Bromley%20Briefings/Summer%202018%20factfile.pdf).

Yng Nghymru a Lloegr mae'r gyfradd garcharu uchaf yng Ngorllewin Ewrop.

Mae poblogaeth y carchardai wedi cynyddu 77% yn ystod y 30 mlynedd diwethaf.

Cafodd 65,000 o bobl eu dedfrydu i'r carchar yn 2017.

Mae dedfrydau byr o garchar yn llai effeithiol na dedfrydau cymunedol wrth leihau aildroseddu.

Mae pobl sydd wedi cael dedfryd orfodol am oes yn treulio mwy o'u dedfryd yn y carchar. Ar gyfartaledd, maen nhw'n treulio cyfnod o 17 blynedd yn y ddalfa, sydd wedi codi gan mai 13 blynedd oedd hyn yn 2001.

Mae llawer o'n carchardai yn orlawn – ac maen nhw wedi bod felly am amser hir. Oherwydd bod carchardai yn orlawn, mae hynny'n effeithio ar faint o weithgareddau, staff ac adnoddau eraill sydd ar gael i leihau'r perygl o aildroseddu, yn ogystal ag effeithio ar bellter y carcharorion oddi wrth eu teuluoedd a rhwydweithiau cymorth eraill.

Mae llawer yn cael eu rhyddhau o'r carchar, ac yn dychwelyd yno'n fuan wedyn.

Mae nifer y bobl sy'n cael eu galw'n ôl i'r ddalfa wedi cynyddu, yn enwedig ymhlith menywod. Cafodd 8,825 o bobl oedd yn bwrw dedfrydau llai na 12 mis o hyd eu galw'n ôl i'r carchar yn ystod y flwyddyn hyd at fis Rhagfyr 2017.

Nid yw cyfnod mewn carchar wedi bod yn effeithiol o ran lleihau aildroseddu – mae bron hanner yr oedolion (48%) yn cael eu dyfarnu'n euog eto cyn pen blwyddyn ar ôl cael eu rhyddhau. Yn achos y rhai sydd yn y carchar ar ddedfrydau llai na 12 mis, mae'r ganran hon yn codi i 64%.

O ystyried yr uchod, gan fod cynifer o bobl yn cael eu hanfon i'r carchar, gellid dadlau bod nod 'ad-dalu' yn cael ei gyflawni. Yn ystod y cyfnod pan fydd y troseddwyr yn y carchar, mae'r nod o 'amddiffyn y cyhoedd' hefyd yn cael ei gyflawni. Ond o ystyried y cyfraddau aildroseddu, nid yw'n ymddangos bod adsefydlu yn llwyddo.

SYLWER: mae'r Bromley Briefings wedi'u llunio er cof am Keith Bromley, ac wedi'u cynhyrchu ar y cyd ag elusen Ymddiriedolaeth Diwygio'r Carchardai.

Mae'n ymddangos bod gan garchardai record gwael o ran adsefydlu.

Mae gorchmynion cymunedol yn cael eu hystyried yn fwy llwyddiannus na dedfryd o garchar. (Ffotograff drwy garedigrwydd Working Links)

A yw dedfrydau cymunedol yn cyflawni nodau cosbi?

Gall dedfrydau cymunedol, sy'n cynnwys goruchwylio cyfnod prawf, gynnwys un neu ragor o'r canlynol:

- talu'n ôl i'r gymuned (gwaith di-dâl am 40–300 awr)
- triniaeth a rhaglenni (i helpu gyda chaethiwed a phroblemau iechyd meddwl)
- cyfyngiadau fel cyrffyw, tag electronig neu amod preswylio.

Mae dedfrydau byr o garchar yn llai effeithiol na dedfrydau cymunedol wrth leihau aildroseddu. Os oedd pobl yn bwrw dedfrydau llai na 12 mis o hyd, roedd ganddyn nhw gyfradd aildroseddu oedd saith o bwyntiau canran yn uwch na throseddwyr tebyg yn bwrw dedfrydau cymunedol – roedden nhw hefyd yn cyflawni mwy o droseddau.

Mae dedfrydau cymunedol yn effeithiol iawn ar gyfer pobl sydd â llawer o droseddau blaenorol. Yn achos y rhai sydd â mwy na 50 trosedd flaenorol, mae'r siawns o aildroseddu yn fwy nag un rhan o dair yn uwch (36%), os cawn nhw ddedfryd byr o garchar yn hytrach na dedfryd gymunedol. (Prison Reform Trust, 'Prison: The Facts: Bromley Briefings', Haf 2018)

Ar sail yr uchod, gellid dadlau bod dedfrydau cymunedol yn llwyddo i raddau, o ran sicrhau adsefydlu. Gellir sicrhau ad-dalu drwy dalu'n ôl i'r gymuned.

Gweithgaredd 4.10

Enwebwch broject talu'n ôl i'r gymuned i awgrymu pa waith di-dâl allai gael ei wneud gan droseddwyr yn eich ardal chi. Gweler y project 'Nominate a Community Payback Project', ar wefan gov. uk (https://www.gov.uk/nominate-community-payback-project).

Datblygu ymhellach

Rhowch grynodeb byr yn ystyried a yw cosbau ariannol yn cyflawni unrhyw nodau dedfrydu. Bydd yr erthyglau canlynol ar y we yn rhoi rhai syniadau i chi:

- 'Unpaid Court Fines Approach £2bn' (2012, 20 Mawrth), BBC News (https://www.bbc.co.uk/news/uk-politics-17438873).
- 'Hampshire Criminals Rack up £16m in Unpaid Court Fines' (2015, 11 Chwefror), *Gazette* (http://www.basingstokegazette.co.uk/news/crime/11785452.Hampshire_criminals_rack_up___16m_in_unpaid_court_fines/).

Profi eich hun

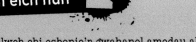

1. Allwch chi esbonio'r gwahanol amodau allai fod yn rhan o orchymyn cymunedol?
2. Allwch chi roi ystadegau am aildroseddu?
3. Pwy sy'n goruchwylio gorchymyn prawf?
4. Beth yw cyfiawnder adferol?
5. Pa fathau o ddedfrydau sy'n sicrhau amddiffyn y cyhoedd?

RHESTR WIRIO – A YDYCH CHI'N GALLU:

- [ ] asesu nodau sy'n cael eu cyflawni gan garcharu
- [ ] asesu nodau sy'n cael eu cyflawni gan orchymyn cymunedol
- [ ] asesu nodau sy'n cael eu cyflawni gan gosbau ariannol
- [ ] asesu nodau sy'n cael eu cyflawni gan ryddhau?

Datblygu ymhellach

Gwahoddwch gynrychiolydd o asiantaeth rheolaeth gymdeithasol i ymweld â'ch canolfan i drafod ei rôl. Mae'r meysydd posibl yn cynnwys y canlynol:

- yr heddlu
- ynadon
- y system garchardai
- y gwasanaeth prawf
- Gwasanaeth Erlyn y Goron
- ac elusen leol.

DEILLIANT DYSGU 3 DEALL MESURAU A DDEFNYDDIR YM MAES RHEOLAETH GYMDEITHASOL

MPA3.1 ESBONIO RÔL ASIANTAETHAU O RAN RHEOLAETH GYMDEITHASOL

Gweler tudalennau 235–245 yn y gwerslyfr.

Dylech chi allu ateb cwestiwn ar rôl yr asiantaethau canlynol:

- yr heddlu
- Gwasanaeth Erlyn y Goron (CPS)
- y farnwriaeth
- carchardai
- y gwasanaeth prawf
- elusennau a charfanau pwyso.

Rôl yr heddlu wrth sicrhau rheolaeth gymdeithasol

Mae manylion am rôl yr heddlu wedi'u hamlinellu yn y manylebau, ac maen nhw'n cynnwys agweddau sydd i'w gweld yn y map meddwl canlynol.

Arferion gwaith: gweithio ar draws y wlad, gan ddelio â phob math o droseddoldeb. Mae'r cyfrifoldebau yn cynnwys: dyletswyddau cyffredinol y rownd; galwadau brys a galwadau eraill gan y cyhoedd; swyddogion cymunedol; yr Adran Ymchwiliadau Troseddol (CID)

Ymgyrchoedd arbenigol: gan gynnwys gwrthderfysgaeth, heddlu ar geffylau, heddlu sy'n trin cŵn, uned gyffuriau, ymateb arfog

Cyllid: grant gan y llywodraeth ganolog, a drwy dreth y cyngor

Mae 4 **heddlu ardal** yng Nghymru a 39 yn Lloegr

Pwerau'r heddlu: mae'r rhain yn cynnwys chwilio, arestio, cadw yn y ddalfa a chyfweld. Y brif ddeddf ar gyfer pwerau'r heddlu yw Deddf yr Heddlu a Thystiolaeth Droseddol 1984

Rôl Gwasanaeth Erlyn y Goron (CPS) wrth sicrhau rheolaeth gymdeithasol

Gweithgaredd 4.11

Gan ddefnyddio'r gwerslyfr i'ch helpu, atebwch y cwestiynau canlynol ar rôl Gwasanaeth Erlyn y Goron:

1. Enwch y ddeddf wnaeth sefydlu Gwasanaeth Erlyn y Goron.
2. Sut mae Gwasanaeth Erlyn y Goron yn cael ei ariannu?
3. Rhestrwch dasgau Gwasanaeth Erlyn y Goron, gan gyfeirio'n benodol at y ffordd mae'n gweithio gyda'r heddlu.
4. Beth yw gwerthoedd Gwasanaeth Erlyn y Goron?
5. Esboniwch drefniadaeth Gwasanaeth Erlyn y Goron.
6. Disgrifiwch y profion sy'n cael eu defnyddio gan Wasanaeth Erlyn y Goron i benderfynu a ddylid cyhuddo'r sawl a ddrwgdybir neu beidio.

Gweler tudalennau 238–239 yn y gwerslyfr.

Gwasanaeth Erlyn y Goron yw'r prif asiantaeth erlyn yng Nghymru a Lloegr.

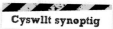
Cyswllt synoptig

Mae hyn yn cysylltu ag Uned 3 MPA2.1, sy'n gofyn i chi esbonio gofynion Gwasanaeth Erlyn y Goron ar gyfer erlyn y sawl a ddrwgdybir.

Rôl y farnwriaeth wrth sicrhau rheolaeth gymdeithasol

Athroniaeth: mae barnwyr yn tyngu Llw Teyrngarwch (i'r Goron) a Llw Barnwriaethol

Mae annibyniaeth farnwrol yn sicrhau bod y gyfraith yn cael ei chymhwyso'n gyfartal at bob achos heb duedd

Mae barnwyr yn cael eu penodi yn hytrach na chael eu hethol

Arferion gwaith: mae barnwyr wedi'u rhannu rhwng y canlynol:

(i) **Uwch farnwyr** (sy'n gweithio yn yr Uchel Lys ac mewn llysoedd uwch)

(ii) **Barnwyr is** (sy'n gweithio yn y llysoedd is)

Nodau ac amcanion: sicrhau bod y treial yn cael ei reoli'n briodol a'i fod yn cydymffurfio â hawliau dynol. Cynghori aelodau'r rheithgor ar y gyfraith, a chrynhoi tystiolaeth yr achos ar eu cyfer

Mewn achosion apêl fel y rhai yn y Llys Apêl a'r Goruchaf Lys, bydd uwch farnwr yn dehongli'r gyfraith ac yn penderfynu sut i gymhwyso'r gyfraith at ffeithiau'r achos

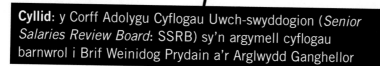

Cyllid: y Corff Adolygu Cyflogau Uwch-swyddogion (*Senior Salaries Review Board:* SSRB) sy'n argymell cyflogau barnwrol i Brif Weinidog Prydain a'r Arglwydd Ganghellor

Cwestiwn enghreifftiol

Isod mae cwestiwn arholiad ar y farnwriaeth o **bapur arholiad Uned 4 2017**:

Disgrifiwch rôl y barnwr mewn treial yn Llys y Goron. [4 marc]

Dyma rai pwyntiau wrth ateb:

- Mae'r system yn un 'wrthwynebus', sy'n golygu bod y partïon yn gyfrifol am eu hachosion, a'r barnwr yn gweithredu fel dyfarnwr.
- Mae'n rhaid i'r barnwr sicrhau, gymaint ag sy'n bosibl, bod y rheithgor yn deall y dystiolaeth a'r materion.
- Bydd y barnwr yn delio ag unrhyw bwyntiau cyfreithiol mae'n rhaid penderfynu yn eu cylch, ac yn rhoi cyngor i'r rheithgor ar sut i gymhwyso'r gyfraith i'r ffeithiau sydd gerbron.
- Bydd y barnwr yn rhoi cyngor i'r rheithgor ar y drefn, ac yn esbonio eu dyletswyddau iddyn nhw.
- Bydd y barnwr yn sicrhau bod y treial yn deg, a'i fod yn cydymffurfio â hawliau dynol.
- Bydd y barnwr yn cyhoeddi dedfryd os bydd y diffynnydd yn cael ei ganfod yn euog.
- O dan Ddeddf Cyfiawnder Troseddol 2003, mae'n bosibl i farnwr eistedd ar ei ben ei hun, heb reithgor, i benderfynu ar reithfarn.

Chwilio'r we

Gan ddefnyddio'r dudalen 'Judicial Role' ar wefan parliament. uk (https://www. parliament.uk/about/ living-heritage/ evolutionofparliament/ houseoflords/ judicialrole/), ymchwiliwch i weld sut mae rôl farnwrol y Senedd wedi gweithredu ac esblygu ers y bedwaredd ganrif ar ddeg.

Mae barnwr yn goruchwylio treial yn Llys y Goron ac yn cynghori'r rheithgor ar y gyfraith.

Rôl y gwasanaeth carchardai wrth sicrhau rheolaeth gymdeithasol

Rôl Gwasanaeth Carchardai Ei Mawrhydi	Cadw'r rhai sy'n cael eu dedfrydu i garchar yn y ddalfa, gan eu helpu i ddilyn bywydau defnyddiol sy'n ufudd i'r gyfraith, yn ystod eu cyfnod yn y carchar ac ar ôl iddyn nhw gael eu rhyddhau.
Gyda phwy mae'r gwasanaeth carchardai yn gweithio?	Y llysoedd, yr heddlu, y gwasanaeth prawf ac elusennau.
Sut mae carchardai yn cael eu hariannu?	Mae'r rhan fwyaf yn cael eu hariannu gan y llywodraeth drwy drethu. Mae nifer bach yn cael eu hariannu a'u rhedeg gan sefydliadau preifat, e.e. CEM Northumberland.

CARCHAR

Y llywodraeth sy'n rhedeg y rhan fwyaf o garchardai Cymru a Lloegr.

(Parhad)

| Beth yw'r categorïau gwahanol o garchardai? | Categori A: diogelwch uchel/uchaf, e.e. CEM Frankland.
Categori B: risg uchel i eraill, e.e. CEM Durham.
Categori C: risg isel ond heb allu ymddiried yn y carcharorion i fod mewn amodau agored, e.e. CEM Berwyn.
Categori D: risg isel iawn i eraill ac ar fin cael eu rhyddhau, e.e. CEM Kirkham. |
| Y Cynllun Breintiau mewn carchardai | Lefel sylfaenol: rhaid mynd i lawr i'r lefel hwn am ymddwyn yn ddrwg.
Lefel safonol: y lefel wrth ddod i mewn i'r carchar.
Lefel uwch: mae'n bosibl codi i'r lefel hwn fel gwobr gyda breintiau ychwanegol. |

Mae carcharorion risg uchel yn cael eu cadw yn CEM Frankland.

Chwilio'r we

Gwyliwch y fideo 'HMP Berwyn, Wrexham's New Prison' ar YouTube i ddysgu am garchar diweddaraf y DU (https://www.youtube.com/watch?v=ZtruGA5QQnE).

Cwestiwn enghreifftiol

Amlinellwch rôl y gwasanaeth carchardai yng Nghymru a Lloegr.
[3 marc] **Papur arholiad Uned 4 2018**

Atebion enghreifftiol

Ateb A

Mae'r gwasanaeth carchardai yno er mwyn adsefydlu troseddwyr drwy gynnig rhaglenni adsefydlu i'w helpu i ddiwygio. Mae hefyd yn darparu addysg, ac mae'n rhaid iddo ddilyn hawliau dynol i gadw carcharorion yn ddiogel.

Ateb B

Mae'r gwasanaeth carchardai yn gyfrifol am gadw carcharorion a gofalu amdanyn nhw. Gall gynnig gwasanaethau adsefydlu i ddiwygio carcharorion hefyd. Fel arfer, mae carchardai yn cael eu hariannu gan y llywodraeth – ond mae rhai yn cael eu cynnal yn breifat.

Ateb C

Mae'n rhaid i'r gwasanaeth carchardai gadw carcharorion yn ddiogel yn y ddalfa. Mae hefyd yn amddiffyn y cyhoedd yn ystod y cyfnod pan fydd y troseddwyr yn y carchar. Mae'n ceisio adsefydlu troseddwyr er mwyn iddyn nhw barchu'r gyfraith pan fyddan nhw'n cael eu rhyddhau. Mae'n gweithio'n agos gydag asiantaethau eraill yn y System Cyfiawnder Troseddol, fel y llysoedd a'r gwasanaeth prawf. Mae rhan fwyaf y carchardai yn cael eu hariannu gan y llywodraeth, ond mae rhai yn cael eu rhedeg yn breifat.

Mae Atebion A a B yn werth **2/3** marc a byddai Ateb C, sy'n fwy manwl ac wedi'i ysgrifennu'n well, yn cael marciau llawn **3/3**. Sylwch: pe bai'r cwestiwn yn werth mwy o farciau, fel 5 neu 6 marc, byddai angen rhoi llawer mwy o fanylion.

Rôl y gwasanaeth prawf wrth sicrhau rheolaeth gymdeithasol

Gweithgaredd 4.12

Er mwyn eich helpu chi i werthfawrogi rôl y gwasanaeth prawf, atebwch y cwestiynau canlynol:

1. Beth yw categori'r carcharorion y mae'r Gwasanaeth Prawf Cenedlaethol yn eu goruchwylio?
2. Beth yw'r cwmnïau adsefydlu cymunedol?
3. Sut mae gorchymyn prawf yn gweithio?
4. Beth yw'r rheol ynglŷn â charcharorion yn gadael y carchar, a chyfnod prawf?
5. Pa ofynion allai gael eu gosod ar orchymyn prawf?
6. Sut mae'r Gwasanaeth Prawf Cenedlaethol yn cael ei ariannu?
7. Sut mae cwmnïau adsefydlu cymunedol yn cael eu hariannu?
8. Allwch chi roi rhai enghreifftiau o'r math o waith mae pobl ar brawf yn ei wneud?

Mae'r holl atebion i'w cael ar dudalen 243 y gwerslyfr.

Datblygu ymhellach

Darllenwch 'Private Probation Companies to Have Contracts Ended Early' gan Jamie Grierson (2018, 27 Gorffennaf), *The Guardian* (https://www.theguardian.com/society/2018/jul/27/private-probation-companies-contracts-ended-early-justice) er mwyn bod gam ar y blaen ar gyfer MPA3.4. Gwnewch nodiadau am y newidiadau i redeg y gwasanaeth prawf drwy'r cwmnïau adsefydlu cymunedol.

Cwestiwn enghreifftiol

Esboniwch rôl y Gwasanaeth Prawf Cenedlaethol wrth sicrhau rheolaeth gymdeithasol. [4 marc] **Papur arholiad Uned 4 2017**

Ateb enghreifftiol

Dyma ateb fyddai'n cael **4/4**:

Prawf **Cymru**
Wales Probation

Nod y Gwasanaeth Prawf Cenedlaethol yw amddiffyn y cyhoedd drwy adsefydlu troseddwyr risg uchel mewn ffordd effeithiol. Yna mae'n ceisio helpu troseddwyr i newid eu bywydau drwy ddelio ag achosion troseddu. Mae'n rheoli eiddo sydd wedi'i gymeradwyo ar gyfer troseddwyr sydd â gofyniad preswylio fel rhan o'u dedfryd. Mae'n cael ei ariannu gan y llywodraeth, ac mae'n gweithio gyda'r llysoedd drwy baratoi adroddiadau cyn dedfrydu. Mae'n ymgynghori â charchardai i asesu troseddwyr er mwyn eu paratoi ar gyfer eu rhyddhau ar drwydded i'r gymuned, lle byddan nhw'n cael eu goruchwylio. Mae hefyd yn helpu pob troseddwr sy'n bwrw dedfrydau yn y gymuned i fodloni'r gofynion a orchmynnwyd.

> Mae'r gwasanaeth prawf yn rheoli eiddo sydd wedi'i gymeradwyo lle gall fod rhaid i droseddwyr ar brawf breswylio.

Profi eich hun

1. Sut mae'r heddlu yn cael ei ariannu?
2. Enwch y ddau brawf mae Gwasanaeth Erlyn y Goron yn eu defnyddio i benderfynu a ddylid cyhuddo'r sawl a ddrwgdybir neu beidio.
3. Nod pa asiantaeth yw lleihau trosedd a chynnal cyfraith a threfn?
4. Pa fath o bwerau sydd gan yr heddlu?
5. Sut mae Gwasanaeth Erlyn y Goron yn cael ei ariannu?
6. Pa gorff sy'n argymell cyflog y farnwriaeth?
7. Beth yw rôl barnwr yn Llys y Goron?
8. Pwy sy'n rheoli carchardai yng Nghymru a Lloegr?
9. Allwch chi esbonio sut mae'r gwasanaeth prawf wedi'i breifateiddio'n rhannol, gan gynnwys cynlluniau i wrthdroi'r penderfyniad?
10. Beth yw prif rôl y Gwasanaeth Prawf Cenedlaethol?

Rôl elusennau a charfanau pwyso wrth sicrhau rheolaeth gymdeithasol

Nid yw elusennau a charfanau pwyso yn asiantaethau i'r llywodraeth. Yn hytrach, maen nhw'n sefydliadau annibynnol sy'n cael eu hariannu gan gyfraniadau gwirfoddol. Mae nifer ohonyn nhw yn gweithio o fewn y System Cyfiawnder Troseddol, ac mae'n bwysig eich bod chi'n gallu esbonio eu rôl o ran cyfrannu at sicrhau rheolaeth gymdeithasol. Gallwch chi ddewis unrhyw asiantaeth rydych chi'n ei dymuno, ond dwy o'r rhai mwyaf poblogaidd ac adnabyddus yw Ymddiriedolaeth Diwygio'r Carchardai, a Chynghrair Howard er Diwygio'r Deddfau Cosbi. Gallwch chi ddilyn yr elusen neu'r garfan bwyso o'ch dewis yn y MPA sy'n weddill.

Cyngor

Mae'n bwysig edrych ar rôl elusennau wrth sicrhau rheolaeth gymdeithasol. Gallai cwestiwn ar y rhain ymddangos ar y papur arholiad. Fodd bynnag, ni fydd y cwestiwn yn gofyn am elusen benodol, ond bydd yn fwy cyffredinol – gan olygu bod modd ystyried unrhyw elusen neu elusennau. Mae hyn yn golygu y gallwch chi ddewis pa un, neu pa rai, i'w hastudio.

Ymddiriedolaeth Diwygio'r Carchardai

Gweithgaredd 4.13

Edrychwch ar wefan Ymddiriedolaeth Diwygio'r Carchardai
(http://www.prisonreformtrust.org.uk/) a chwiliwch y wefan i
ddod o hyd i'r atebion i'r canlynol:

1. Nodwch dri o'r gwerthoedd a'r egwyddorion sy'n sail i waith
   Ymddiriedolaeth Diwygio'r Carchardai.
2. Beth yw prif amcanion Ymddiriedolaeth Diwygio'r Carchardai?
3. Pa fath o wybodaeth y gall Ymddiriedolaeth Diwygio'r
   Carchardai ei rhoi i garcharorion?
4. Sut mae Ymddiriedolaeth Diwygio'r Carchardai yn sicrhau
   bod y drefn gosbi yn gyfiawn, yn ddyngarol ac yn effeithiol
   – ei bod yn system sy'n cadw'r carchar ar gyfer y troseddwyr
   mwyaf difrifol, ac sy'n trin carcharorion a'u teuluoedd â'r
   dyngarwch a'r parch maen nhw'n eu haeddu?
5. Sut mae Ymddiriedolaeth Diwygio'r Carchardai yn cael ei
   hariannu?
6. Rhowch dair enghraifft o brojectau a meysydd ymchwil gan
   Ymddiriedolaeth Diwygio'r Carchardai.

PRISON REFORM TRUST

Mae Ymddiriedolaeth Diwygio'r Carchardai yn elusen flaenllaw ym maes diwygio carchardai.

Cynghrair Howard er Diwygio'r Deddfau Cosbi

Howard League for Penal Reform

Gweithgaredd 4.14

Ewch i wefan Cynghrair Howard er Diwygio'r Deddfau Cosbi
(https://howardleague.org/about-us/) a chwiliwch y wefan i ddod
o hyd i'r atebion i'r canlynol:

1. Pryd cafodd yr elusen ei sefydlu?
2. Ar ôl pwy y cafodd yr elusen ei henwi?
3. Beth yw prif nod Cynghrair Howard er Diwygio'r Deddfau Cosbi?
4. Rhowch esboniad byr o'r ymgyrch yn ymwneud â phlant a
   phlismona.
5. Sut mae'n helpu i sicrhau llai o droseddu?
6. Sut mae'n helpu i wneud cymunedau yn fwy diogel?

Dyma'r elusen diwygio deddfau cosbi hynaf yn y DU.

Dydy elusennau ddim yn cael eu hariannu gan y llywodraeth – maen nhw'n dibynnu ar gyfraniadau

ELUSEN A RHOI

Profi eich hun

1. Pa asiantaethau rhéolaeth gymdeithasol sy'n cael eu hariannu gan y llywodraeth?
2. Enwch dair rôl arbenigol yng ngwasanaeth yr heddlu.
3. Faint o heddluoedd ardal (*police forces*) sydd yng Nghymru a Lloegr?
4. Enwch y profion sy'n cael eu defnyddio gan Wasanaeth Erlyn y Goron i benderfynu a ddylai troseddwr gael ei erlyn.
5. Pwy sy'n argymell cyflogau ar gyfer y farnwriaeth?
6. Ym mha lysoedd mae uwch farnwyr yn gweithio?
7. Beth yw'r categorïau gwahanol o garchardai?
8. Enwch garchar sy'n cael ei redeg yn breifat.
9. Beth yw cwmnïau adsefydlu cymunedol, a gyda pha asiantaeth maen nhw'n cael eu cysylltu?
10. Esboniwch rôl elusen sy'n gweithio yn y sector rheolaeth gymdeithasol.

Gweithgaredd 4.15

Ewch i http://www.unlock.org.uk/ ac atebwch y cwestiynau canlynol am yr elusen 'Unlock'.

1. Pwy sy'n cael cymorth gan yr elusen?
2. Pa fath o help mae'r elusen yn ei gynnig?
3. Faint o bobl yn y DU sydd â record troseddol?

Cliciwch ar yr adran 'Materion, polisïau ac ymgyrchoedd', ac edrychwch ar y math o waith mae'r elusen yn ei wneud.

RHESTR WIRIO – A YDYCH CHI'N GALLU:

- [ ] esbonio rôl yr heddlu wrth sicrhau rheolaeth gymdeithasol
- [ ] esbonio rôl Gwasanaeth Erlyn y Goron wrth sicrhau rheolaeth gymdeithasol
- [ ] esbonio rôl y farnwriaeth wrth sicrhau rheolaeth gymdeithasol
- [ ] esbonio rôl y carchardai wrth sicrhau rheolaeth gymdeithasol
- [ ] esbonio rôl elusennau a charfanau pwyso wrth sicrhau rheolaeth gymdeithasol?

MPA3.2 DISGRIFIO CYFRANIAD ASIANTAETHAU AT SICRHAU RHEOLAETH GYMDEITHASOL

Gweler tudalennau 246–254 yn y gwerslyfr.

Ar gyfer y MPA hwn, mae'r manylebau yn gofyn i chi ddisgrifio cyfraniad asiantaethau mewn ffordd benodol. Mae hyn yn cynnwys:

- tactegau amgylcheddol i geisio sicrhau rheolaeth gymdeithasol
- tactegau ymddygiadol i geisio sicrhau rheolaeth gymdeithasol
- gweithdrefnau disgyblu sefydliadol fel systemau sancsiynau fesul cam
- bylchau sy'n arwain at sicrhau rheolaeth gymdeithasol.

Term allweddol

Amgylchedd: yr ardal lle mae rhywun yn byw a'r hyn sydd o'i amgylch.

Dylunio amgylcheddol

Mae dylunio amgylcheddol yn ymwneud â dylunio man agored, neu hyd yn oed adeiladau, i leihau troseddu. Gwnewch yn siŵr eich bod yn gyfarwydd â thactegau dylunio'r amgylchedd. Cafodd 'atal troseddu drwy ddylunio amgylcheddol' (Crime Prevention Through Environmental Design: CPTED) ei gyflwyno gan C. Ray Jeffery.

Gall dail trwchus amharu ar yr olygfa, a gallen nhw guddio troseddwyr posibl.

Atal troseddu drwy ddylunio amgylcheddol (CPTED)			
Atal cyfleoedd i droseddu drwy newid yr amgylchedd ffisegol			
Elfennau yn yr amgylchedd allai annog troseddu	Elfennau yn yr amgylchedd fydd yn helpu i atal troseddu	Esboniad	Gwybodaeth ychwanegol o'r gweithgaredd Chwilio'r we
Mannau dwys a llawn	Man agored	Mae'n bosibl gweld troseddwyr posibl yn fuan, a rhoi technegau osgoi ar waith.	
Golau gwael	Golau da	Mae osgoi ardaloedd tywyll yn golygu bod modd rhagweld troseddau posibl.	
Golygfa wedi'i rhwystro	Gwelededd clir	Mae unrhyw wrthrych yn rhwystro golygfa, a gall achosi trafferth gan na fydd yn rhybudd cynnar i bobl am drosedd bosibl.	
Lleoedd i guddio	Dim byd sy'n rhoi cyfle i rywun guddio	Gallai lleoedd i guddio annog troseddu.	

(Parhad) »

Elfennau yn yr amgylchedd allai annog troseddu	Elfennau yn yr amgylchedd fydd yn helpu i atal troseddu	Esboniad	Gwybodaeth ychwanegol o'r gweithgaredd Chwilio'r we
Gwrychoedd uchel a dail	Gwrychoedd isel	Mae gwrychoedd a dail isel yn helpu gwelededd, a does dim lle i guddio.	
Methu gweld drwy ddrws	Gallu gweld drwy wydr mewn drws	Mae gwybod pwy sydd wrth y drws yn golygu bod modd penderfynu a ddylid ei agor neu beidio.	

Ewch i dudalen 248 yn y gwerslyfr i ddarllen am rai o'r llwyddiannau hyn.

Chwilio'r we

Gwyliwch 'Crime Prevention Through Environmental Design (CPTED)' ar YouTube (https://www.youtube.com/watch?v=Xetxsxy1nK8) a rhowch wybodaeth ychwanegol yn y tabl uchod.

Cyngor

Gall Atal Troseddu drwy Ddylunio Amgylcheddol (CPTED) fod yn llwyddiannus iawn, a bydd yn gwella ateb arholiad os byddwch yn gallu ychwanegu manylion am rai o'i lwyddiannau.

Dyluniad carchardai

Yn ogystal â dyluniad yr amgylchedd, dylid ystyried dyluniad carchardai hefyd.

Panoptigon	Mwyaf diogel ('super max')	Carchardai agored	Carchar dynol ecolegol
Dyluniad 'gweld popeth' gyda thŵr yn y canol. Mae gwelededd parhaol yn sicrhau ymdeimlad o bŵer. Dyluniwyd y rhain yn wreiddiol gan Jeremy Bentham. Un enghraifft yn y DU yw CEM Pentonville, Llundain.	Lefelau diogelwch uchel iawn ar gyfer troseddwyr peryglus iawn, gan gynnwys y rhai sy'n fygythiad i ddiogelwch cenedlaethol, e.e. ADX Florence yn Colorado, UDA.	Mewn carchar agored, does dim llawer o gyfyngu ar symudiadau a gweithgareddau'r carcharorion. Carchardai Categori D yw'r rhain, ac fel arfer maen nhw'n cael eu defnyddio i baratoi carcharorion cyn eu rhyddhau, e.e. CEM Kirkham.	Carchar sy'n seiliedig ar ddefnyddio ecoleg ddynol fel ffordd o ddysgu unigolion i ddarganfod eu bod yn rhan o gymuned fyd-eang, e.e. Carchar Bastøy yn Norwy.

CEM Pentonville

ADX Florence, Colorado

CEM Kirkham

Carchar Bastøy, Norwy

Lonydd â gatiau

Cyfeiriwch at dudalen 250 yn y gwerslyfr i gael cymorth i ateb y cwestiynau hyn os oes angen.

Gweithgaredd 4.16

Atebwch y canlynol:
1. Beth yw lonydd â gatiau?
2. Pwy sydd â'r awdurdod i godi'r gatiau?
3. Beth yw rhai o fanteision lonydd â gatiau?
4. Beth yw rhai o anfanteision lonydd â gatiau?
5. Rhowch enghraifft o'u lleoliad yn y DU.

Datblygu ymhellach

Darllenwch 'Norway's Bastoy Prison: A Focus on Human Ecology' gan Britton Nagy (2014, 21 Tachwedd), Pulitzer Center (https://pulitzercenter.org/reporting/norways-bastoy-prison-focus-human-ecology) am Garchar Bastøy yn Norwy, a gwnewch nodiadau ar sut mae'n cael ei redeg.

Datblygu ymhellach

Darllenwch erthygl y Coleg Plismona (2018) 'Alley Gating Systematic Review Published' (http://whatworks.college.police.uk/About/News/Pages/Alley_Gating.aspx) ac ysgrifennwch grynodeb 100 gair o'r prif bwyntiau.

Tactegau ymddygiadol

Tactegau yw'r rhain i newid ymddygiad troseddwr fel na fydd yn debygol o droseddu, ac maen nhw wedi'u rhestru yn y tabl ar y dudalen nesaf.

Cyswllt synoptig Cofiwch y damcaniaethau unigolyddol o Uned 2, a'r cysylltiad â'r ffordd mae unigolyn yn dysgu o brofiadau bywyd. Gall damcaniaeth o'r fath ddangos sut i reoli troseddu.

Gall lonydd â gatiau leihau trosedd mewn ardal.

Ymddygiad gwrthgymdeithasol

Gorchymyn Ymddygiad Gwrthgymdeithasol (ASBO)/wedi'i ddisodli gan y Gorchymyn Ymddygiad Troseddol (CBO)	Dydy ASBOs ddim yn bodoli bellach, gan eu bod wedi'u disodli gan CBOs. Roedd pob math o broblemau yn gysylltiedig â nhw, ac roedd troseddwyr yn aml yn eu hystyried yn destun brolio. Gall CBO wahardd troseddwr rhag gwneud rhywbeth sy'n achosi aflonyddu, braw neu drallod, drwy ei nodi mewn gorchymyn, neu rhag cyflawni gweithred 'baratoadol' a allai arwain at droseddu, e.e. atal troseddwr rhag mynd i ardal benodol. Neu, gall gynnwys amod cadarnhaol fel mynd ar gwrs ar gamddefnyddio alcohol, neu ryw gam sy'n rhoi sylw i achos sylfaenol y troseddu.
Rhaglenni atgyfnerthu â thalebau	Yr egwyddor o wobrwyo ymddygiad cadarnhaol a chosbi ymddygiad negyddol. Mae rhestr o ffyrdd o ymddwyn yn ddymunol yn cael ei llunio, a rhestr o ffyrdd o ymddwyn i'w hosgoi. Gwobrwyir ymddygiad cadarnhaol, a gellir cyfnewid hynny am rywbeth mae'r carcharor ei eisiau.

Gweithdrefnau disgyblu a thactegau sefydliadol

Mae gan rai sefydliadau eu rheolau a'u canllawiau eu hunain i gadw rheolaeth o fewn eu sefydliad. Y carchar yw un o'r prif sefydliadau hyn. Mae rhestr o reolau carchar a chanlyniadau eu torri i'w gweld ar wefan Ymddiriedolaeth Diwygio'r Carchardai (http://www.prisonreformtrust.org.uk/Portals/0/Documents/PIB%20extract%20-%20Prison%20rules.pdf).

 Gweithgaredd 4.17

Gan ddefnyddio gwefan Ymddiriedolaeth Diwygio'r Carchardai, gwnewch nodiadau byr ar y gwahaniaethau rhwng cosbau i droseddwyr sy'n oedolion a throseddwyr ifanc.

Rheolau carchar

Gweithred sy'n torri'r rheolau	Cosb bosibl
• Ymddwyn mewn ffordd allai dramgwyddo, bygwth neu niweidio rhywun arall • Atal staff carchardai rhag gwneud eu gwaith • Dianc o'r carchar • Cymryd cyffuriau neu alcohol • Difrodi'r carchar neu'r sefydliad troseddwyr ifanc • Peidio ag ufuddhau i staff y carchar • Torri'r rheolau pan fyddwch allan o'r carchar am gyfnod byr	• Efallai bydd rhaid treulio dyddiau ychwanegol yn y carchar os yw'r drosedd yn ddifrifol. Uchafswm o 42 diwrnod am bob trosedd • Gallech gael rhybudd • Gallai eich breintiau (fel cael teledu yn y gell) gael eu tynnu am hyd at 42 diwrnod • Gallai gwerth hyd at 84 diwrnod o arian rydych wedi'i ennill gael ei atal • Gallech gael eich cloi mewn cell ar eich pen eich hun am hyd at 35 diwrnod • Os ydych ar remand, gellid tynnu breintiau

Mae sefydliadau eraill yn gosod sancsiynau yn erbyn eu haelodau am weithredoedd amhriodol. Mae'r rhain yn cynnwys cyrff proffesiynol fel y Cyngor Meddygol Cyffredinol a FIFA (*Fédération Internationale de Football Association*).

Y **Cyngor Meddygol Cyffredinol** yw'r corff rheoleiddio annibynnol ar gyfer meddygon. Mae'n gallu:

- rhoi rhybuddion
- gofyn i aelodau addo neu ymrwymo i wneud rhywbeth
- cyfeirio'r mater at Wasanaeth Tribiwnlys yr Ymarferwyr Meddygol, sydd â'r pŵer i gyfyngu, gwahardd neu ddirymu cofrestriad meddyg yn y DU.

Cyngor
Meddygol
Cyffredinol

Sancsiynau fesul cam

Mae llawer o sefydliadau yn defnyddio system sancsiynau fesul cam ar gyfer achosion o dorri rheolau. Er enghraifft, efallai bydd gan ysgol system o rybuddion ac ymyrryd ar lefelau gwahanol. Gallai hyn gynnwys trafodaeth, ac yna cysylltu â'r cartref, ac yna gwaharddiad yn y pen draw. Yn yr un modd, gall mannau gwaith roi rhybudd llafar ac yna rhybudd ysgrifenedig, cyn diswyddo staff yn y pen draw, mewn amgylchiadau priodol.

Ar adegau, mae asiantaethau yn y System Cyfiawnder Troseddol wedi ymateb i droseddu â system fesul cam. Os yw'r drosedd yn haeddu cael ei herlyn, yna bydd y mater yn mynd i'r llys. Ond ar adegau, efallai bydd penderfyniad y tu allan i'r llys yn briodol.

Er enghraifft, gall yr heddlu roi rhybudd 'syml' neu rybudd ffurfiol i oedolion sy'n cyfaddef eu bod wedi cyflawni trosedd. Mae hyn er mwyn gallu penderfynu ar yr achos heb erlyniad os yw er budd y cyhoedd i wneud hynny.

Gall yr heddlu hefyd gynnig rhybudd 'amodol' os ystyrir bod digon o dystiolaeth i gyhuddo'r troseddwr o'r drosedd, a'i bod er budd y cyhoedd i gynnig y rhybudd amodol. Rhaid i'r troseddwr gyfaddef i'r drosedd hefyd.

At hynny, os yw troseddwr ar orchymyn prawf a'i fod wedi torri'r gorchymyn am fân resymau, yna gall rheolwr y troseddwr roi rhybudd ffurfiol iddo er mwyn delio â'r mater, yn hytrach na chyfeirio'r achos i'r llys ar gyfer achos am dorri'r amodau. Ond os bydd yn parhau i dorri'r amodau, yna mae'r achos yn debygol o gael ei gyfeirio'n ôl at y llys.

Gall yr heddlu gynnig rhybudd 'amodol'.

Bylchau yn y ddarpariaeth

Cyswllt synoptig

Yn Uned 1 buoch chi'n ystyried y rhesymau dros droseddau nad yw pobl yn rhoi gwybod amdanyn nhw, a'r canlyniadau. Pan fydd hyn yn digwydd, nid yw'n bosibl i reolaeth gymdeithasol ddigwydd.

Troseddau heb eu cofnodi	Toriadau cyllid

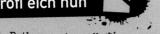

Bylchau yn y ddarpariaeth a'r rhesymau drostynt

Diffyg adnoddau	Troseddau na roddwyd gwybod amdanyn nhw

Profi eich hun

1. Beth yw ystyr y llythrennau CPTED?
2. I bwy mae'r diolch am awgrymu defnyddio CPTED i atal troseddu?
3. Rhowch dair enghraifft o'r ffordd y gall yr amgylchedd gael ei addasu i helpu i atal troseddu.
4. Esboniwch sut gall dyluniad carchar effeithio ar reoli troseddu.
5. Beth yw lonydd â gatiau?
6. A yw lonydd â gatiau yn helpu i atal trosedd?
7. Pa dactegau ymddygiadol sy'n gallu cael effaith gadarnhaol ar reoli troseddu?
8. Pa orchymyn ddaeth i ddisodli ASBOs?
9. Nodwch dair enghraifft o dorri rheolau carchar a'r sancsiynau a allai gael eu gorfodi o ganlyniad.
10. Esboniwch un system sancsiynau fesul cam.
11. Nodwch dri bwlch yn y ddarpariaeth sy'n gallu atal rheolaeth gymdeithasol rhag cael ei chyflawni.

Gweithgaredd 4.18

Gan ddefnyddio'r penawdau yn y map meddwl ar y chwith ar gyfer bylchau yn y ddarpariaeth, ysgrifennwch dair brawddeg ar gyfer pob un gan esbonio pam maen nhw'n berthnasol.

RHESTR WIRIO – A YDYCH CHI'N GALLU:

☐ disgrifio'r tactegau amgylcheddol a ddefnyddir i sicrhau rheolaeth gymdeithasol

☐ disgrifio'r defnydd o lonydd â gatiau i atal troseddu

☐ disgrifio'r tactegau ymddygiadol a ddefnyddir i sicrhau rheolaeth gymdeithasol, gan gynnwys gorchmynion ymddygiad troseddol a rhaglenni atgyfnerthu â thalebau

☐ disgrifio'r tactegau sefydliadol a thactegau disgyblu a ddefnyddir i sicrhau rheolaeth gymdeithasol

☐ disgrifio enghreifftiau o sancsiynau fesul cam

☐ disgrifio bylchau yn narpariaeth y wladwriaeth?

MPA3.3 ARCHWILIO'R CYFYNGIADAU SYDD AR ASIANTAETHAU O RAN SICRHAU RHEOLAETH GYMDEITHASOL

Gweler tudalennau 255–262 yn y gwerslyfr.

Mae manylion y cyfyngiadau wedi'u nodi ym manylebau'r arholiadau

- **Troseddwyr sy'n troseddu eto/atgwympo**: carcharorion sy'n mynd yn ôl i droseddu.

- **Rhyddid sifil a rhwystrau cyfreithiol**: cyfreithiau y gellir eu hystyried yn rhai sy'n atal rheolaeth gymdeithasol.

- **Mynediad at adnoddau a chymorth**: gall diffyg adnoddau a chymorth atal rheolaeth gymdeithasol rhag cael ei sefydlu.

- **Cyllid**: gall diffyg cyllid mewn nifer o asiantaethau leihau effeithiolrwydd rheolaeth gymdeithasol.

- **Polisïau lleol a chenedlaethol**: gall canolbwyntio ar orfodi polisïau mewn un maes arwain at ddiffyg blaenoriaethu mewn maes arall.

- **Amgylchedd**: efallai nad yw'r amgylchedd lle mae'r troseddwr yn byw yn annog rheolaeth gymdeithasol.

- **Troseddau a gyflawnir gan y rhai sy'n gweithredu am resymau moesol**: gall troseddwyr gyflawni troseddau gan eu bod yn credu mai dyna'r ffordd gywir a moesol i ymddwyn.

> **Cyswllt synoptig**
>
> Mae'r damcaniaethau troseddegol a ystyriwyd yn Uned 2 i'w gweld yn y cyfyngiadau o ran sicrhau rheolaeth gymdeithasol. Mae'r tabl isod yn dangos sut maen nhw'n gysylltiedig â'i gilydd.

> **Term allweddol**
>
> **Cyfyngiadau**: rhywbeth sy'n rheoli neu'n lleihau rhywbeth.

Cyfyngiad	Damcaniaeth
Troseddwyr sy'n troseddu eto/atgwympo: gall troseddwyr ddysgu gan y rhai o'u cwmpas, ac yn y carchar gallan nhw ddysgu rhagor o sgiliau troseddol er mwyn parhau i aildroseddu ar ôl eu rhyddhau. Gweler y cyfraddau aildroseddu yn y 'Bromley Briefings'.	Damcaniaeth dysgu cymdeithasol
Mae deddfau'n cael eu llunio er mwyn creu cydraddoldeb, a sicrhau bod rheolau'n cael eu cymhwyso'n gyfartal i bawb.	Damcaniaeth Marcsaidd
Gall amgylchedd cartref troseddwr effeithio ar ei aildroseddu. Gall diffyg gwaith, cymorth ariannol, addysg a thai ddylanwadu ar ba mor debygol yw hi y bydd y troseddwr yn aros allan o'r carchar neu beidio.	Damcaniaeth Marcsaidd Damcaniaeth labelu
Os yw pobl yn cyflawni troseddau am resymau moesol, gall hynny arwain at gynnal ffiniau, gan ddangos i bobl beth sy'n dderbyniol mewn cymdeithas.	Swyddogaetholdeb

Gweler achos Abu Qatada ar dudalen 27 yn y gwerslyfr.

Cyfyngiadau mewn carchardai sy'n atal rheolaeth gymdeithasol

Wedi'u darparu gan Ymddiriedolaeth Diwygio'r Carchardai, mae'r 'Bromley Briefings Summer 2018' (http://www.prisonreformtrust.org.uk/Portals/0/Documents/Bromley%20Briefings/Summer%202018%20factfile.pdf) yn nodi'r canlynol:

Mae ffeithiau a ffigurau yn cynnig sylfaen well na barn ar gyfer newid polisïau ac arferion. Gan dynnu ar ffynonellau'r llywodraeth yn bennaf, mae'r ffeithiau hyn yn olrhain y cynnydd eithriadol o ran nifer y bobl mewn carchardai dros yr ugain mlynedd diwethaf, y cynnydd mewn dedfrydu, a chanlyniadau cymdeithasol ac economaidd gorddefnyddio'r ddalfa. Maen nhw'n datgelu cyflwr ein carchardai gorlawn a chyflwr y bobl sydd ynddyn nhw, effaith toriadau cyllid llym, cyflymder a graddfa'r newid yn y system cyfiawnder, a'r cyfle i gynnig atebion cymunedol i droseddu.

Mae carchardai yn orlawn, a does ganddyn nhw ddim digon o adnoddau.

Gweithgaredd 4.19

Gan ddefnyddio'r adroddiad uchod oddi ar y we, chwiliwch am yr atebion i'r cwestiynau canlynol. Byddan nhw'n eich helpu chi i sylweddoli cyfyngiadau'r system garchardai. Byddwch yn barod i ddefnyddio rhai o'r ffeithiau yn eich arholiad Uned 4.

1. Yn mha wlad mae'r gyfradd garcharu uchaf yng ngorllewin Ewrop?
2. Ym mha wlad mae'r gyfradd garcharu isaf yng ngorllewin Ewrop?
3. Faint mae poblogaeth y carchardai wedi tyfu dros y 30 mlynedd diwethaf?
4. Faint o bobl gafodd eu hanfon i'r carchar yn 2017?
5. Faint mae cyllideb Gwasanaeth Carchardai a Gwasanaeth Prawf Ei Mawrhydi wedi lleihau rhwng 2010 a 2011, a rhwng 2014 a 2015?
6. Faint mae lle mewn carchar yng Nghymru a Lloegr yn ei gostio ar y cyfan?
7. Beth oedd canran y toriad ar gyfer staff gweithredol rheng flaen rhwng 2010 a 2017?
8. Beth oedd canran y menywod a dynion a ddywedodd eu bod wedi cael triniaeth am broblem iechyd meddwl yn y flwyddyn cyn iddyn nhw gael eu cymryd i'r ddalfa?
9. Faint yn fwy tebygol yw bod yr unigolyn yn achosi ei farwolaeth ei hun yn y carchar nag ymhlith y boblogaeth yn gyffredinol?
10. Beth yw'r ganran o oedolion sy'n bwrw dedfryd llai na 12 mis o hyd ac sy'n cael eu hailgyhuddo o fewn blwyddyn ar ôl eu rhyddhau?

Cwestiwn enghreifftiol

Mae'r cwestiwn hwn yn dod o **arholiad Uned 4 2018**. Defnyddiwch y cynllun marcio i benderfynu faint o farciau i'w rhoi.

Archwiliwch y cyfyngiadau wrth sicrhau rheolaeth gymdeithasol mewn carchardai. [7 marc]

0 marc: Does dim byd yn haeddu marc.
1–3 marc: Archwiliad sylfaenol o'r cyfyngiadau. Mae'r atebion yn cyfleu ystyr, ond does dim digon o fanylder. Ychydig/dim defnydd o eirfa arbenigol.
4–5 marc: Mae'r atebion yn cynnig rhywfaint o archwiliad o'r cyfyngiadau wrth sicrhau rheolaeth gymdeithasol mewn carchardai. Mae'r atebion yn cyfleu ystyr gyda pheth defnydd o eirfa arbenigol.
6–7 marc: Mae'r atebion yn trafod yn fanwl archwiliad o'r cyfyngiadau wrth sicrhau rheolaeth gymdeithasol mewn carchardai. Mae'r atebion wedi'u strwythuro'n dda ac wedi'u mynegi'n glir. Defnyddir termau arbenigol mewn ffordd naturiol a chywir.

Darllenwch a marciwch yr ateb enghreifftiol.

Ateb enghreifftiol

Un cyfyngiad wrth sicrhau rheolaeth gymdeithasol mewn carchardai yw toriadau cyllid. Erbyn 2020, mae disgwyl y bydd carchardai wedi colli 40% o'u cyllid. Mae'r toriadau yn achosi amodau byw gwael mewn carchardai, a gall arwain at derfysg gan garcharorion (fel yn CEM Birmingham yn 2016). Mae diffyg arian yn golygu llai o adnoddau i helpu carcharorion i adsefydlu. Mae'n golygu nad oes digon o addysg a gwaith. Cyfyngiad arall sy'n atal rheolaeth gymdeithasol yw prinder staff, sy'n arwain at gloi carcharorion yn eu celloedd am gyfnodau hir. Dyna oedd achos terfysgoedd CEM The Mount, lle bu raid i uned derfysg y carchardai fynd ddwywaith yn 2017. Gall diffyg staff olygu nad yw'n bosibl atal ymladd, a gyda chymhareb o 1:30 mae rheolaeth gymdeithasol yn anodd. Yn olaf, gellid dadlau bod gan garchardai ganran uchel o garcharorion sydd â salwch meddwl, ac nid yw'n bosibl trin hyn yn llwyddiannus, gan gyfrannu at gynnydd hunanladdiad mewn carchardai.

Gall diffyg staff mewn carchardai olygu bod carcharorion yn treulio mwy o amser yn eu celloedd.

Chwilio'r we

Gwyliwch 'Panorama – Behind Bars: Prison Undercover' ar YouTube (https://www.youtube.com/watch?v=oH22T_X1Cys), ymchwiliad cudd 29 munud o hyd, sy'n datgelu realiti bywyd yn y carchar o fewn system carchardai Prydain, sydd mewn argyfwng. Wrth i chi ei wylio, lluniwch grynodeb o'r cyfyngiadau mewn carchardai sy'n atal rheolaeth gymdeithasol rhag cael ei sicrhau.

Datblygu ymhellach

Darllenwch 'HMP Birmingham: Government Plan to Restore Safety Unveiled' (2018, 17 Medi), BBC News (https://www.bbc.co.uk/news/uk-england-birmingham-45547815) a rhowch grynodeb o gynlluniau'r llywodraeth ar gyfer CEM Birmingham o ganlyniad i'r terfysgoedd yn 2016.

Troseddau a gyflawnir gan y rhai sy'n gweithredu am resymau moesol

Gellid dadlau mai'r rhai enwocaf i droseddu am reswm moesol oedd Robin Hood a Twm Siôn Cati, a fu'n dwyn oddi wrth y cyfoethog i roi i'r tlawd.

Trosedd a gyflawnir am resymau moesol	Enghraifft
Hunanladdiad â chymorth	Cyfaddefodd Kay Gilderdale ei bod yn euog o'r cyhuddiad o helpu ac annog ei merch i'w lladd ei hun; roedd hi wedi bod yn gaeth i'w gwely ar ôl dioddef o fath difrifol o ME am 17 o flynyddoedd.
Troseddau yn erbyn bywddyraniad (*vivisection*)	Protestio yn erbyn arbrofi ar anifeiliaid. Er enghraifft, Luke Steele, yr ymgyrchydd hawliau anifeiliaid, sydd wedi'i gael yn euog o aflonyddu ar weithwyr labordai gwyddonol.
Troseddau gan y rhai sy'n gwrthwynebu hela llwynogod	Mae nifer bychan o bobl sy'n torri'r gyfraith drwy geisio tarfu ar helfeydd ac atal pobl rhag hela llwynogod.

Er bod ganddo gymhellion da, roedd Robin Hood yn droseddwr.

Datblygu ymhellach

Ymchwiliwch i achos *R* v *Owen* (1992) ac archwiliwch safonau moesol yr achos.

Protestwyr yn gwrthwynebu arbrofion ar anifeiliaid.

Cyfyngiadau eraill sy'n atal rheolaeth gymdeithasol

Amgylchedd: ar ôl iddo gael ei ryddhau o'r carchar, gall bywyd cartref y troseddwr effeithio ar ei aildroseddu. Gall agweddau fel gwaith, adnoddau ariannol, addysg, cymorth teulu a ffrindiau i gyd fod yn ffactorau sy'n golygu nad yw'n bosibl sicrhau rheolaeth gymdeithasol

Mynediad at adnoddau a chymorth: os nad yw'r rhain ar gael, bydd adsefydlu yn anodd. Er enghraifft, mae sgiliau addysg troseddwyr, fel llythrennedd a rhifedd, yn isel

Cyfyngiadau

Rhyddid sifil a rhwystrau cyfreithiol: weithiau, gall y rhain atal asiantaethau fel yr heddlu rhag sicrhau rheolaeth gymdeithasol. Er enghraifft, y problemau wrth allgludo dinasyddion tramor sydd wedi cael dedfrydau o garchar

Polisïau lleol a chenedlaethol: gall ffafrio gorfodi un polisi atal eraill rhag llwyddo. Gydag adnoddau cyfyngedig, gall gorfodaeth leol neu genedlaethol olygu colli rheolaeth mewn ardaloedd sydd ddim yn flaenoriaeth

Profi eich hun

1. Esboniwch sut gall rhai o'r damcaniaethau troseddegol gysylltu â'r cyfyngiadau i sicrhau rheolaeth gymdeithasol.
2. Rhestrwch gyfyngiadau sy'n rhwystro rheolaeth gymdeithasol mewn carchardai.
3. Beth mae troseddau a gyflawnir gan y rhai sy'n gweithredu am resymau moesol yn ei olygu? Rhowch enghreifftiau i gefnogi eich ateb.
4. Sut gall rhyddid sifil gyfyngu ar sicrhau rheolaeth gymdeithasol?
5. Sut gall amgylchedd rhywun gael effaith ar sicrhau rheolaeth gymdeithasol?

RHESTR WIRIO – A YDYCH CHI'N GALLU:

☐ archwilio'r cyfyngiadau sydd ar asiantaethau o ran sicrhau rheolaeth gymdeithasol

☐ archwilio sut mae troseddwyr sy'n troseddu eto yn effeithio ar reolaeth gymdeithasol

☐ archwilio sut gallai rhyddid sifil a rhwystrau cyfreithiol atal rheolaeth gymdeithasol

☐ archwilio sut gall diffyg mynediad at adnoddau a chymorth gael effaith ar sicrhau rheolaeth gymdeithasol

☐ archwilio sut gall diffyg cyllid asiantaethau leihau effeithiolrwydd rheolaeth gymdeithasol

☐ archwilio sut gall polisïau lleol a chenedlaethol gael effaith ar sicrhau rheolaeth gymdeithasol

☐ archwilio sut gall yr amgylchedd gael effaith ar sicrhau rheolaeth gymdeithasol

☐ archwilio sut gall troseddau a gyflawnir gan y rhai sy'n gweithredu am resymau moesol gael effaith ar reolaeth gymdeithasol?

MPA3.4 GWERTHUSO EFFEITHIOLRWYDD ASIANTAETHAU O RAN SICRHAU RHEOLAETH GYMDEITHASOL

Gweler tudalennau 263–271 yn y gwerslyfr.

Mae'n bwysig eich bod chi'n gallu gwerthuso effeithiolrwydd yr asiantaethau canlynol o ran sicrhau rheolaeth gymdeithasol:

- yr heddlu
- Gwasanaeth Erlyn y Goron (CPS)
- y farnwriaeth
- carchar
- y gwasanaeth prawf
- elusennau.

Mewn geiriau eraill, a yw'r asiantaethau yn sicrhau rheolaeth gymdeithasol? Mewn arholiad, dylai ateb gynnwys sylwadau cadarnhaol a negyddol, er nad oes rhaid cynnwys nifer cyfartal ohonyn nhw. Dylech chi gynnwys enghreifftiau i ategu eich sylwadau hefyd.

Term allweddol

Effeithiolrwydd: pa mor llwyddiannus yw rhywbeth. Yn MPA3.4 mae'n golygu: i ba raddau mae'r asiantaethau yn llwyddo i sicrhau rheolaeth gymdeithasol.

Cwestiynau enghreifftiol

Mae'r cwestiynau canlynol wedi ymddangos mewn hen bapurau arholiad:

Gwerthuswch effeithiolrwydd gwasanaeth yr heddlu wrth sicrhau rheolaeth gymdeithasol. [6 marc] **Papur arholiad Uned 4 2018**

Gwerthuswch effeithiolrwydd rheolaeth gymdeithasol mewn carchardai. [8 marc] **Papur arholiad Uned 4 2017**

Aseswch effeithiolrwydd un elusen (neu ragor) wrth sicrhau rheolaeth gymdeithasol. [5 marc] **Papur arholiad Uned 4 2018**

Mae'r heddlu yn asiantaeth effeithiol wrth sicrhau rheolaeth gymdeithasol.

Cyswllt synoptig

Meddyliwch yn ôl i Uned 3, 'O Leoliad y drosedd i'r Llys', a chofiwch am achosion fel rhai Colin Stagg, Stephen Lawrence ac ymchwiliadau Hillsborough. Ar gyfer Uned 1, 'Newid ymwybyddiaeth o drosedd', mae cysylltiadau synoptig yn cynnwys y broblem ynglŷn â'r heddlu'n peidio â chofnodi troseddau, yn ogystal ag agwedd yr heddlu yn y gorffennol wrth ymdrin â throseddau cam-drin domestig a throseddau ar sail anrhydedd.

Cyngor

Cofiwch gynnwys pwyntiau cadarnhaol a negyddol wrth ystyried effeithiolrwydd yr asiantaethau wrth sicrhau rheolaeth gymdeithasol.

Effeithiolrwydd yr heddlu

Yr heddlu yn sicrhau rheolaeth gymdeithasol		
Nodweddion cadarnhaol	**Nodweddion negyddol**	**Enghreifftiau**
Gweithio gyda'r gymuned i gadw cyfraith a threfn.	Pan fydd yr heddlu'n cau achosion heb allu bwrw amheuaeth ar unrhyw un. Er enghraifft, yn 2017 cafodd bron hanner yr holl achosion eu cau heb allu bwrw amheuaeth ar unrhyw un.	Arweiniodd achos Stephen Lawrence at Adroddiad Macpherson, a ddywedodd fod yr heddlu yn 'sefydliadol hiliol'.
Arbenigedd mewn ymgyrchoedd arbenigol fel gwrthderfysgaeth, arfau tanio ac ymgyrchoedd cudd a chuddwybodaeth.	Cynnydd mewn cyfraddau troseddu yn ôl cofnodion y Swyddfa Ystadegau Gwladol. Ym mis Gorffennaf 2017 dywedodd y Swyddfa Gartref fod lefelau trosedd wedi codi 10%.	Cafodd yr heddlu ei gondemnio gan y barnwr yn achos Colin Stagg. Galwodd yr ymgyrch gudd yn 'ymddygiad twyllodrus o'r math gwaethaf'.
Parod i newid i fod yn fwy effeithiol yn achos troseddau sy'n newid fel rhai technolegol.	Methiant yr heddlu i gofnodi troseddau y cawson nhw wybod amdanyn nhw. Gall hyn fod hyd at un o bob pum trosedd, gan gynnwys troseddau difrifol fel troseddau rhywiol, cam-drin domestig a threisio.	Ymhlith achosion diweddar lle beirniadwyd yr heddlu, mae Llofruddiaeth Fferm y Cŵn ac anhrefn Cromer 2017.
Mae'r heddlu yn cael ei ddal i gyfrif, er enghraifft gan Gomisiynwyr Heddlu a Throseddu.		

Cwestiwn enghreifftiol

Ym **mhapur arholiad Uned 4 2018** roedd y cwestiwn hwn:

Gwerthuswch effeithiolrwydd gwasanaeth yr heddlu wrth sicrhau rheolaeth gymdeithasol. [6 marc]

Defnyddiwch y cynllun marcio isod i benderfynu ar y marc ar gyfer yr ateb sy'n dilyn.

0 marc: Does dim byd yn haeddu marc.

1–2 marc: Rhoi disgrifiad sylfaenol o effeithiolrwydd gwasanaeth yr heddlu. Ychydig o werthuso, neu ddim o gwbl. Cyfleu rhywfaint o ystyr, ond dim digon o fanylder, a gall fod yn fwy tebyg i restr. Ychydig/dim defnydd o eirfa arbenigol.

3–4 marc: Gwerthuso yn eithaf manwl effeithiolrwydd gwasanaeth yr heddlu. Mae'r atebion yn cyfleu ystyr gyda pheth defnydd o eirfa arbenigol.

5–6 marc: Mae'r atebion yn gwerthuso'n fanwl effeithiolrwydd gwasanaeth yr heddlu wrth sicrhau rheolaeth gymdeithasol. Mae'r atebion wedi'u strwythuro'n dda, ac wedi'u mynegi'n glir. Defnyddir termau arbenigol mewn ffordd naturiol a chywir.

Mae hen bapurau arholiad yn ffynhonnell wych o ddeunydd adolygu.

Ateb enghreifftiol

Gall yr heddlu fod yn effeithiol wrth sicrhau rheolaeth gymdeithasol, gan weithredu fel mesur i atal troseddu. Gall troseddwyr weld y cân nhw eu harestio, eu cyhuddo a'u dwyn i'r llysoedd – ond mae'n well ganddyn nhw fod yn rhydd. Mae'r heddlu yn genedlaethol, gyda phresenoldeb eang. Ond gall diffyg cyllid olygu nad yw mor effeithiol ag y gallai fod. Does dim digon o swyddogion ar y strydoedd, a dydy hi ddim bob amser yn bosibl dod i wybod am droseddau. Mae'r heddlu wedi'u cyfyngu gan na allan nhw ymchwilio i droseddau nad ydyn nhw'n gwybod amdanyn nhw. Gall 'ffigur tywyll trosedd' olygu nad yw troseddau'n cael eu canfod, ac na fydd ymchwiliad i'r troseddau.

Chwilio'r we

Darllenwch 'Is Rise in Violent Crime Due to Cuts to Neighbourhood Policing?' gan Jamie Grierson (2018, 9 Ebrill), *The Guardian* (https://www.theguardian.com/uk-news/2018/apr/09/rise-in-violent-not-due-to-police-cuts-alone-figures-show), sy'n trafod twf troseddau treisgar oherwydd toriadau mewn plismona cymunedol. Yna rhowch grynodeb o'r prif bwyntiau mewn 100 gair.

Effeithiolrwydd Gwasanaeth Erlyn y Goron a'r farnwriaeth wrth sicrhau rheolaeth gymdeithasol

Asiantaeth	Cadarnhaol	Negyddol	Enghreifftiau
Gwasanaeth Erlyn y Goron	Asiantaeth annibynnol. Defnyddio'r profion codau llawn i benderfynu ar erlyniad yn sicrhau gweithredu cyson a theg. Mae'n hyrwyddo hawliau dioddefwyr a thystion.	Canolog a biwrocrataidd. Rhy agos at yr heddlu. Achosion o dreisio wedi methu gan na ddatgelwyd dogfennau.	Adroddiad Glidewell 1998. Adroddiad Narey Achos Abu Hamza Achos Damilola Taylor Erlyn Lord Janner
Y farnwriaeth	Ffigur sy'n sicrhau treialon teg sy'n cydymffurfio â hawliau dynol. Cyfreithiwr profiadol sydd â nifer o gymwysterau. Defnyddio system gynsail i sicrhau cysondeb a thegwch.	Twf apeliadau am ddedfrydau trugarog. Beirniadu am fod heb gysylltiad â chymdeithas, ac am beidio â'i chynrychioli.	Barnwr a ryddhaodd leidr, a'i ganmol am ei fenter. Barnwr a esgusododd werthwr cyffuriau rhag gwaith di-dâl oherwydd problemau cludiant. Barnwr a esgusododd rywun oedd wedi cam-drin yn rhywiol, ac yna beio'r dioddefwr.

Mae Gwasanaeth Erlyn y Goron yn asiantaeth sy'n cael ei noddi gan y llywodraeth.

 I gael rhagor o wybodaeth am y barnwr a adawodd i leidr fynd yn rhydd, gan ganmol ei fenter, gweler tudalen 267 yn y gwerslyfr.

Datblygu ymhellach

Darllenwch 'Urgent Review of all Rape Cases as Digital Evidence is Withheld' gan Owen Bowcott (2018, 27 Ionawr), *The Guardian* (https://www.theguardian.com/society/2018/jan/26/urgent-review-of-all-cases-as-digital-evidence-is-withheld) ac ysgrifennwch baragraff byr i'w ddefnyddio mewn sefyllfa arholiad am fethiant Gwasanaeth Erlyn y Goron i ddatgelu tystiolaeth mewn achosion o dreisio.

Effeithiolrwydd carchardai wrth sicrhau rheolaeth gymdeithasol

Cwestiwn enghreifftiol

Gwerthuswch effeithiolrwydd rheolaeth gymdeithasol mewn carchardai. [8 marc] **Papur arholiad Uned 4 2017**

Mae'r farnwriaeth yn gorff profiadol a chymwys iawn, sy'n gyfrifol am reolaeth gymdeithasol yn y llysoedd.

Ateb enghreifftiol

Effeithiau cadarnhaol:
- Amddiffyn cymdeithas.
- Atal troseddu.
- Adsefydlu troseddwyr.
- Gwneud iawn i gymdeithas.
- Addysgu/hyfforddi troseddwyr.

Mae effeithiolrwydd carchardai wrth sicrhau rheolaeth gymdeithasol yn y newyddion byth a hefyd.

Effeithiau negyddol:
- Troseddau yn cael eu cyflawni, e.e. yn ystod y cyfnod yn y carchar, sy'n awgrymu nad yw rheolaeth gymdeithasol yn cael ei sicrhau.
- Creu helynt mewn carchardai, e.e. terfysgoedd CEM Birmingham yn 2016, neu'r terfysg yn CEM Oakwood yn 2014.
- Cynnydd sylweddol mewn achosion o helynt mewn carchardai, a gorfod galw'r grŵp Ymateb Tactegol Cenedlaethol (uned gwrthderfysg y carchardai).
- Mae ymosodiadau difrifol mewn carchardai ar eu lefel uchaf erioed.
- Ymosodiadau ar swyddogion carchar.
- Defnyddio cyffuriau wedi'u gwahardd, fel 'spice', a'r ffaith eu bod ar gael mewn carchardai.
- Oedran llythrennedd a rhifedd is ymhlith carcharorion.
- Materion iechyd meddwl carcharorion.
- Twf cyfraddau hunanladdiad yn y carchar.

Gweithgaredd 4.20

Chwiliwch ar y rhyngrwyd am 'Conditions at HMP Nottingham "May Have Caused Suicides"', (2018, 16 Mai), BBC News (http://www.bbc.co.uk/news/uk-england-nottinghamshire-44126087).

Erthygl yw hon yn dilyn arolwg o CEM Nottingham. Mae'n dechrau drwy awgrymu'r canlynol: *'Inmates may have taken their own lives at Nottingham Prison because they could no longer face life at the "drug-ridden jail".'*

Darllenwch yr erthygl, a lluniwch grynodeb o'r prif bwyntiau.

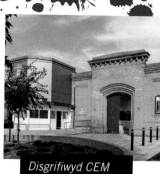

Disgrifiwyd CEM Nottingham fel carchar peryglus.

Effeithiolrwydd y gwasanaeth prawf wrth sicrhau rheolaeth gymdeithasol

Un o'r beirniadaethau mwyaf o'r gwasanaeth prawf yw ei ymgais i breifateiddio'n rhannol. Arweiniodd hyn at sefyllfa lle roedd asiantaeth y llywodraeth yn gweithio mewn partneriaeth â 21 cwmni adsefydlu cymunedol. Y bwriad oedd i'r Gwasanaeth Prawf Cenedlaethol fonitro'r troseddwyr oedd yn peri risg uchel i'r cyhoedd. Rôl y cwmnïau adsefydlu cymunedol wedyn fyddai monitro troseddwyr risg canolig a risg isel. Ond roedd adroddiad 2017, ar y cyd rhwng Arolygiaeth y Gwasanaeth Prawf a'r Arolygiaeth Carchardai, yn feirniadol iawn o'r newidiadau.

Oherwydd y problemau yn y system, yn 2018 cyhoeddwyd y byddai'r llywodraeth yn dod â'r contractau â'r cwmnïau adsefydlu cymunedol i ben yn 2020, ddwy flynedd yn gynt na'r hyn a gytunwyd.

PRAWF

Mae MPA3.4 yn cynnwys effeithiolrwydd y gwasanaeth prawf wrth sicrhau rheolaeth gymdeithasol.

Gweler manylion y feirniadaeth ar dudalen 269 yn y gwerslyfr.

Effeithiolrwydd elusennau

Mae'n bwysig cynnwys elusennau neu garfanau pwyso yn nifer o'r MPA, gan gynnwys MPA3.4. Gallwch ddewis unrhyw elusen, cyn belled â'i bod yn canolbwyntio ar y System Cyfiawnder Troseddol, ac yn gweithio tuag at reolaeth gymdeithasol. Y nodwedd allweddol yw gwneud sylwadau ar eu heffeithiolrwydd o ran rheolaeth gymdeithasol. Felly, byddai o gymorth pe baech chi'n cynnwys enghreifftiau fel ymgyrchoedd a'u llwyddiannau. Gallai enghreifftiau o elusennau gynnwys:

- Ymddiriedolaeth Diwygio'r Carchardai
- Catch 22
- Ymddiriedolaeth y Tywysog
- Clinks
- Y Criminal Justice Alliance.
- Cynghrair Howard er Diwygio'r Deddfau Cosbi

Chwilio'r we

Darllenwch 'Conner Marshall: Killer's Probation Monitoring "Shambolic"' (2017, 25 Hydref), BBC News (https://www.bbc.co.uk/news/uk-wales-south-east-wales-41748185) a gwnewch nodiadau am lofruddiaeth Connor Marshall, 18 oed, gan David Braddon, a oedd dan orchymyn prawf ar adeg y llofruddiaeth.

Chwilio'r we

I werthfawrogi pwysigrwydd elusennau yn y system cyfiawnder troseddol, darllenwch 'The UK's Criminal Justice System Would Fall Apart Without Charities' gan Nathan Dick (2017, 12 Gorffennaf), *The Guardian* (https://www.theguardian.com/voluntary-sector-network/2017/jul/12/criminal-justice-charities-prison-probation).

Mae'r tabl isod yn crynhoi effeithiolrwydd y tair prif elusen yn y system cyfiawnder troseddol.

Elusen	Cadarnhaol	Negyddol
Ymddiriedolaeth Diwygio'r Carchardai **PRISON REFORM TRUST**	Mae'n gweithio tuag at drefn gosbi ddyngarol ac effeithiol. Bu'r ymgyrch 'Gofal nid Carchar' yn annog y llywodraeth i ddatblygu gwasanaethau iechyd meddwl mewn gorsafoedd heddlu a llysoedd, ar gyfer y rhai a ddrwgdybir sy'n agored i niwed. Gweithiodd yr elusen i gael buddsoddiad o £50 miliwn gan y llywodraeth ar gyfer y cynlluniau uchod. Erbyn hyn mae yna glymblaid 'Gofal nid Carchar', sy'n parhau i hyrwyddo materion iechyd meddwl mewn carchardai.	Nid yw'n cael arian gan y llywodraeth. Mae'n dibynnu ar gyfraniadau gwirfoddol. Mae llawer o elusennau sy'n gweithio ym maes rheolaeth gymdeithasol yn cystadlu yn erbyn ei gilydd.
Prince's Trust **YOUTH CAN DO IT**	Mae'n canolbwyntio ar bobl ifanc 11–30 oed, gan eu helpu i gael swyddi, addysg a hyfforddiant. Mae hyn yn cynnwys pobl ifanc sydd wedi bod mewn trafferth â'r gyfraith. Mae'r Ymddiriedolaeth wedi helpu mwy na 950,000 o bobl ifanc ers 1976. Mae'r prif ddigwyddiad codi arian, 'Invest in Futures', wedi codi dros £22 miliwn i'w fuddsoddi ym mywydau pobl ifanc ers 2005. Mae un rhaglen, y 'Team Programme', yn helpu i leihau troseddu. Rhaglen o ddatblygiad personol dros 12 wythnos yw hon, ar gyfer pobl rhwng 16 a 25 oed, er mwyn meithrin eu hyder, eu cymhelliad a'u sgiliau wrth wneud gwaith tîm yn y gymuned. Mae dros 210,000 o bobl ifanc ar draws y wlad wedi cymryd rhan yn rhaglen 12 wythnos 'Team Programme' yr Ymddiriedolaeth ers ei lansio yn 1990.	Mae llawer o elusennau sy'n gweithio ym maes rheolaeth gymdeithasol yn cystadlu yn erbyn ei gilydd.

(Parhad)

Elusen	Cadarnhaol	Negyddol
Cynghrair Howard er Diwygio'r Deddfau Cosbi	Elusen diwygio deddfau cosbi hynaf y wlad, a sefydlwyd yn 1866. Ei nod yw lleihau troseddu, sicrhau cymunedau mwy diogel, a chael llai o bobl yn y carchar. Roedd ymgyrch 'Llyfrau i Garcharorion' yn dadlau yn erbyn rhwystro carcharorion rhag derbyn llyfrau gan ffrindiau a theulu. Llwyddodd yr ymgyrch, ac enillodd yr elusen wobr yn 2015 yn gydnabyddiaeth am ei gwaith. Yn 2003, aeth yr elusen â'r llywodraeth i'r llys, gan ddadlau bod rhaid i Ddeddf Plant 1989 fod yn gymwys hefyd i blant yn y ddalfa. Enillodd yr achos, gan sicrhau cymorth lles i blant yn y ddalfa ac allan o'r ddalfa.	Nid yw'n derbyn arian gan y llywodraeth. Mae'n dibynnu ar gyfraniadau gwirfoddol. Mae llawer o elusennau sy'n gweithio ym maes rheolaeth gymdeithasol yn cystadlu yn erbyn ei gilydd.

Datblygu ymhellach

Darllenwch am y camau a gymerwyd gan yr elusen ym maes iechyd meddwl a charchardai ar wefan Ymddiriedolaeth Diwyglo'r Carchardai, 'PRT Comment: HMP Wakefield' (http://www.prisonreformtrust.org.uk/PressPolicy/News/Mentalhealth).

Darllenwch rai o straeon llwyddiant unigolion yn sgil gwaith Ymddiriedolaeth y Tywysog ar ei gwefan, 'You Can Do It' (https://www.princes-trust.org.uk/about-the-trust/success-stories).

Darllenwch 'Our Success' ar wefan Cynghrair Howard er Diwygio'r Deddfau Cosbi (https://howardleague.org/what-you-can-do/our-success/) a nodwch rai straeon eraill o lwyddiant gan yr elusen.

Profi eich hun

1. Enwch bob asiantaeth y gellid gofyn i chi werthuso ei heffeithiolrwydd o ran sicrhau rheolaeth gymdeithasol.
2. Esboniwch sut gallai achos Stephen Lawrence effeithio ar effeithlonrwydd yr heddlu wrth sicrhau rheolaeth gymdeithasol.
3. Esboniwch rôl y Comisiynwyr Heddlu a Throseddu.
4. Beth yw ystyr yr ymadrodd 'mae Gwasanaeth Erlyn y Goron yn asiantaeth annibynnol'?
5. A ydych chi'n credu bod y farnwriaeth yn cynrychioli cymdeithas?
6. Yn eich barn chi, beth yw prif gyfyngiad y gwasanaeth carchardai wrth sicrhau rheolaeth gymdeithasol?
7. Esboniwch rôl y cwmnïau adsefydlu cymunedol wrth sicrhau rheolaeth gymdeithasol.
8. Pa ran mae elusennau a charfanau pwyso yn ei chwarae wrth sicrhau rheolaeth gymdeithasol?

DADL

Gweithgaredd 4.21

Trafod yn y dosbarth

Ymchwiliwch i'r awgrym y dylai dedfrydau o garchar llai na chwe mis o hyd gael eu dileu oherwydd eu bod yn aneffeithiol wrth sicrhau rheolaeth gymdeithasol.

Yna rhannwch y dosbarth yn ddau – bydd un ochr o blaid y cynnig, a'r llall yn erbyn – er mwyn cynnal dadl.

RHESTR WIRIO – A YDYCH CHI'N GALLU:

☐ gwerthuso effeithiolrwydd yr asiantaethau canlynol wrth sicrhau rheolaeth gymdeithasol:
- plismona
- Gwasanaeth Erlyn y Goron (CPS)
- y farnwriaeth
- carchar
- y gwasanaeth prawf
- elusennau

☐ sicrhau eich bod yn gallu rhoi safbwynt cytbwys, gan gynnwys enghreifftiau i ategu eich sylwadau?

PAM CYNNWYS YR ADRAN HON?

Os na fydd myfyrwyr yn ennill y marciau roedden nhw'n gobeithio'u cael, un o'r prif resymau yw nad ydyn nhw'n deall beth mae'r cwestiwn yn ei ofyn. Yn aml, nid gofyn am wybodaeth ar destun yn unig mae cwestiwn, ond yn hytrach mae'n gofyn am roi gwybodaeth mewn ffordd benodol. Er enghraifft, gall ofyn am drafod testun, neu am rannu'r prif bwyntiau yn ddarnau llai. Yn aml, mae cwestiwn yn gofyn am agweddau cadarnhaol a negyddol ar destun mewn ateb, yn hytrach na phwyntiau cyffredinol. Mae'n bwysig felly eich bod yn deall sut i ddarparu'r wybodaeth.

Pwysigrwydd geiriau gorchymyn

Mae pob MPA ym mhob uned yn cynnwys gair gorchymyn ar ddechrau'r pennawd. Mae'r tabl canlynol yn cynnwys enghreifftiau o bob uned.

Uned 1	Uned 2	Uned 3	Uned 4
MPA1.1 **Dadansoddwch** fathau gwahanol o drosedd	MPA1.1 **Cymharwch** ymddygiad troseddol a gwyredd	MPA1.4 **Archwiliwch** hawliau unigolion mewn ymchwiliadau troseddol	MPA3.3 **Archwiliwch** y cyfyngiadau sydd ar asiantaethau wrth sicrhau rheolaeth gymdeithasol
MPA1.4 **Disgrifiwch** gynrychioliad y cyfryngau o drosedd	MPA3.2 **Gwerthuswch** effeithiolrwydd damcaniaethau troseddoldeb wrth esbonio achosion troseddoldeb	MPA2.1 **Esboniwch** ofynion Gwasanaeth Erlyn y Goron (CPS) ar gyfer erlyn y sawl a ddrwgdybir	MPA3.4 **Gwerthuswch** effeithiolrwydd asiantaethau wrth sicrhau rheolaeth gymdeithasol
MPA3.3 **Cyfiawnhewch** ymgyrch dros newid	MPA4.1 **Aseswch** y defnydd o ddamcaniaethau troseddegol wrth lywio'r broses o ddatblygu polisi	MPA2.5 **Trafodwch** y defnydd a wneir o leygwyr mewn achosion troseddol	MPA3.1 **Esboniwch** rôl asiantaethau o ran rheolaeth gymdeithasol

Berfau gorchymyn

Dyma rai diffiniadau fydd yn eich helpu i ddeall berfau gorchymyn:

- **Amlinellwch**: rhoi braslun o'r sefyllfa, a rhoi argraff gyffredinol. Daw amlinelliad da yn ddisgrifiad.

- **Archwiliwch**: edrych ar rywbeth yn ofalus a manwl i ddarganfod rhywbeth am y testun.

- **Aseswch**: llunio barn am ansawdd neu werth rhywbeth.

- **Cyfiawnhewch**: perswadio rhywun ynghylch dilysrwydd dadl; dilysu cynnig.

- **Cymharwch**: esbonio nodweddion tebyg a nodweddion gwahanol.

- **Cynlluniwch**: penderfynu ar rywbeth a gwneud trefniadau ymlaen llaw ar gyfer rhywbeth.

- **Dadansoddwch**: archwilio'n fanwl, gan rannu'n gydrannau, ac archwilio perthnasoedd.

- **Darluniwch/Eglurwch**: rhoi esiamplau, a disgrifio gan gyfeirio at enghreifftiau.

- **Deallwch**: gwybod ystyr rhywbeth, neu wybod pam neu sut mae rhywbeth yn digwydd neu'n gweithio.

- **Diffiniwch**: nodi ystyr term.

- **Disgrifiwch**: creu darlun mewn geiriau, a rhoi gwybodaeth gan ddefnyddio manylion. Gan ddefnyddio'r gyfatebiaeth hon, byddech chi'n disgwyl rhywfaint o fanylder yn yr ateb.

- **Dyluniwch**: paratoi deunyddiau fel cynllun neu fraslun i ddangos swyddogaeth rhywbeth a sut mae'n edrych.

- **Esboniwch**: rhoi rhesymau.

- **Gwerthuswch**: llunio barn am ansawdd neu bwysigrwydd rhywbeth yn seiliedig ar feini prawf, fel arfer ar sail dadansoddi a data. Mae'n aml yn cynnwys cryfderau a gwendidau'r testun.

- **Nodwch (adnabod)**: adnabod, gwahaniaethu a sefydlu beth yw rhywbeth.

- **Nodwch (datgan)**: gwneud haeriad neu ddatganiad.

- **Tynnwch gasgliadau**: penderfynu ar ffeithiau neu egwyddorion penodol ar sail gwybodaeth a roddir.

Mewn atebion, bydd yr arholwr neu'r cymedrolwr yn tynnu gwahaniaeth rhwng marciau i ateb drwy chwilio am y canlynol:

- **Cywirdeb**: a yw rhywbeth yr honnir ei fod yn ffeithiol yn gywir mewn gwirionedd?

- **Ehangder/amrediad**: a oes disgwyl ehangder yn hytrach na dyfnder? H.y. dylech chi fod â gwybodaeth arwynebol am lawer o ffeithiau, yn hytrach na gwybodaeth fanwl am nifer fach o ffeithiau.

- **Eglurder**: mae hyn yn aml yn perthyn i sgiliau cyfathrebu. Ond gallech ddisgwyl y bydd rhywun sydd wir yn gwybod rhywbeth yn gwybod sut i drefnu'r hyn mae'n ei ddweud, ac yn osgoi cymysgu ffeithiau â gwybodaeth anghywir neu amherthnasol. Mae pobl sy'n malu awyr yn dueddol o fod yn llai sicr o'u gwybodaeth na'r rhai a all fod yn gryno ac yn bendant.

- **Dyfnder/manylder**: a ydych chi wedi rhoi digon o fanylion i gadarnhau eich bod mewn gwirionedd yn gwybod rhywbeth?
- **Perthnasedd/cymhwysedd**: a oes rhaid i'r ffeithiau fod yn berthnasol i'r sefyllfa? Ai damcaniaeth bur yw hon, neu a ydych chi'n awyddus i ddangos gwybodaeth drwy beidio cynnwys rhywbeth sy'n cael ei ystyried yn amherthnasol?
- **Cyfiawnhad**: a fyddai rhywun yn cael ei berswadio gan eich dadl a'ch rhesymu?
- **Cadarnhad**: a ydych chi wedi defnyddio tystiolaeth i ategu unrhyw gasgliadau sydd gennych?
- **Dilysrwydd**: a yw'r rhesymu yn ddilys? A yw'n gywir? A yw'n seiliedig ar gyd-destun y sefyllfa? A yw'n seiliedig ar ddamcaniaeth?

Prif eiriau gorchymyn

Nawr, dewch i ni ystyried rhai o'r prif eiriau gorchymyn sydd yn y manylebau.

Dadansoddi

Ystyr **dadansoddi** yw archwilio'n fanwl, gan rannu'n gydrannau neu archwilio perthnasoedd. Mae'r MPA canlynol yn cynnwys y gair gorchymyn hwn:

Uned 1	Uned 2
MPA1.1 Dadansoddi mathau gwahanol o droseddau	MPA3.1 Dadansoddi sefyllfaoedd troseddoldeb

Dyma sut mae 'dadansoddi' yn gweithio ar gyfer Uned 2 MPA3.1.

Dadansoddi sefyllfaoedd troseddoldeb. Mae'n rhaid ystyried y rhesymau dros y drosedd, a'u rhannu yn ddarnau gwahanol. Dylai'r wybodaeth yn y cwestiwn roi cliwiau am rywbeth all fod yn gyfrifol am y troseddoldeb. Bydd yn wahanol yn achos pob un o'r tair damcaniaeth, h.y. biolegol, unigolyddol neu gymdeithasegol. Erbyn i chi gael cwestiwn dadansoddi sefyllfaoedd troseddoldeb mewn arholiad, byddwch wedi disgrifio un ddamcaniaeth yn barod. Rhannwch y ddamcaniaeth yn ddarnau llai, ac yna cysylltwch hi â'r rhan briodol o'r senario i'w ddadansoddi yn yr arholiad.

Roedd cwestiwn 1 ar **bapur arholiad Uned 2 2017** yn cynnwys:

Cafodd Paul, dyn lleol di-waith, ei ddyfarnu'n euog o lofruddiaeth. Cafodd ei ddyfarnu'n euog ar ôl iddo fod mewn ysgarmes gydag Ian oherwydd honiad yn ymwneud â dwyn arian. Mae gan Paul lawer o euogfarnau blaenorol am ddelio â chyffuriau a dwyn. Mae wedi bod mewn gofal ers pan oedd yn saith oed, ar ôl i'w rieni gael dedfrydau hir o garchar. Mae tad Ian, bargyfreithiwr lleol, wedi dechrau ymgyrch i adfer y gosb eithaf am droseddau o lofruddiaeth. Mae ei ymgyrch wedi denu sylw'r cyfryngau lleol a gwleidyddion.

Rhannwch y wybodaeth yn y senario yn gysylltiadau posibl â throseddoldeb, ac fe gewch y canlynol:

- dyn lleol di-waith
- mewn gofal ers pan oedd yn saith oed
- cafodd ei rieni ddedfrydau hir o garchar.

Gan ddibynnu pa ddamcaniaeth rydych chi wedi ei disgrifio yn yr arholiad, mae'n rhaid rhannu'r ddamcaniaeth yn agweddau perthnasol i unrhyw un o'r pwyntiau uchod. Os ydych chi wedi disgrifio'r ddamcaniaeth dysgu cymdeithasol, gallwch ei rhannu fel hyn:

- dyn lleol di-waith – mae ganddo incwm isel ac efallai ei fod wedi dysgu bod y gwobrau a ddaw yn sgil trosedd yn rhai cadarnhaol.
- mewn gofal ers pan oedd yn saith oed– efallai ei fod wedi dysgu gan y rhai o'i gwmpas; gall grŵp cyfoedion fod yn fodelau rôl.
- cafodd ei rieni ddedfrydau hir o garchar– cysylltiadau â dysgu troseddoldeb gan ei rieni; ei deulu yw ei brif fodelau rôl.

Mae'r rhestr fwled uchod yn dangos sut mae gwybodaeth yn cael ei rhannu neu ei dadansoddi.

Gwerthuso

Ystyr **gwerthuso** yw dod i gasgliad yn erbyn meini prawf, fel arfer ar sail dadansoddi a data. Mae'r MPA canlynol yn cynnwys y gair gorchymyn hwn.

Uned 1	Uned 2	Uned 3	Uned 4
MPA1.6 Gwerthuso dulliau o gasglu ystadegau am drosedd MPA2.2 Gwerthuso effeithiolrwydd y cyfryngau a ddefnyddir fel rhan o ymgyrchoedd dros newid	MPA3.2 Gwerthuso effeithiolrwydd damcaniaethau troseddegol i esbonio achosion troseddoldeb	MPA1.1 Gwerthuso effeithiolrwydd rolau personél sy'n cymryd rhan mewn ymchwiliadau troseddol	MPA3.4 Gwerthuso effeithiolrwydd asiantaethau o ran sicrhau rheolaeth gymdeithasol

GWERTHUSO

Mae gwerthuso yn ymddangos ym mhob uned.

Gweler t.77 MPA3.2 Gwerthuso effeithiolrwydd damcaniaethau troseddegol i esbonio achosion troseddoldeb, am ragor o fanylion ar werthuso.

Dyma sut mae'n gweithio ar gyfer Uned 4 MPA3.4:

Gwerthuso effeithiolrwydd asiantaethau o ran sicrhau rheolaeth gymdeithasol. Mae'n rhaid i chi ddod i gasgliad am asiantaethau gwahanol i benderfynu a ydyn nhw'n sicrhau rheolaeth gymdeithasol ai peidio. Er enghraifft, gan ddefnyddio asiantaeth yr heddlu, isod mae tabl lle mae'r wybodaeth wedi'i rhannu yn nodweddion cadarnhaol a negyddol, neu gryfderau a gwendidau, yn gysylltiedig â rheolaeth gymdeithasol. Mae'r tabl hwn hefyd i'w weld ar dudalen 176. Sylwch fod enghreifftiau ac ystadegau ynddo er mwyn eich helpu i ddod i gasgliad.

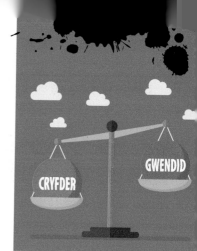

Yr heddlu yn sicrhau rheolaeth gymdeithasol		
Nodweddion cadarnhaol	**Nodweddion negyddol**	**Enghreifftiau**
• Gweithio gyda'r gymuned i gadw trefn. • Arbenigo mewn ymgyrchoedd fel gwrthderfysgaeth, ymgyrchoedd cudd/arfau a chuddwybodaeth. • Parod i newid i fod yn fwy effeithiol yn achos troseddau sy'n newid, fel rhai technolegol. • Cael ei ddal i gyfrif, er enghraifft gan Gomisiynwyr Heddlu a Throseddu.	• Pan fydd yr heddlu'n cau achosion heb allu bwrw amheuaeth ar unrhyw un. Yn 2017 cafodd bron hanner yr holl achosion eu cau fel hyn. • Cynnydd mewn cyfraddau troseddu yn ôl cofnodion y Swyddfa Ystadegau Gwladol. Ym mis Gorffennaf 2017, dywedodd y Swyddfa Gartref fod lefelau trosedd wedi cynyddu 10%. • Methiant yr heddlu i gofnodi troseddau y cawson nhw wybod amdanynt. Gall fod hyd at 1 o bob 5 trosedd, gan gynnwys rhai difrifol fel cam-drin domestig a threisio.	• Arweiniodd achos Stephen Lawrence at Adroddiad Macpherson, a ddywedodd fod yr heddlu yn 'sefydliadol hiliol'. • Cafodd yr heddlu ei gondemnio gan y barnwr yn achos Colin Stagg. Galwodd ef yr ymgyrch gudd yn 'ymddygiad twyllodrus o'r math gwaethaf'. • Ymhlith achosion diweddar eraill lle cafodd yr heddlu ei feirniadu, mae Llofruddiaeth Fferm y Cŵn Bach, a'r anhrefn yn Cromer yn 2017.

Cymharu

Ystyr **cymharu** yw esbonio nodweddion tebyg a gwahanol. Dyma'r MPA sy'n ei gynnwys.

Uned 1	Uned 2
MPA2.1 Cymharu ymgyrchoedd dros newid	MPA1.1 Cymharu trosedd a gwyredd

Mae'n bwysig edrych ar nodweddion tebyg a gwahaniaethau wrth gymharu.

Dyma sut mae'n gweithio ar gyfer Uned 2 MPA1.1:

Cymharu ymddygiad troseddol a gwyredd. Isod mae tabl, sydd hefyd i'w weld ar dudalen 47. Mae'n dangos nodweddion tebyg a gwahaniaethau rhwng y termau 'trosedd' a 'gwyredd'.

Ymddygiad troseddol yn unig	Gwyredd yn unig	Ymddygiad troseddol a gwyredd
Gweithredoedd sy'n torri'r rheolau, ac yn cael eu hystyried yn anghyfreithlon gan bwerau deddfu cymdeithas. Er enghraifft, llofruddiaeth neu ymosod. Mae gweithredoedd o'r fath yn arwain at gosb gan yr heddlu (rhybudd, er enghraifft) neu gan lys (fel dirwy neu gyfnod yn y carchar).	Gweithredoedd sy'n mynd yn groes i normau cymdeithasol. Er enghraifft, gweiddi mewn llyfrgell neu bigo'ch trwyn ar y bws. Mae gweithredoedd fel hyn yn arwain at sancsiynau gan eraill mewn cymdeithas, fel galw enwau neu anwybyddu'r unigolyn gwyrdroëdig.	Gall rhai troseddau fod yn groes i normau cymdeithasol, fel dwyn neu dwyll. Ond yn achos troseddau fel goryrru a lawrlwytho cerddoriaeth yn anghyfreithlon, weithiau maen nhw mor gyffredin nes nad ydyn nhw'n cael eu hystyried yn wyrdroëdig.

Cwestiwn enghreifftiol

Cymharwch droseddoldeb a gwyredd, gan gyfeirio at enghreifftiau perthnasol. [5 marc] **Papur arholiad Uned 2 2017**

Er mwyn cymharu rhywbeth, mae'n briodol cynnwys geirfa berthnasol i ddangos bod cymharu yn digwydd. Er enghraifft:

- mewn cymhariaeth
- ond
- mewn cyferbyniad
- ac eto
- felly hefyd
- yn yr un modd
- fel arall/i'r gwrthwyneb.

> *Mae asesu yn golygu bod rhaid i chi ddod i gasgliad am werth rhywbeth.*

Asesu

Ystyr **asesu** yw dod i gasgliad am ansawdd neu werth rhywbeth. Mae'r MPA canlynol yn cynnwys y gair gorchmynnol hwn.

Uned 2	Uned 3	Uned 4
MPA4.1 Asesu'r defnydd o ddamcaniaethau troseddegol wrth lywio'r broses o ddatblygu polisi	MPA1.2 Asesu defnyddioldeb technegau ymchwiliol mewn ymchwiliadau troseddol MPA2.4 Asesu dylanwadau allweddol sy'n effeithio ar ganlyniadau achosion troseddol	MPA2.3 Asesu sut mae mathau o gosbau yn cyflawni nodau cosbi

Dyma sut mae'n gweithio ar gyfer Uned 4 MPA2.3:

Asesu sut mae mathau o gosbau yn cyflawni nodau cosbi. Mae'n rhaid i chi ddod i gasgliad i benderfynu a yw'r mathau o gosbau (e.e. dedfrydau o garchar, dedfrydau cymunedol, cosbau ariannol neu ryddhau) yn cyflawni'r nodau cosbi dan sylw (e.e. ad-dalu, adsefydlu, gwneud iawn, etc.). Er mwyn asesu, mae angen gwybodaeth arnoch i ddod i gasgliad. Byddai angen i wybodaeth o'r fath fod yn ffeithiol, a gallai gynnwys data ac ystadegau neu enghreifftiau i ategu eich barn.

gwerthuso

proses   archwilio

asesu

dadansoddi

dull   nod

system

Mae'r canlynol, o 'Bromley Briefings' Haf 2018 gan Ymddiriedolaeth Diwygio'r Carchardai, yn canolbwyntio ar wybodaeth sy'n helpu i asesu a yw carchardai yn cyflawni unrhyw nodau cosbi. Mae hefyd i'w weld ar dudalen 153.

Yng Nghymru a Lloegr mae'r gyfradd garcharu uchaf yng Ngorllewin Ewrop.

Mae poblogaeth y carchardai wedi cynyddu 77% yn ystod y 30 mlynedd diwethaf.

Cafodd 65,000 o bobl eu dedfrydu i'r carchar yn 2017.

Mae dedfrydau byr o garchar yn llai effeithiol na dedfrydau cymunedol wrth leihau aildroseddu.

Mae pobl sydd wedi cael dedfryd am oes orfodol yn treulio mwy o'u dedfryd yn y carchar. Ar gyfartaledd, maen nhw'n treulio cyfnod o 17 blynedd yn y ddalfa, sydd wedi codi gan mai 13 blynedd oedd hyn yn 2001.

Mae llawer o'n carchardai yn orlawn – ac maen nhw wedi bod felly am amser hir. Oherwydd bod carchardai yn orlawn, mae hyn yn effeithio ar faint o weithgareddau, staff ac adnoddau eraill sydd ar gael i leihau'r perygl o aildroseddu, yn ogystal ag effeithio ar bellter y carcharorion oddi wrth eu teuluoedd a rhwydweithiau cymorth eraill.

Mae llawer yn cael eu rhyddhau o'r carchar, ac yn dychwelyd yno yn fuan wedyn.

Mae nifer y bobl sy'n cael eu galw'n ôl i'r ddalfa wedi cynyddu, yn enwedig ymhlith menywod. Cafodd 8,825 o bobl oedd yn bwrw dedfrydau llai na 12 mis o hyd eu galw'n ôl i'r carchar yn ystod y flwyddyn hyd at fis Rhagfyr 2017.

Nid yw cyfnod mewn carchar wedi bod yn effeithiol o ran lleihau aildroseddu – mae bron hanner yr oedolion (48%) yn cael eu dyfarnu'n euog eto cyn pen blwyddyn ar ôl cael eu rhyddhau. Yn achos y rhai sydd yn y carchar ar ddedfrydau llai na 12 mis, mae'r ganran hon yn codi i 64%.

Gan fod cynifer o bobl yn cael eu hanfon i'r carchar, gellid dadlau felly bod nod ad-dalu yn cael ei gyflawni. Pan fydd y carcharorion yn y carchar, mae nod amddiffyn y cyhoedd hefyd yn cael ei gyflawni. Ond o ystyried y cyfraddau aildroseddu, dydy adsefydlu ddim i'w weld yn llwyddo.

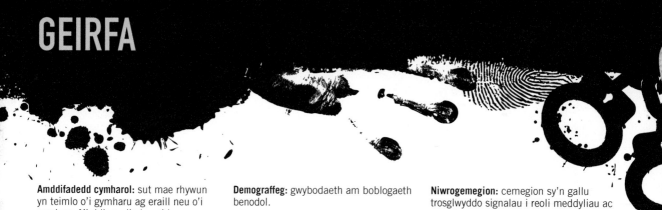

GEIRFA

Amddifadedd cymharol: sut mae rhywun yn teimlo o'i gymharu ag eraill neu o'i gymharu â'i ddisgwyliadau ei hun.

Amgylchedd: yr ardal lle mae rhywun yn byw a'r hyn sydd o'i amgylch.

Anomi: colli egwyddorion neu normau sy'n cael eu rhannu.

Archwilio: arolygu, craffu neu arsylwi.

Asesu: dod i gasgliad am ansawdd neu werth rhywbeth.

Barnwrol: yn perthyn i farnwr neu'n ymwneud â barnwr.

Biolegol: yn gysylltiedig â phrosesau neu weithgareddau sy'n ymwneud â phethau byw. At ein dibenion ni, mae'n ymwneud â'r corff, yn fewnol ac allanol, fel rheswm dros droseddu.

Bourgeoisie: y dosbarthiadau canol ac uwch sy'n berchen ar ddulliau cynhyrchu mewn diwydiant.

Cam-drin domestig: digwyddiad neu batrwm o ddigwyddiadau treisgar, neu ymddygiad, i reoli, gorfodi, bygwth neu israddio, gan gynnwys trais rhywiol. Yn y rhan fwyaf o achosion mae'n cael ei gyflawni gan bartner neu gyn-bartner, ond gallai fod gan aelod o'r teulu neu ofalwr hefyd.

Camweinyddu cyfiawnder: achos troseddol lle mae'r diffynnydd wedi ei gael yn euog am drosedd na wnaeth ei chyflawni. Hynny yw, cael rhywun dieuog yn euog.

Canfyddiad y cyhoedd: faint o droseddu mae pobl yn credu sy'n digwydd mewn man penodol, neu pa mor ddifrifol mae pobl yn meddwl yw'r troseddau. Dyma farn neu gred y cyhoedd. Yn gyffredinol, mae'n farn sy'n cael ei llunio ar y cyd.

Cosb eithaf: awdurdod cyfreithiol i ladd rhywun fel cosb am drosedd.

Cyfiawnhau: esbonio, gan roi rhesymau da dros yr hyn rydych wedi'i wneud a pham rydych wedi dewis ei wneud.

Cyfyngiadau: rhywbeth sy'n rheoli neu'n lleihau rhywbeth.

Cymharu: esbonio nodweddion tebyg a nodweddion gwahanol.

Cynsail: penderfyniad mewn achos cyfreithiol y mae'n rhaid ei ddilyn mewn achosion tebyg yn y dyfodol.

Dadansoddi: archwilio'n fanwl, gan rannu'n gydrannau, ac archwilio perthnasoedd.

Demograffeg: gwybodaeth am boblogaeth benodol.

Dilysrwydd (*validity*): a oes awdurdod, grym, cryfder neu sadrwydd yn perthyn iddo? Mewn geiriau eraill, a yw'n gywir? Er enghraifft, gofynnwch a yw'r rheithfarn mewn achos troseddol yn benderfyniad dilys neu beidio?

Dilysrwydd ecolegol: i ba raddau gall canfyddiadau astudiaeth ymchwil gael eu cyffredinoli i sefyllfaoedd bywyd go iawn.

Diwylliant: syniadau, arferion ac ymddygiad cymdeithasol pobl neu gymdeithas benodol.

Effaith: canlyniad neu gynnyrch rhywbeth. Yn yr achos hwn, yr effaith y mae cynrychioliad y cyfryngau o drosedd yn ei chael ar y cyhoedd.

Effeithiolrwydd: pa mor llwyddiannus yw rhywbeth. Yn MPA3.4 mae'n golygu: i ba raddau mae'r asiantaethau yn llwyddo i sicrhau rheolaeth gymdeithasol.

Ewgeneg: y wyddor o wella poblogaeth drwy fridio rheoledig, i gynyddu'r nodweddion etifeddol dymunol.

Ffisioleg: swyddogaethau organebau byw, yn ein hachos ni bodau dynol a'u rhannau, ac, yn benodol, y ffordd maen nhw'n gweithredu.

Geneteg: yn ymwneud â genynnau neu etifeddeg.

Gwerthuso: i ba raddau rydych chi'n cytuno â'r ddamcaniaeth? Lluniwch farn am anwadd neu bwysigrwydd damcaniaeth, drwy nodi ei chryfderau a'i gwendidau o ran esbonio'r rheswm dros droseddoldeb. Yn ddelfrydol, dewch i gasgliad gan gyfiawnhau sut rydych wedi dewis.

Gwleidyddiaeth: y gweithgareddau sydd ynghlwm â llywodraethu gwlad.

Gwyredd: gweithredoedd sy'n groes i normau cymdeithasol.

Lluniad cymdeithasol: rhywbeth sy'n seiliedig ar safbwyntiau ar y cyd, sy'n cael eu datblygu a'u cynnal o fewn cymdeithas neu grŵp cymdeithasol.

Llywio: rhoi gwybodaeth neu gael effaith/ arweiniad ar rywbeth.

Model: system neu weithdrefn a ddefnyddir fel enghraifft i'w dilyn.

Niwrogemegion: cemegion sy'n gallu trosglwyddo signalau i reoli meddyliau ac emosiynau.

Pennawd: llinell fer neu fachog sydd fel arfer yn hyrwyddo gweithred, neu'n perswadio'r gynulleidfa i weithredu neu feddwl mewn ffordd benodol.

Proletariat: y dosbarth cymdeithasol isaf, sy'n gorfod darparu llafur i'r dosbarthiadau uwch am gyflog.

Slogan: ymadrodd byr a chofiadwy sy'n aml yn cael ei ddefnyddio er mwyn hysbysebu.

Trosedd: torri rheolau sy'n cael eu pennu yn rhai troseddol gan gymdeithas.

Troseddau casineb: troseddau tuag at unigolyn oherwydd atgasedd neu ragfarn sy'n seiliedig ar anabledd, hil neu ethnigrwydd, crefydd neu gred, cyfeiriadedd rhywiol neu hunaniaeth drawsryweddol y person hwnnw.

Troseddau coler wen: troseddau di-drais sy'n cael eu cyflawni fel arfer mewn sefyllfaoedd masnachol er budd ariannol. Pobl fusnes yn gwisgo siwt a thei sy'n cyflawni troseddau coler wen ar y cyfan.

Troseddau moesol: troseddau yn erbyn moesoldeb, yn aml yn cael eu hystyried yn droseddau heb ddioddefwr gan nad oes un dioddefwr penodol.

Troseddau sy'n rhwym wrth ddiwylliant: mae'r rhain yn tueddu i berthyn i ddiwylliant penodol. Mae enghreifftiau yn cynnwys lladd ar anrhydedd, dewiniaeth ac anffurfio organau cenhedlu benywod.

Troseddau technolegol: yn cael eu cyflawni gan ddefnyddio cyfrifiadur a'r rhyngrwyd neu dechnolegau electronig eraill.

Troseddogenig: yn achosi ymddygiad troseddol, neu'n debygol o'i achosi.

Unigolyddol: yn ymwneud ag unigolyn yn hytrach na'r gymdeithas gyfan.

Y freuddwyd Americanaidd: y syniad o gyfle cyfartal i bawb i gyflawni dyheadau ac amcanion uchel.

MYNEGAI